KB165575

핼리혜성과
신라의
왕위쟁탈전

핼리혜성과
신라의
왕위쟁탈전

서영교 지음

글항아리

혜성 떨어질라, 왕을 죽여라!

1. 기록의 반전

"착오가 분명합니다. 발표자는 왜 2개의 혜성을 1개라고 보고 있습니까? 기록에는 838년의 혜성은 10월에 나타났다가 12월에 사라졌고, 또다른 혜성이 그 이듬해인 839년 정월에 나타나 2월에 사라지고 있습니다. 이건 분명 2개의 혜성입니다."

2006년 가을 부산대학교에 열린 '역사 속의 재난과 인간의 대응'이란 학술대회에서 내 발표에 대한 토론자의 질문은 이러했다. 난상 토론 가운데 나온 치명타였다. 당시 발표자인 나는 토론자와 목소리를 높여 질문과 토론을 주고받은 터였다. 토론자가 마지막으로 비장의 카드를 꺼낸 것이다.

발표장에 있던 청중의 시선이 온통 내 입에 집중되었다. 사람들은 내가 아주 큰 실수를 했다고 판단했던 것 같다. 어떤 궁색한 답변이 나올까 보는 이도 있었고, '어쩌다 저런 실수를 했지?' 하는 연민 어린 눈도 있었다.

"기록은 아주 정직합니다."

내 답변은 이렇게 시작되었다. 하지만 혜성이 2개가 아니다. 그렇게 보일 뿐이다. 보통 혜성은 목성의 궤도를 지나 지구 가까이로 접근하면서 그 모습을 한 번 보이고 태양에 다가가 근일점 부근에 있을 때는 사라진다. 태양의 밝기가 너무 강하기 때문이다. 혜성이 아무리 밝아도 태양에 견줄 수는 없다. 그후 태양과 가장 가까운 지점을 지나 태양에서 멀어지면서 다시 지구에서 관측이 가능해진다. 그러니까 하나의 혜성은 일반적으로 한 번 사라졌다가 다시 나타난다. 기록은 정직하게 혜성이 두 번 나타나는 것을 묘사할 뿐이다.

토론자는 누그러든 목소리로 말했다. "저는 기록에 있는 그대로 지적했을 뿐입니다."

문헌사학자라고 기록을 보고 말하기만 하면 면죄부를 받을 수 있을까? 기록된 대상물의 성격에 대한 아주 상식적인 이해가 없었다는 것, 그것은 무엇을 의미하는가? 문헌 해석에는 수많은 상식이 필요하다. 인접 학문에 대한 많은 관심과 노력을 기울여야 문헌사학자로서 제 역할을 할 수 있다. 문헌에 기록된 사실들은 대부분 현실에서 왜곡된 모습을 보여준다. 본질이 발현될 때에는 현실에서 일그러지기 때문이다. 본질을 모르면 현실에서 나타나는 현상에 대해 이해할 수 없다.

공개적인 자리에서 토론할 때에는 둘 다 자신을 변호할 수 있어 공평했다. 하지만 논문을 심사받을 때는 그렇지 않았다. 이 책은 지난 6년 동안 발표한 다섯 편의 논문을 바탕으로 집필되었다. 「융천사融天師의 혜성가彗星歌 창작시기와 그 배경」(『민족문화』 27, 민족문화추진회, 2004), 「신라 혜공왕대의 성변星變과 정변政變」(『민족문화논총』31, 영남대학교 민족문화연구소, 2005), 「경덕왕대 월명사月明師의 도솔가兜率歌 창작과 핼리혜성」(『우리문학연구』19, 2006), 「혜성의 출현과 신라하대 왕위쟁탈전-장보고 피살과 관련하여」(『역사와 경계』62, 2007), 「신문왕대 보덕성민의 반란과 핼리혜성」(『인문학연구』78, 충남대 인문과학연구소, 2009). 논문들을 작성하는 데 시간이 많이 걸리지 않았다. 학술잡지에 투고하고 심사받는 데 많은 시간이 필요했다. 위의 논문 가운데 두세 차례 탈락을 경험하지 않은 것이 없었다.

"인간이 있는 역사"를 표방해온 20세기 역사학은 행위에 대한 탐구에 치우쳐 인간의 활동 무대인 자연환경에 대한 배려가 부족했다. 자연이란 고정불변의 것이라는 고정관념은 너무나 강했다. 심사자들은 내 논문을 보고 분노했다. "우리 기록에 보이지 않은 혜성 관련 기록을 어떻게 역사 해석의 도구로 사용할 수 있는가?" 필자는 이러한 지적이 나올 수 있다는 것을 예상했다. 그래서 서문에 항상 다음과 같은 사실을 명기했다. 혜성은 천체이다. 지구 어디에서나 목격된다. 따라서 중국 기록에 나오는 혜성은 우리 역사의 참조 자료로서 활용 가능하다. 예를 들어 가장 잘 알려진 핼리혜성 출현 사실이 우리 기록에 나타나지 않는다고 해서 핼리가 지구를 지나가지 않은 것은 아니다.

2. 혜성, 1500년 동안 338회 출현

혜성은 지구가 태어나기 전부터 존재했다. 지구에 출현한 현생인류가 혜성을 보고 그들의 사고와 감정을 기록하기 시작한 것은 1만 년도 되지 않았다. 혜성은 이미지와 시, 의문과 통찰을 남겼다.

"그대는 한마디 말없이 왔다가 작별 인사도 없이 떠났네. 소용돌이를 타고, 구름 깃발을 휘날리면서. (…) 태양 아래서 그녀는 머리카락을 말리네. (…) 구천九天으로 올라가 혜성을 위로하네."

고대 중국에서 가장 사랑받던 시인으로 양자 강남 유배의 땅에서 강물에 몸을 던진 굴원屈原(기원전 343?~278?)에게 혜성은 잃어버린 연인에 대한 은유이자 현자와 자유로운 신을 연결하는 고리였다.

중국인들은 혜성에 관한 한 세계에서 가장 상세한 기록을 남겼다. 본문에서 밝힌 것처럼 중국인들은 기원전 1400년부터 기원후 100년까지 338개의 독립적인 혜성 출현을 기록했으며, 기원전 240년 이후로는 핼리혜성의 복귀를 기원전 164년에 딱 한 번만 놓쳤을 뿐이다. 하늘에 대한 중국인의 이러한 관심은 무엇을 의미하는가? 그것은 바로 '공포'였다.

당 태종의 사랑을 받던 천문학자 이순풍(602~667)은 저서 『관상완점觀象玩占』에서 이렇게 말하고 있다. "혜성이 윤달 중순에 황소자리에 나타나면 유혈 사태가 벌어져 땅바닥에는 시체가 널린다. 3년 안에 황제가 죽고, 나라가 혼란에 빠진다. 혜성이 오리온자리에 나타나면 큰 폭동이 발생한다. 왕자와 대신들이 황제가 되기 위해 음모를 꾸민다. 황제에게 많은 근심거리가 생기고 도처에서 전쟁으로 인한 참사가 벌어진다."

인공의 불빛이 거의 없었던 전근대 시기에 혜성은 세계 만국의 우주 영상이었다. 우주의 반항아 혜성은 사회심리적으로 큰 영향을 줄 수밖에 없었다. 혹 그 사회가 외침에 노출되어 있거나 내분의 기미가 있을 때라면 그것은 예외 없이 '오멘Omen'이 되었다. 이는 신라 말 왕위계승 쟁탈전 (836~839)이 격화된 시기에 현실화되었다. 왕들에게 혜성은 죽음의 저주였다.

837년 3월, 핼리혜성의 모습은 그 어떤 회귀 때보다 이목을 끌었다. 이때 그것은 겨우 600만 킬로미터 간격을 두고 지구에 '대담'하게 접근했는데, 천문학에서 볼 때 이 정도면 거의 '스치는 만남'이었다. 당시 관찰자들에게 밝게 빛나며 창공의 절반에 걸쳐 펼쳐진 혜성의 꼬리는 놀라운 충격이었다. 혜성의 꼬리가 거대한 부채꼴 모양으로 빛나고 이 모습은 점점 커졌다. 사람들은 본능적으로 뭔가 아주 잘못되었다는 것을 느꼈다. 이보다 더 크고 밝은 혜성은 9세기 내내 볼 수 없었다.

왕경의 대궐에서부터 두메산골의 촌로村老에 이르기까지 모든 사람에게 꼬리가 하늘의 반을 덮은 이 혜성이 목격되었다. 앞으로 닥쳐올 재앙의 '피뢰침'이 된 것은 희강왕이었다. 그는 두 달 전(836년 12월)에 삼촌 김균정을 왕좌에서 시체로 끌어내리고 스스로 왕위에 오른 근친 살해자였다. 사람들은 본능적으로 생각했다. '거대한 혜성이 떠서 왕의 잘못을 경고하고 있다. 만일 왕을 죽이지 않으면 혜성이 지상에 떨어지고 우리 모두가 죽고 만다.'

이 혜성을 정치적으로 이용한 사람은 김명이었다. 그는 김제륭(희강왕)을 적극 후원하여 왕좌에 올린 장본인이었다. 838년 정월 희강왕이 신년인사를 받는 날이었다. 왕의 신뢰를 받는 근신近臣들이 한자리에 모였다. 김명과 이홍은 오지 않았다. 잠시 후 그들이 나타났다. 그러나 둘만 오지 않고 칼을 든 병사들과 함께 왔다. 학살이 시작되었다. 왕의 근신들이 피를 흘리며 쓰러지는 사이 희강왕은 자신의 집무실로 갔다. 그는 절감했다. 10개월 전에 나타난 혜성이 자신의 죽음을 예시했음을 말이다. '죽지 않으려고 발버둥 쳐도 김명은 반드시 나를 죽일 것이다. 하늘의 계시를 어떻게 어기겠는가?' 왕은 비단 천을 천정에 걸었고, 자신의 목을 매고 뛰어내렸다.

희강왕이 자살하고 김명이 민애왕으로 즉위했다. 하지만 그의 왕위 찬탈이 감춘 잔혹성을 마치 하늘이 저주하듯 대혜성이 나타났다. 838년 10월의 대혜성을 중국에서 목격한 일본인 승려 엔인은 그 혜성의 꼬리가 10장丈이 넘었다고 명기하고 있다. 이 혜성은 837년의 핼리혜성만 한 규모이다. 혜성의 재출현은 민애왕 자신을 죽이고 왕좌를 탈취할 자가 나타날 것을 의미했다. 836년 12월 민애왕은 김제륭(희강왕)과 함께 김균정을 살해했다. 죽은 자의 아들 김우징은 복수를 맹세하고 장보고의 해상왕국 청해진으로 망명했다. 김우징은 장보고의 지원을 받아 군대를 양성하고 있었다.

혜성의 재출현으로 장보고 군대의 사기가 올라갔다. 838년 12월 장보고는 김우징을 장군으로 내세운 군대를 왕경을 향해 다시 출동시킨다. 희강왕의 죽음에서 경험했듯이 사람들은 민애왕의 패배와 죽음을 확신하고 있었다. 대구를 결전 장소로 택한 민애왕은 농민들을 미친 듯이 끌어 모았다. 급조한 군대는 거지 떼나 다름없었다. 하지만 그 규모는 10만이나 되었다. 개처럼 끌려나온 농민들이 대구에 집결하는 와중에도 밤하늘에는 혜성이 칼처럼 떠 있었다. 패배의 느낌에 시달린 왕의 군대는 겨울의 중심에서 병든 개처럼 기가 죽어 있었다.

　정부군 10만은 20분의 1에 불과한 장보고의 5000명 전사에게 한 번에 궤멸되었다. 장보고 기병의 급습에 놀란 정부군은 순식간에 흩어졌다. 흩어진 보병이란 기병에게 학살 대상일 뿐이었다. 농민들은 싸우려 하지 않고 도망갈 생각만 했다. 그들은 양떼처럼 우왕좌왕하다가 찔려 죽거나 공황 상태에서 서로를 밟아 죽였다.

　서쪽 교외의 큰 나무 밑에서 전투 장면을 바라보던 민애왕이 문득 주변을 돌아보았을 때 측근들은 모두 도망가고 없었다. 누구 하나 왕을 위해 싸우려는 이가 없었다. 저주의 결과를 현장에서 목격한 측근들은 죽어야 할 왕을 보호할 까닭이 없었다. 민애왕도 본능적으로 도망쳤고 월유택에 숨었다. 그러나 장보고의 병사들이 찾아내 그 자리에서 그를 즉결 처형했다(5장). 왕을 죽여야 혜성은 사라지고 세상에 평화가 도래하기 때문이다.

　신라의 왕들은 혜성이 출현하면 하늘에 장중한 의례를 연출하여 바치기도 했다. 왕은 엄청난 두려움 속에서 고승을 불러 노래(「혜성가」·「도솔가」)를 짓고 대규모 제단을 만들고 무희와 승려들을 불러 모았다. 향내가 진동하는 가운데 혜성을 진정시키기 위해 모든 사람이 함께 노래를 불렀다. 백성들은 왕이 하늘과 통하는 유일한 사람이라고 믿었다. 왕은 하늘에 바치는 의례를 성대하고 박력 있게 집행하여 혜성을 사라지게 해야 했다. 백성에게 왕의 존재 이유는 바로 그것이었다. 왕들은 백성들의 믿음이 흔들릴까 항상 고심하고 살았다(1장, 3장).

　피를 볼 다른 희생자를 찾기도 했다. 왕은 누군가 피를 봐야 자신이 안전할 거라 여겼다. 841년 11월 혜성이 출현하자 문성왕은 염장이란 자객을 청해진에 보내 장보고를 암살했다(5장). 그보다 앞선 시기인 685년에는 핼리혜성이 출현하자 신문왕이 신라에 투항한 김제(금마저)의 고구려인들을 그 희생자로 삼았다(2장). 왜 그랬을까. 신문왕은 즉위 한 달 만에(681년 8월 8일) 믿었던 장인 김흠돌이 반란을 주동한 아픔을 겪었고, 당나라 황제(고종)가 조부 태종무열왕의 추존명(태종)을 고치라고 압박을 가해왔다. 신문왕은 단호하게 거절했다. 당나라와의 관계에서 전쟁이 재발할 만한 험악한 상황이 지속되었다. 내란과 외침의 재발을 우려하는 고해의 바다에 빠져 있는 그에게 핼리혜성의 출현은 심리적 결정타를 날렸다. 희생양이 필요했다. 반란 진압이란 명목으로 많은 고구려인이 학살되었다.

3. 혜성 충돌과 문명의 종말

현대에 와서 혜성은 인간사에 그렇게 영향을 미치지 못하는 듯하다. 요즘 사람들은 밤하늘을 보지 않는다. 그렇다면 혜성의 출현이 인간사와 긴밀하게 관련을 맺는다고 믿었던 고대인들은 어리석고 우매하며 미신이나 믿는 사람들이었을까. 그렇게 단정할 순 없다.

우리가 하늘에서 멀어진 것은 불과 50년밖에 되지 않았다. 현생인류의 역사가 10만 년이라면 그 기간은 0.05퍼센트에 불과하다. 점성술의 뿌리는 하늘에서 벌어진 사건들이 사람에게 직접 영향을 미쳤던 시기로 거슬러 올라간다. 고대인들은 혜성의 위협을 사실로 받아들였다. 고대인들이 봤던 하늘은 오늘날 우리가 보는 하늘과 달랐다.

647년 선덕여왕을 폐위시키는 데 앞장섰던 신라 귀족회의 의장 비담은 내란의 와중에 불을 뿜고 떨어진 운석을 보고 이렇게 말했다. "내가 듣건대 별이 떨어진 아래에는 반드시 피 흘림이 있다."(『삼국사기』「김유신전」) 이것은 사람을 죽이는 운석 충돌 사건을 경험했던 조상들의 전승을 듣고 자란 비담의 표현이다. 혜성은 방랑자가 아니다. 언제든지 지구와 충돌할 가능성이 있는 천체이며, 사람들에게 상상치도 못할 피해를 주거나 전 인류를 절멸시킬 수도 있다.

외계충격이란 혜성이나 소행성 등 지구에 근접한 물체들Near Earth Object이 지구의 대기권에 돌입하는 현상을 말한다. 이 물체들은 타원형 궤도를 그리며 운행하는데, 그 궤도가 지구의 원형 궤도가 만날 때 지구의 중력에 끌려 충돌하게 된다.

6500만 년 전 멕시코 유카탄 반도 부근 바다에 떨어져 지름 180킬로미터의 운석 구덩이Crater를 남긴 범인은 혜성이었다. 충격에너지는 거대한 구덩이를 만들었고, 25만 톤의 이리듐을 주변에 뿌렸다. 혜성은 공룡시대를 끝장냈다. 과학자들은 직경 10킬로미터의 혜성이 지구와 충돌했을 때 이러한 광경이 펼쳐졌다고 보고 있다.

혜성이 대기권을 통과해 바다에 들어가면서 바닷물은 끓기 시작한다. 그리고 혜성은 해저로 돌진하면서 수 킬로미터의 바닥에 다다른다. 막대한 양의 물이 솟구치고 해저에서는 엄청난 산사태가 일어나며, 이로 인해 1킬로미터가 넘는 높이의 쓰나미가 해안지역은 물론 내륙에도 수백 킬로미터 이상 침투하여 초토화시킨다. 해저에서 흘러나온 100미터 두께의 침전물이 섬과 대륙의 해안지역을 덮고, 자동차 크기의 암석들이 충돌 지점에서 500킬로미터나 떨어진 장소에까지 흩어진다. 동시에 지구 지각 깊은 곳까지 강하게 흔들리면서 녹아내린 바위가 튕겨 위로 솟구친다. 해저에는 깊이 20킬로미터, 지름 180킬로미터의 구덩이가 생기고 대지는 진동하면서 지진으로 인한 급격한 충격파가 시속 수천 킬로미터의 속도로 퍼져나간다.

화구는 위쪽을 향해 폭발하고 버섯 모양의 먼지 기둥을 만든다. 그 잔해가 성층권을 통해 빠르게 확산되면서 지구를 에워싼다. 수조 톤의 바위가 증발하고 우주 공간으로 튕겨져 나간다. 이것들은 우주 공간에서 딱딱하게 응결되어 다시 지상으로 떨어진다. 대기를 통과하면서 공기와 마찰하여 불덩이가 된 그것이 비처럼 쏟아져 내린다. 지구는 수억 수조에 이르는 운석의 공격을 받는다. 하늘은 너무나 뜨거워져 화덕이 된다. 하늘이 불타는 가운데 동물들이 타 죽고 식물들도 한순간에 화염에 휩싸여 사라진다.

폭발하여 산산조각 난 혜성의 잔해 등은 유황을 함유한 수백만 톤의 먼지와 합쳐진다. 이런 먼지는 일부는 혜성에서 온 것이고, 다른 일부는 충돌 지점 지하의 유황이 풍부하게 들어 있는 암석층에서 나온 것이다. 이후 수년 동안 유황을 함유한 물질이 물과 섞이면서 강한 산성비가 내린다. 충돌의 열기 속에 만들어진 질소산화물까지 첨가되면서 비의 산도는 더욱 강해진다. 이로 인해 식물들은 껍질이 벗겨지고 비가 바다로 흘러들어 대륙붕을 따라 번진다. 건전지의 전해액만큼이나 강한 산성을 띤 비가 쏟아져 강을 따라 흐르면서 생명을 다 죽이고, 바다에 침투하여 열풍과 거대한 파도 속에 살아남은 해상 생물들을 괴멸시킨다.

한편 충돌 충격으로 일어난 리히터 규모 '12' 이상의 지진은 바위도 가루로 만들어버릴 정도의 위력을 지닌다. 지구 표면은 20미터가량 부풀어 오르고 이어 땅이 갈라지며 용암이 흘러내리기 시작하고, 용암은 아황산가스와 이산화탄소, 염소를 배출하여 대기를 더욱 오염시킨다.

그을음과 연기, 먼지 등으로 둘러싸인 대기 상층부에서는 맨 처음의 화구에서 나온 열기가 질소와 산소를 끌어들여 메가톤급 폭발력을 지니는 수천 톤의 일산화질소가 만들어졌다. 1톤의 일산화질소는 대략 그 100배에 해당하는 오존을 파괴한다. 그리하여 며칠 후에는 유해한 태양 자외선으로부터 지구를 보호해 주는 오존이 모두 사라진다. 세월이 지나 오존층이 재생된 후에도 대기 중에는 이산화탄소의 양이 많아 결국 지구는 온난한 기후와 온실효과를 겪게 된다. 충돌의 여파는 수천 년 동안 지구의 환경에 영향을 미친다. 그 와중에 대부분의 동식물이 멸종한다.

해양생물과 삼엽충이 번성했던 고생대가 3억7500만 년간 지속되다가 종말을 고했고, 겉씨식물과 초식 파충류가 번성하던 중생대(공룡시대)가 1억6000만 년 계속되다가 종말을 고한 것도 이런 외계충격의 여파 때문이었다. 지금과 같은 생태계의 신생대가 도래한 것도 종말적인 파괴가 있었기에 가능했다. 고생대에서 중생대 그리고 중생대에서 신생대로 이행하는, 생태계를 완전히 바꾼 외계충격은 두 번 있었지만, 그사이에 아주 작은 외계충격들도 있었다.

하늘에서 불이 떨어지리라는 무시무시한 예언은 우리의 지적 유산 속에 풍부하게 존재한다. 인류 최고의 베스트셀러인 성서聖書에도 인류가 불을 맞아 멸망한다는 예언이 있다. "교만한 자와 행악하는 자는 다 초개와 같아서 이르는 날에 저희를 불로 심판하리라."(『구약』「말라기」 4장 1절) "그 날에는 하늘이 불에 타서 없어지고 체질이 뜨거운 불에 녹아진다."(『신약』「베드로후서」 3장 12절) "내가 불을 땅에 던지러 왔다."(『신약』「누가복음」 12장 49절) 유대인들은 불의 심판을 굳게 믿었다. 그들은 말세에 상상치도 못할 천재지변이 덮칠 것을 알았다.

아직도 오스트레일리아 남부 원주민들은 하늘에서 내려온 가공할 만한 열기에 대해서 이야기하고 있다. 캘리포니아의 와소 인디언들은 "별들이 녹아내려 마치 용해된 금속처럼 비 오듯이 쏟아졌다"고 표현하고 있다. 또한 용이 등장하는 중국의 그림과 조각들 중에는 바다에서 있었던 충돌을 표현하는 것들이 있다. 이때 용은 혜성을 암시한다고 전문가들은 보고 있다.

약 800년 전 뉴질랜드 남섬 전역에 화재가 발생한 적이 있다. 불로 섬이 초토화되었고, 대형 조류인 모아Moa새가 멸종했다. 뉴질랜드 원주민인 마오리 족은 하늘에서 일어난 큰 폭발이 화재의 원인이었다고 말하고 있다. 전설은 하늘에서 떨어진 물체, 사나운 바람, 땅의 융기, 하늘에서 날아와 재앙을 불러일으킨 불가사의한 불에 대해 이야기하고 있다. 실제 남섬의 타파누이시 근처에는 우주에서 날아온 물체로 인해 만들어진 운석 구덩이가 있다.

고대인들은 재앙이 때때로 하늘로부터 찾아온다는 사실을 분명히 알고 있었다. 하늘에 대한 인류 초기 문명들의 관심은 거기서 벌어지는 자연현상에 대한 두려움에서 비롯되었다. 하늘은 사람들에게 실질적인 위협이 되었다. 혜성과 소행성 또는 작은 불덩어리들이 하늘에서 무수히 떨어지는 무서운 사태가 벌어졌고, 이로 인해 지구 전역이 광범위한 피해를 입고 수많은 생명이 목숨을 잃었다.

현재 중근동의 고대 국가나 도시가 갑자기 소멸한 원인을 외계충격으로 보는 설이 설득력을 얻고 있다. 어느 일정한 시기에 그리스에서 메소포타미아 이집트에 이르는 문명이 갑자기 사라진 암흑시대가 두 번 존재했다. 기원전 2500~2000년 전후 무렵이 그 첫 번째이다. 기원전 2200년 무렵 이집트의 제6왕조가 멸망하고, 비슷한 시기에 아카디안 제국이 붕괴했으며, 비브로스와 시리아 팔레스타인 지역이 불로 파괴되어 한동안 버려졌다. 트로이 제2문명은 불로 파괴되었고, 레르나와 아르고리드 등의 번영지들, 아나톨리아의 동부와 서부가 비슷한 형태로 파괴되었다. 사람이 살던 지역 75퍼센트가량이 파괴 속에 쇠퇴의 길을 걸었던 것으로 집계되었다. 인더스 계곡의 문명도 거의 비슷한 시기(기원전 2100~1900)에 쇠망한 사실이 확인되었다.

두 번째의 암흑기는 기원전 1200년경에 포착된다. 이후 아나톨리아의 히타이트 제국이 갑자기 사라졌고, 그리스 미케네 문명이 붕괴됐다. 이집트와 아시리아 문명은 쇠퇴기에 들어섰다. 고고학적으로 이집트와 중근동 지역 500여 개 유적지에서 화풍火風을 맞은 흔적이 나왔고, 그 유기물질을 분석한 결과 화산이 아니라 외계충격인 것으로 드러났다.

그렇게 크지 않은 외계물체는 지구의 모든 생명체를 죽이지는 않는다.

하지만 그 여파로 인한 기후 변화로 문명의 기반은 붕괴된다. 문명이라는 합판은 매우 얇다. 문명의 위기는 충돌 자체보다 그것이 유발하게 될 사태로 인해 가중된다. 세계 인구의 일부가 물리적 충격으로 죽고 환경이 변화하면 타인에게 베풀기 좋아했던 사람들조차 힘겨운 생존 투쟁에서 다른 생존자들을 해치게 될 것이다. 문명화된 인간이 스스로를 또다른 암흑기로 후퇴시키는 것이다. 이렇게 불바다에 관한 이야기는 후세들에게 전승됐고, 그 공포도 함께 전해졌다.

4. 목성이 입증해준 혜성 충돌의 물리적 효과

16년 전 혜성 '슈메이커-레비Shoemaker-Levy 9'가 목성과 충돌하는 광경이 TV에 방영되면서 고대인들의 공포가 허황된 것이 아님이 과학적으로 증명되었다. 1994년 7월 16일부터 22일까지 21개로 쪼개진 혜성이 목성의 남반구에 충돌하여 거대한 흔적을 남긴 전 과정이 세계의 천문대와 허블우주망원경HST, 갈릴레오 우주탐사선 등에 의해 관측되었다. 혜성이 얼마나 무서운 존재인지 사람들은 인식하게 되었다. "21개의 조각 가운데 하나만 지구에 떨어져도 어떻게 되겠는가?" 사람들로 하여금 과거 지구와 충돌했던 혜성을 연상케 하기에 충분했다.

슈메이커-레비9는 목성과의 충돌을 불과 1년 4개월 남짓 남겨둔 시점에 발견되었다. 발견자는 미국의 혜성 전문가 유진 캐롤라인 슈메이커와 데이비드 레비였다. 이 혜성은 일반 혜성들처럼 태양의 주위를 도는 것이 아니라 놀랍게도 목성의 주위를 대략 2년 주기로 공전하고 있다는 사실을 알아냈다. 일그러진 타원 궤도를 역추적한 결과 1992년 7월에 목성의 상공 5000킬로미터 이내를 통과했다는 사실이 밝혀졌다. 혜성의 원뿔형 궤도는 목성과 점점 가까워지고 있었고, 그런 세라면 1994년 7월경에는 목성과 충돌할 것이라고 확신했다. 충돌 예상일이 가까워짐에 따라 혜성은 목성의 중력으로 인해 작은 조각으로 부서져 나갔다. 1994년 7월 초 허블 망원경으로 사진을 분석한 결과 각각의 조각의 크기는 직경 1~4킬로미터에 달했다. 만약 이들 가운데 1개만 지구에 떨어져도 그로 인한 핵겨울의 여파로 생명체의 70퍼센트 이상이 소멸된다. 각각의 조각은 목성과 충돌 예정 순서에 따라 영문 알파벳으로 이름이 주어졌다. 7월 14일 총 21개의 조각으로 갈라진 혜성은 A조각을 필두로 목성과 충돌하기 시작했고, 이는 22일까지 계속되었다.

A조각이 목성과 충돌할 당시 발생한 에너지는 티엔티TNT 22만5000메가톤 급이었는데, 충격으로 인한 버섯구름이 무려 1000킬로미터 높이로 솟아올랐다. B조각은 예상보다 충격의 여파가 약했고, 연이은 C, D, E조각은 A에 필적하는 크기의 흔적을 남겼다. F조각의 흔적은 미미했다. 가장 컸던 것은 G조각이었다. 충돌시 방출된 에너지는 티엔티 600만 메가톤 급으로 지구상에 모든 나라가 보유하고 있는 폭탄을 동시에 폭파시킨 것의 600배에 상응하는 충격이었다. 충돌 후 화구가 목성 상공 3000킬로미터까지 솟아올랐으며, 그것은 지구만 한 크기의 거대한 흔적을 남겼다.

목성 충돌이 가져다준 가장 큰 소득은 유사한 충돌이 지구에서 일어날 경우 생길 끔찍한 재앙의 가능성을 애써 무시하려 했던 사람들이 현실에

눈뜨도록 해주었다는 데 있다. 어느 정도 크기의 천체가 우리 문명을 멸망시킬 수 있는가에 대해 관심을 갖고 있었던 일부 방관자들에게 목성 충돌은 확실한 경고의 소리였다. 목성과 충돌한 혜성의 조각 가운데 가장 작은 500미터에 불과한 것도 지구를 완전히 둘러싸고도 남을 만큼 막대한 양의 뜨거운 물질로 이루어진 가스 덩어리와 화구를 만들어냈다.

1996년 5월 마지막 주 초 지구에 천재지변이 일어날 뻔한 사실을 천문학자들만 알았을 뿐 대부분의 사람은 모르고 지나갔다. 그때 지름 500미터 정도의 소행성 하나가 지구를 스쳐 지나갔던 것이다. '1996JA1'으로 명명된 소행성으로서 지구에 45만620킬로미터까지 접근하면서 비켜갔다. 인류의 천체 관측 역사상 지구를 이렇게 가까이 통과한 천체로는 가장 큰 것이었다고 한다. 만일 티엔티 4기가 톤에 필적하는 이 소행성이 지구에 충돌했다면, 히로시마에 떨어졌던 원자폭탄 20만 배에 달하는 피해를 끼쳤을 것이다.

5. 최고의 거물이 죽어야 한다는 계시

인류의 정신세계와 물질세계는 외계충격으로부터 결코 자유로울 수 없다. 한국 고대인들에게도 하늘은 경험적 공포의 대상이었다. 하늘의 변고는 인간의 공포라는 깔때기를 통과하여 땅의 변고로 이어졌다. 왕족들의 골육상쟁이 벌어진 상황에서 혜성의 출현은 정확히 말해 그 사회에서 최고의 거물인 누군가가 꼭 죽어야 한다는 계시였다. 그렇지 않으면 혜성이 땅에 떨어져 땅에 있는 인간들을 다 죽일 것이라고 사람들은 믿었던 듯하다.

하늘의 연이은 변고는 신라 왕들의 연이은 피살로 이어졌다. 지속되는 왕위쟁탈전(836~839)은 결국 신라의 멸망을 앞당기는 계기로 작용했다.

근친 왕족 사이의 살인은 왕실의 권위를 땅에 떨어지게 했다. 백성들이 신성하게 여겼던 국왕이 그의 혈육에 의해 하루아침에 도살되는 광경이 연이어졌고, 근친 살해는 백성들이 왕족들에게 품었던 신앙을 훼손시켰다. 지방에서 반신라적인 세력이 형성될 수 있는 분위기는 이때 만들어졌다. 지방 세력인 호족들이 신라를 붕괴시키고 고려를 건국한 것은 결코 우연이 아니었다.

물론 어느 한 시기에 혜성이 거듭 출현했다는 것이 신라 멸망의 직접적인 원인이라 보기는 힘들지만, 원인을 제공한 자연현상 중의 하나임은 분명하다. 그럼에도 불구하고 그동안 신라사에서 이 부분은 공식적으로 고려되지 않았다. 아니 할 수가 없었다. 왜 그랬는지는 본문에 자세히 밝혀 놓았다. 이 책이 신라의 역사에 대한 새롭고도 정확한 이해, 그것을 넘어 고대의 정치사회 그리고 고대인들의 심성 체계 등에 대해서도 새로운 관심을 촉발할 수 있게 하는 촉매제가 되었으면 한다.

2010년 3월

서영교

차례

제1장

신라는 융천사의 「혜성가」를
언제, 왜 만들었나

혜성을 노래했던 향가 한 수가 『삼국유사』에 전하고 있다. 같은 책 권5 '융천사혜성가 진평왕대融天師彗星歌 眞平王代' 조가 그것이다. 혜성의 등장으로 신라인들이 두려워하자, 융천사가 「혜성가」를 불러 그것을 사라지게 했고 일본병도 물러갔다. 천체天體의 이변, 일본병의 침공과 융천사의 「혜성가」 창작, 혜성의 사라짐과 일본병의 환국還國 등 일련의 이야기 구조는 완결성이 있다.

현존하는 최고最古의 향가 「혜성가」가 구체적으로 진평왕대 어느 시기에 창작되었고, 혜성이란 천체가 어떻게 일본병과 결합되어 있는 것일까. 지금까지의 연구는 주로 국문학계에서 이루어졌다. 양주동·김열규·조동일 등은 「혜성가」가 당시의 실제 상황을 반영한다고 보았다. 반면 최성호·주옥·최시안 등은 왜병 환국이 실제 사실이 아니며 「혜성가」로 말미암아 왜병 침공이 예방되었다고 보고 있다. 많은 연구성과가 나왔지만, 혜성의 사라짐과 왜병 환국의 사실성 여부에 대해 합

일점은 찾지 못했다. 「혜성가」 성격에 대해서도 견해가 구구하다.[1]

한편 최시한은 기존 연구가 "외적 사실을 너무 중요시하여 역사적 문맥 안에 향가를 가두어버리는 경우가 없지는 않으며, 무리한 신비화나 단순화는 지양되어야 할 것"이라고 지적했다. 그는 "노래와 노래에 얽힌 이야기는 신라인들에 의해 만들어지고 전승되었으며, 그것이 일연의 책 『삼국유사』에 수록되었다는 사실 자체가 무엇보다 중요하다"며, "지금까지 작가作歌와 전승의 계기가 된 사실적, 역사적 상황의 문제는 일차적인 중요성을 지니고 있지 않다"고 했다. 왜냐하면 "다른 향가들과 마찬가지로 「혜성가」는 처음에는 한 작가에 의해 창작된 것이긴 하나, 그것을 받아들인 사회집단의 예비 검열을 거친 민속예술작품이기 때문"이다.[2]

김현의 지적대로 기사記寫된 민속예술작품인 「혜성가」에서 보다 중요한 점은 그것의 생성과 정착을 가능케 했던 사람들을 지배한 공식 이념과 그들 간의 편차일 수도 있다.[3] 그러나 「혜성가」는 특정 시기에 창작된 그 시대의 산물이 분명하며, 고대 신라인이 품었던 영혼의 소리로 현재까지 살아남은, 인간을 위해 과거가 결코 완전히 죽지 않은 단편이라 할 수 있다. 필자는 『삼국유사』 '융천사혜성가' 조를 진평왕대의 사실을 반영하는 사료로 본다. 그렇다면 문제 해결의 핵심은 「혜성가」의 창작 시기에 있다. 이것이 해결되지 않으면 그것의 성격이나 당시 신라인들이 품었던 마음도 정확히 파악할 수 없다.

지금까지 「혜성가」의 창작 시기를 밝혀내려는 시도는 두 가지 측면에서 이루어졌다.[4] 하나는 혜성의 출현 방향에 대한 고찰이고, 다른 하나는 '일본병 환국' 문제에 대한 검토이다. 먼저 조동일의 연구를 보자. 그가 주목한 것은 「혜성가」에 보이는 혜성의 출현 방향이었다(有彗星犯心大星). 혜성이 출현한 심성心星은 동쪽에 있는 별자리이며, 진평왕과 동시대에 백제 위덕왕 41년(594) 11월 각항角亢(동쪽)에 출현했다는 성패星孛와 방향이 일치한다는 것이다.[5] 조동일은 이를 근거로 「혜성가」가 창작된 연대를 594년으로 주장했다.[6] 혜성이 지구에 주기적으로 찾아오는 천체라는 점에 주목한 조동일의 연구는 신선한 발상의 전환이었다. 무엇보다 그가 단편적으로나마 중국의 혜성 기록에 주목했다는 점은 중요한 암시를 준다.

조동일의 연구에 대해 반론이 없지는 않다. 오카야마岡山善一郎의 지적대로 조동일은 혜성의 출현 방향이 일치함을 근거로 「혜성가」가 594년에 창작되었다고 했지만 왜병 출몰에 관한 검증은 전혀 없었다. 천인상관설天人相關說 사상의 관점에 주목하여 혜성 출현과 결부된 역사적 사건을 사실로 받아들여야 한다고 주장한 오카야마는 「혜성가」에 보이는 '일본병 환국'을 반영하는 사실을 『일본서기』 추고기推古期에서 나름대로 찾아낸 후, 「혜성가」 창작 시기를 602년 2월 전후로 결론 내렸다.[7]

그해 4월 병력 2만5000명을 이끌고 규슈九州에 도착한 구메 황자來目皇子가 6월에 병에 걸리자 신라 정벌이 연기되었다.[8] 오카야마에 따르면, 602년 왜가 규슈에 병력을 집중시킨 사실이 신라에 알려졌고, 이런 긴박한 상황에서 혜성이 출현하여 전쟁의 위기가 한층 고조되었으며, 신라에서 혜성의 소멸을 기원하는 의식과 적을 항복시키려는 항복주술降伏呪術이 행해졌다고 한다. 그때 마침 적장敵將 구메 황자의 죽음(603년 2월)으로 침공이 갑자기 중단되자 신라 측에서는 「혜성가」를 부른 의식이 효험과 영력靈力을 발휘했다고 믿게 되었다는 것이다. 다시 말해 그는 「혜성가」 배경의 기술에 왜병의 내침來侵에 대한 언급 없이 귀환한 기록만 보이는 것은, 왜병의 신라 침공이 돌연 중지된 사실이 반영된 것이라고 생각했다.[9]

오카야마는 「혜성가」에 보이는 일본병 환국을 역사적 사실의 반영으로 보고, 『일본서기』에서 이와 부합되는 사실을 찾으려고 치밀하게 검토했다. 무엇보다 구메 황자의 죽음으로 인한 왜병의 신라 침공 좌절과 신라의 정보 수집 등 구체적인 예를 든 그의 치밀함은 높이 살 만하다.

지금까지 한국 학계에서 '일본병 환국'에 대한 고찰이 없었던 것은 아니다. 하지만 피상적인 이해에 그쳤다는 느낌을 지울 수 없다.[10] 그러한 것의 주원인은 『일본서기』를 지나치게 불신하는 데 있었다. 필자는 어떤 논자의 논리적인 주장보다 기록 그 자체를 우선적으로 살피는 것이 중요하다고 여겨 가능한 한 그것을 받아들이려 한다. 7세기 초 『일본서기』의 기록은 전대의 그것보다 상당히 정확하기 때문이다. 한편 그렇게 치밀한 작업을 했던 오카야마가 정작 「혜성가」의 창작 모티프인 혜성 출현에 주목하지 않은 점은 이해하기 어렵다. 혜성은 지구상 어디에서나 관측되는 천체이므로 혜성에 대한 기록은 국적을 불문하고 우리 역사를 해석하는 기록으로 활용할 수 있다.

중국은 세계 어느 나라보다 풍부한 천문 기록을 보유하고 있다. 정확성 면에서도 단연 돋보인다. 가령 핼리혜성에 관한 중국 측 기록은 기원전 164년을 제외하고는 모든 회귀가 빠짐없이 기록되어 있을 정도이다.[11]

필자는 먼저 진평왕대의 국제적 상황에 대해 개괄해보았다. 수나라의 중국 통일은 세계적 사건이었다. 그것은 향후 동아시아 세계를 어떤 형태로든 변형시켰다. 왜와 신라의 관계만 고찰한다면[12]「혜성가」의 창작 배경을 제대로 이해할 수 없다. 당시 유일한 강대국인 수의 등장과 연계하여 보는 것이 더 효과적이다. 다음으로 「혜성가」의 창작 시기에 대해서 고증해보았다. 여기에는 중국의 천문 기록을 활용했다. 끝으로 이 시기 신라인들이 처한 시대적 위기를 재구성해보았다. 「혜성가」 탄생의 밑그림을 선명하게 하는 한 시도로서 말이다.

I

진평왕대 대륙정세의
격변과 왜倭

　먼저 「혜성가」가 실려 있는 『삼국유사』권5 '융천사혜성가 진평왕
대' 조를 보자.

　제5거열랑居列郎, 제6실처랑實處郎(突處郎), 제7보동랑寶同郎 등 세 화
랑의 무리가 풍악금강산에 놀러 가려고 하였을 때, 혜성彗星이 심대
성心大星을 범했다. 낭도郎徒들이 의아해하여 여행을 중지하려고 하
였다. 이때에 융천사融天師가 향가를 지어 부르매 혜성이 없어지고
일본병이 물러가서 도리어 경사가 되었다. 진평왕이 기뻐하여 낭도
들을 풍악에 놀러 보냈다. 그 향가에 "옛날 동해가의 건달파가 놀던

성城을 바라보고 왜군이 왔다고 봉화를 사르게 한 동해변이 있도다. 세 화랑의 오름을 듣고 달도 빨리 그 빛을 나타내므로 길을 쓰는 별(혜성)을 바라보고 혜성이라 말한 사람이 있다. (후구後句) 아아 달이 아래에 떠갔도다. 무슨 혜성이 있을꼬."

화랑 무리 셋이 금강산으로 여행을 떠나려 할 때 혜성이 나타났다. 낭도들이 일정을 취소하려고 했는데 융천사가 향가를 지어 부르니 혜성이 없어지고 왜병들이 물러났다. 진평왕이 기뻐하여 낭도들에게 여행을 다시 허락했다. 왜병과 혜성은 짝을 이루고 있다. 혜성이 나타나니 왜병이 왔고, 혜성이 사라지자 동시에 왜병이 사라졌다.

「혜성가」에는 왜에 대한 공포가 스며 있다. 하지만 신라 입장에서 왜의 위협은 어제오늘의 일이 아니며, 유독 진평왕대에만 심했다고도 할 수 없다. 『삼국사기』의 초기 기록과 「광개토왕비문」에서 알 수 있듯 왜의 위협은 특정 시기에 국한되지 않았다. 여기서 먼저 6~7세기 국제 역학관계의 변화과정을 살펴볼 필요가 있다. 고구려와 왜의 결속이 신라에게 끼친 영향을 밝히기 위해서이다. 한 치 앞도 알 수 없었던 진평왕대의 국제 정세에 대한 이해 없이는 「혜성가」에 나타난 일본병에 대해 설명할 도리가 없다.

진평왕은 숙부 진지왕이 폐위된 579년 7월 왕위에 올라 632년 죽음에 이르기까지 53년 동안 신라를 통치한 영주다. 그의 재위 기간은 수나라가 중국을 통일한 후 고구려와의 전쟁에 패하여 자체 붕괴하고, 이어서 일어난 당나라가 중국의 내란을 종식시키고 돌궐을 제압한 시기까지를 포함한다.

이야기는 진흥왕대로 거슬러 올라간다. 550년대 고구려 입장에서 볼 때 신라의 등장은 치명적이었다. 한강 유역을 점령하고 동해안의 함경도까지 힘이 뻗친 신라의 급격한 성장은 고구려의 방어 체계에 예상치도 못한 하중으로 작용했다. 고구려에게 신라는 후방에 새로 등장한 강력한 적이었다. 이성시李成市의 지적대로 6세기란 고구려 쪽에서 본다면 신라에 의한 고구려 영역의 침식과정이었다고 해도 과언이 아니다. 신라는 505년에 동해안 일대로 진출했고, 552년에는 한강 하류지역을 장악했으며,[13] 568년에 함경도 지방 예족 거주지를 확보했다. 6세기 중엽 이후 고구려의 최대 적은 백제가 아니라 신라였다. 고구려는 전역에 걸쳐 신라와 국경을 접하고 군사적으로 대치했다.[14]

신라의 팽창에 대해 고구려는 적극적인 공세를 펴지 못했다. 한마디로 수세적이었다고밖에 할 수 없다. 북방의 강적 돌궐突厥 때문이었다. 돌궐이 유연柔然을 격파하고 북방의 패자로 등장한 이후, 고구려는 거란·말갈에 대한 지배권을 놓고 돌궐과 쟁탈전을 벌였다. 그런 까닭에 한반도로 눈을 돌릴 여력이 없었고, 이것이 신라의 급격한 팽창과 성장 요인이 되었다.[15] 더구나 589년에 수隋가 남조의 진陳을 멸하고 중국 통일을 이루면서 고구려를 둘러싼 국제 환경은 더욱 악화되었다. 수는 후한後漢 말 이후 근 400년간 지속된 분열을 종식시켰다. 당시 사람들에게 중국이란 나라는 분열 상태가 익숙했고, 통일이 오히려 비정상적인 것이었다. 물론 중국의 통일은 수가 북방의 돌궐을 격파한 결과이며, 여기에는 고구려도 연계되어 있다. 당시 수와 돌궐 사이의 전쟁에서 고구려가 수의 편을 드는 것은 자연스러웠다. 이를 이해하려면 수의 통일과정을 살펴볼 필요가 있다.[16]

사건의 발단은 582년 5월 23일 수 문제가 북주北周의 정제靜帝를 살해하면서부터 시작되었다. 이 사건은 돌궐에게 확실한 침략의 빌미가 되었다. 이쉬바라 가한可汗을 비롯한 5명의 가한이 이끄는 40만의 돌궐 병력과 북제北齊의 잔당인 고보령高寶寧의 군대가 장성을 넘었던 것이다.[17] 이후 전황은 10월 수 문제의 황태자 용勇이 함양에 군대를 주둔하여 대비시킬 정도로 위험해졌다.[18] 동에서 고보령이 유주幽州를 위협하고, 서에서는 타르두쉬 가한과 번라蕃羅 가한이 공격해왔다. 582년 12월 홍화弘化에서 방어하던 수군의 부장 달계장유達溪長儒가 패하고 난주蘭州도 함락되어 그 지역은 심한 약탈을 당했다.[19] 이는 수에게 엄청난 타격을 입혔고, 수도권 지역까지 위협받는 심각한 사태에 이르렀다.

그런데 상황이 바뀌었다. 돌궐 서군의 주력을 이룬 타르두쉬 가한이 본거지로 철수했고, 중군中軍의 이쉬바라 가한 역시 막북으로 귀환했다. 타르두쉬 가한이 철수한 까닭은 그가 수의 주천酒泉을 공격할 때 중앙아시아 방면의 호탄, 이란의 사산조 페르시아, 남러시아의 에프탈 등이 서돌궐의 본거지를 공격해왔기 때문이다.[20] 서돌궐이 중국 원정에 나선 틈을 타 서방에서 세 덩어리의 거대한 군대가 움직였던 것이다.

서방에서 일어난 대對 돌궐 공세에 동방의 고구려도 호응했다. 그것은 고구려에게 놓칠 수 없는 기회였다. 고구려는 말갈군을 이끌고 동돌궐 이계찰移稽察의 군대를 격파했다.[21] 동시에 키르키즈도 돌궐의 사비설沙毗說을 공격했다.[22] 동돌궐의 이쉬바라 가한은 동부에서 대결을 벌이던 고구려에게 공격당했을 뿐만 아니라 몽골초원 북쪽의 키르키즈와의 싸움에서도 패했다. 돌궐이 중국을 공격하는 사이 사산조 페르시아, 에프탈, 호탄은 서쪽에서, 고구려와 키르키즈는 동북쪽에서 협공을 가해왔다. 유라시아 대륙 전체를 상대로 한 수의 엄청난 대외공작이 대성공을 거두는 순간이었다.

적들의 동시다발적인 공격으로 돌궐은 크게 동요할 수밖에 없었고, 이는 돌궐 가한들의 권위를 실추시켜 내부 반란으로 이어졌다. 583년 돌궐에 복속된 부족들이 반란을 일으켰고, 초원에는 기근이 일어나는 악재가 겹쳤다. 이를 알아차린 수 문제는 대대적인 돌궐 공격을 감행한다. 4월에 백도천白道川에서 수 문제가 이쉬바라 가한을 크게 무찌르고, 나아가 585년 막북에서 벌어진 돌궐 가한들 간의 내분에 개입했다. 이로써 수 문제는 북방의 문제를 해결할 수 있었고, 남조 진陳을 성공적으로 병합하여 통일을 이뤘다.

고구려는 돌궐의 세력이 약화되면 거란과 말갈에 대한 영향력을 확대·유지할 수 있을 거라 판단했다. 그러나 돌궐의 몰락과 수의 중국 통일은 고구려에게 결코 이익이 되지 못했다. 강력한 수의 등장으로 거란과 말갈의 부족들이 고구려로부터 이탈했기 때문이다. 돌궐의 힘이 약화되자 거란과 말갈에 대해 영향력을 확대한 것은 고구려가 아닌 수였다. 돌궐의 영향 아래에 있던 거란이 수에 붙었을 뿐만 아니라 북만주지역에서 고구려와 적대관계에 있던 속말말갈도 수와 접촉했다. 고구려가 이를 차단하기 위해 공세를 뻗치자 속말말갈은 수에 집단투항을 해버렸다.

고구려가 난국에 몰리자 이를 간파한 신라는 수나라에 적극적으로 접근했다. 물론 수 문제도 관심을 표명했다. 594년에 수 문제는 신라에 사신을 파견하여 진평왕을 '낙랑군공신라왕'으로 책봉했다.[23] 이 시기부터 수는 고구려를 공략하기 위해 신라를 적극 이용하려 했다. 608년에 신라는 수에 군사를 청하는 글을 올려 고구려에 대한 협공을 자원하고 나섰으며,[24] 611년 수 양제가 고구려 원정을 단행하려 하자 진평왕도 참여하겠다며 출사표를 냈다.[25]

고구려 수뇌부는 신라와 수의 공조관계를 예상하고 있었던 듯하다. 이런 현안을 해결하기 위해 고구려는 왜국에 접근했다. 사카모토 요시타네는 595년 고구려 승려 혜자慧慈의 왜국 파견이 영양왕嬰陽王의 뜻이었을 가능성이 짙다고 지적했다. 승려 혜자는 595년에서 615년까지 20년간 왜국에 머물면서 성덕태자聖德太子의 스승으로 측근에 있던 이름난 인물이다. 사카모토는 "네 차례에 걸친 수의 고구려 침략은 모두 영양왕대의 일이었으며, 혜자의 일본 파견과 귀국 역시 영양왕대의 일이라고 한다. 바꾸어 말하면 왜가 여섯 번에 걸쳐 수나라에 사신을 파견한 일도 모두 혜자가 그곳에 있을 때 일어난 일이다"라고 했다.[26] 이 시기에 고구려 영양왕은 왜에 사신을 자주 파견했으며, 적극적으로 승려와 기술자를 보내는 등 경제·문화적 원조를 아끼지 않았다. 대표적인 예는 다음과 같다. 『일본서기』 권22, 추고천황 13년(605) 여름 4월 신유辛酉 조를 보자.

> 12년 여름 4월 신유 초하루에 천황은 황태자·대신 및 제왕·제신에게 조詔하여 함께 서원誓願을 발하고, 동銅에 수繡를 놓는 장육丈六의 불상 각각 1구를 만들기 시작했다. 그리하여 안작도鞍作鳥에 명해 불상을 만드는 공工으로 하였다. 이때 고려국의 대흥왕(영양왕)이 일본국 천황이 불상을 만든다는 말을 듣고 황금 300냥을 보내왔다.

또 『일본서기』 권22, 추고천황 18년(610) 봄 3월 조를 보자.

> 고려 왕은 승려 담징과 법정을 보냈다. 담징은 오경을 해석하였다. 또 채색이나 종이, 묵墨과 맷돌을 만들었다. 수력을 이용한 절구를 만든 것은 이때가 처음이었을 것이다.

왜국의 왕이 장육상을 만든다고 하자 고구려 영양왕이 황금 300냥을 보내왔고, 법륭사에 위대한 작품을 남긴 담징 등의 승려, 기술자,

화가가 왜에 파견되었다. 실로 왜에 대한 고구려의 원조는 왜국이 규슈에 병력을 집중시켜 신라에 군사적 압력을 가하게 하는 직접적인 동력원이었다. 600년 왜군은 신라의 5개 성을 직접 공격하기까지 했다. 『일본서기』 권22, 추고천황 8년 봄 2월 조를 보자.

> 8년 봄 2월에 신라와 임나任那 사이에 전쟁이 일어나 천황은 임나를 구하려 생각하였다. 이해 경부신境部臣을 대장군으로 임명하고 수적신穗積臣을 부장군으로 하여 1만여 명의 군사를 거느리고 임나를 도와서 신라를 공격하였다. 장군들은 직접 신라를 목표로 하고, 바다를 건너 신라에 이르러 5성을 공략하였다….

기사의 신빙성 여부를 떠나 시대적 분위기를 고려할 때, 신라에 대한 왜의 위협과 침공은 충분히 가능한 일이었다. 이듬해에 신라 침공에 대한 논의가 재개되었고 실행을 위한 준비 작업에 들어갔다. 『일본서기』 권22, 추고천황 9년(601) 11월 경진庚辰 조를 보면 "갑신甲申에 신라를 공격할 것을 의논하였다"라고 기록되어 있다. 추고천황 10년(602) 봄 2월 조를 보자.

> 기유己酉 초하루에 구메 황자를 신라 정벌 장군으로 임명하고 신부神部·국조國造·반조伴造 등과 아울러 군병 2만5000명을 주었다. 어름 4월 무신戊申 초하루에 장군 구메 황자는 츠쿠시에 도착하고 나

아가 후쿠오카의 이토시마군糸島郡에 주둔하여 선박을 모아 군량을 운반하였다. 6월 정미丁未 초하루 기유己酉에 (…) 이때 구메 황자는 병에 걸려 신라 정벌을 다하지 못하였다.

602년의 신라 정토 계획은 구메 황자의 죽음으로 결국 시행되지 못한다. 하지만 그 이듬해 그것은 재차 시도된다.『일본서기』권22, 추고천황 11년(603) 여름 4월 조를 보자.

초하루에 구메 황자의 형 당마 황자當摩皇子를 신라 정토의 장군으로 내세웠다. 7월 신축辛丑 초하루 계묘癸卯에 당마 황자는 배로 난파(오사카)를 출발했다. 병우丙午에 당마 황자가 파마播磨에 이르렀을 때, 따라오던 처 사인희왕舍人姬王이 적석赤石에서 죽었다. 그리하여 적석의 회립강檜笠岡 위에 매장하고 당마 황자는 되돌아와서 마침내 정토하지 않았다.

결과적으로 602년과 603년에 왜의 신라 침공은 실행되지 않았다. 신라는 왜의 침공 기도를 알고 있었다. 당시 왜를 왕래하던 신라 사신이나 신라가 풀어놓은 밀정들을 통해 정황이 속속 보고되었던 것이다.[27]『일본서기』권22, 추고천황 9년(601) 가을 9월 조에 "신사辛巳 삭朔 무자戊子에 신라의 간첩 가마다迦摩多가 대마도에 도착하였으므로 잡아서 바쳤다. 그리하여 가마다를 우에노에 유배하였다"라는 기록이 있다. 왜는 이보다 앞서 596년(추고 4)에 2만5000명의 군대를 규슈 츠쿠시에 파견했다.[28] 왜의 대규모 병력이 규슈에 집중되었기 때문에 신라 병력 중 상당수는 남쪽에 묶여 있어야 했고, 그런 까닭에 신라는 그 군대를 고구려 국경으로 돌리기 어려웠다.[29]

6세기 말에서 7세기 초반 사이에 신라는 왜국의 침공을 우려하고 있었다. 이 시기에 출현한 혜성은 신라인들에게 엄청난 심리적 부담으로 작용했을 것이다. 정확히 말하면, 신라가 왜의 침공에 대해 심각하게 염려하던 시기는 수가 고구려에 대해 군사적 압력을 행사한 시기, 신라가 고구려와 백제로부터 양면 공격을 받았던 시기 즈음이었다.

「혜성가」의 창작 시기는 고구려와 수나라가 첨예하게 대립하던 때, 고구려의 요청으로 왜가 2만5000 병력을 규슈의 츠쿠시에 파견한 596년과 신라 정토장군 구메 황자가 규슈에서 사망한 603년 이후였을 가능성이 높다.

2

「혜성가」의 등장과
607년의 핼리혜성

네 차례에 걸쳐 수가 고구려를 침략한 사건은 혜자가 왜에 머물렀던 20년 사이에 일어났다. 그 시기는 「혜성가」 창작 시기의 지표가 될 만하다. 이제 「혜성가」와 중국의 천문 기사를 비교 검토하여 그 구체적인 창작 시기를 밝혀보자. 천문 현상은 모든 사람에게 목격되므로 단일 기록으로는 전 세계에서 가장 많다. 특히 혜성은 가장 많은 부분을 차지하는 것 중 하나이며, 중국이 가장 풍부한 기록을 보유하고 있다. 기록상 확인할 수 있는 진평왕대의 혜성 기사는 다음과 같다.

① 『삼국사기』 권27 백제본기 위덕왕 26년(579)

겨울 10월 장성長星이 경천亘天했으나, 20일 후에 없어졌다.

② 『진서』 권5, 본기5 선제 태건 13년(581)

12월 신사辛巳에 혜성이 보였다.

③ 『수서』 권2, 고조 개황 8년(588)

겨울 10월 갑자甲子에 성패星孛가 견우牽牛성 부근에 있었다.[30]

④ 『수서』 권2, 고조 개황 14년(594)

11월 계미에 성패가 각항角亢에 있었다.

⑤ 『삼국사기』 권27 백제본기 위덕왕 41년(594)

겨울 11월 계미에 성패가 각항에 있었다.

⑥ 『수서』 권3, 양제 대업 3년(607)

봄 정월 병자丙子에 장성長星이 경천하여 동벽東壁에 보였다가 20일 후에 걷혔다. 2월 기추에 혜성이 규성奎星에 나타나 문창文昌을 쓸고, 대릉大陵을 지나 태징太微으로 들어가 제좌帝坐를 쓸었다고 했다. 전후 백여 일 후에 걷혔다. 5월 계유에 성패가 문창상장文昌上將에 있어 별들이 모두 동요했다.

⑦『수서』권3, 양제 대업 4년(608)

9월 무인戊寅에 혜성이 오거五車에 나타나서 문창을 쓸고, 방성房星에 이른 후에 없어졌다.

⑧『수서』권3, 양제 대업 13년(617)

9월 혜성이 영실營室에 보였다.[31]

⑨『신당서』천문2 패혜孛彗 조 무덕 9년(626)

2월 임오王午에, 성패가 위胃와 묘昴 사이[32]에 있다가 패孛가 권설卷舌에도 있었다. 패는 혜彗와 함께 모두 비상한 악기惡氣가 소생하며, 재災가 심甚한 것은 혜이다.

필자는 진평왕 재위 기간 중의 혜성과 관련해서 위와 같은 기록을 찾아냈다. 9건의 기록 중 ④와 ⑤는 594년 10월에 나타난 성패를 기록하고 있는데,『수서』와『삼국사기』백제본기는 기록이 같다. 그러므로 진평왕대에 나타난 혜성과 장성, 성패는 모두 8개에 달한다.

혜자가 왜의 실권자 성덕태자에게 막강한 영향력을 행사한 시기는 595년부터 615년 사이다. 이 20년 동안의 혜성 기사는 엄격하게 말해 ⑥과 ⑦에만 해당된다. 하지만 근소하게 1년밖에 차이가 나지 않는 594년의 혜성 출현 기사도 일단 고려 대상에 넣으려 한다. 이렇게 볼 때 617년의 기록도 고려해야겠지만 그때에 가서 수나라는 내란의 불길이 맹렬하게 타오르고 있었고, 고구려는 왜에 대해 외교적 공작을 하지 않아도 되는 상태였다. 수는 재기 불능의 처지로 고구려와 전쟁을 할 수 없었다. 혜자가 이보다 2년 앞서 615년에 고구려로 돌아온 것도 이러한 맥락에서 보아야 한다. 그런 까닭에 617년 기사는 제외해도 무방하다. 그렇다면 검토 대상은 ④⑤⑥⑦로 좁혀지고 ④와 ⑤는 같은 기록이라 실질적으로 3건이 된다.

「혜성가」의 창작 연대와 관련하여 천문 현상에 주목한 최초의 학자는 조동일이다. 물론 그가 이것을 주목한 까닭은 천문 현상이 하나의 객관적인 사실이었기 때문이다.[33] 사서에 기록된 정치사회적인 사건들은 윤색되거나 왜곡될 수 있지만 천문 기록은 그럴 수 없다. 설령 잘못되었다 해도 천문 기록은 수정될 수 있다.

조동일은 「혜성가」의 창작 시기와 관련하여 594년에 출현한 혜성 기사 ⑤에 주목했다. 그것은 바로 ④의 기록, 『수서』 권2, 고조 개황 14년(594) 11월 계미 조에 성패가 각항에 나타난 것을 말한다. 조동일은 ④에서 보이는 혜성이 『삼국유사』「혜성가」에 나오는 혜성과 방위가 일치한다고 주장했다. 『삼국유사』에서는 "범심대성犯心大星"이고 ⑤의 『삼국사기』 백제본기의 "우각항于角亢"이며, 심대성은 심성이라고도 하며 이십팔수 중에서 동방에 있는 별이고, 각항 또한 이십팔수 중에서 동방에 있는 별 각과 항을 말한다고 한다. 혜성이 동방에서 나타났다는 사실을 각기 그렇게 표현했다고 보는 데 무리가 없다는 것이다.[34]

조동일은『삼국사기』백제본기 ⑤의 날짜를 참고하여『삼국유사』「혜성가」가 진평왕 16년(594) 11월에 지어진 것으로 확신했다.[35] 하지만 조동일의 주장을 받아들인다 하더라도 그 규모가 너무 작다. 혜성은 많은 사람이 목격하기 때문에 사회적으로 문제가 된다. 혜성의 규모가 크고 하늘에 오래 떠 있을수록 사람들에게 주는 심리적 충격은 크다.

④⑤에서 굳이 혜성이 아니라 성패라 표현한 것도 이러한 맥락에서 이해된다. 위의『수서』의 기록(有星孛於角亢)을 고려할 때 이 성패는 동방에 잠시 나타났다가 사라진 게 분명하며, 이는 사람들에게 충격을 줄 정도는 아니었다. ⑨의 기록에서도 "패와 혜 모두 비상한 악기를 소생하지만, 재앙은 혜가 심하다孛與彗皆非常惡氣所生 而災甚於彗"고 했다. 이는 관측되는 천체의 규모와 관련된 표현으로 여겨진다.

594년 당시만 해도 수가 고구려에 본격적으로 압력을 가하지 않았고, 신라도 고구려와 백제의 강력한 양면 공격을 받지 않았던 때다. 고구려의 왜국 외교는 이미 시작되었지만 전략적 차원에서 본격 가동된 시기는 아니었다. 고구려의 승려 혜자가 파견된 이듬해인 596년(추고 4)에 가서야 왜국은 2만5000명의 군대를 규슈의 츠쿠시에 파견했으며,[36] 수와 고구려의 대립도 고구려가 598년 2월 요서를 공격하면서 본격화되었다. 그렇다면 ⑥과 ⑦의 기사로 좁혀지며, 「혜성가」의 창작 시기는 607년과 608년 사이로 볼 수 있다. 그중에서도『삼국유사』의 '범심대성'과 관련하여 주목되는 것은 ⑥의 기록 중

607년 1월에 '동벽東壁'에 출현한 장성長星이다. 동벽은 동쪽에 위치하며, 607년 1월 장성도 동쪽에 출현한 천체이기 때문이다(심心은 전갈자리의 알니야트 σSco이다).

그런데 조동일은 장성이 과연 혜성인가에 대해 의문을 가졌다. 나타나서 20일 만에 없어졌다는 것을 보면 별똥별은 아닐 터이나 혜성 출현을 기록할 때 쓴 일반적인 용어와는 맞지 않는다는 것이다.[37] 그러나 장성은 혜성이 맞다. 『신당서』 권32, 천문지를 보자.

> 대력大曆 7년(772, 혜공왕 8년) 12월 병인에, 장성長星이 참하參下에 있어 그 꼬리가 하늘에 걸쳐 있었다. 장성은 혜孛에 속한다.

더구나 634년 8월과 772년 12월에 나타난 이 장성은 일본에서 혜성으로 관측되었다.

> 장성이 남방에 보였다. 그때 사람들이 말하기를 혜성이라 했다(『일본서기』 권23, 서명천황 6년, 634년 8월).

> 보구宝龜 3년(772) 12월 기사에 『이십삼卄三』 혜성이 남방에 보였다. 승려 100명을 시켜 양매궁楊梅宮에서 제사를 지내게 했다(『속일본기』 권 32, 보구 3년(772) 12월 기사).

위의 기록을 보면 『신당서』에 '장성'이라 기록된 것이 '혜성'으로 표현되었다. 772년 12월 혜성이 남방에 나타나자 광인천황光仁天皇 (재위 770~781)은 "승려 100명을 동원하여 양매궁에서 설제設齋"하게 했다고 한다. 물론 이는 혜성을 물리치기 위한 의식이다. 통치자란 백성들의 불안감을 덜어줄 필요가 있기 때문이다.[38] 앞서 언급한 ⑥과 ⑦의 기록을 다시 보자.

⑥ 『수서』 권3, 양제 대업 3년(607)
봄 정월 병자에 장성이 경천하여 동벽에 보였다가 20일 후에 사라졌다. (…)
2월 기주에 혜성이 규奎에 나타나 자미원의 문창을 쓸고, 대릉大陵을 지나 태미太微로 들어가 제좌帝坐를 쓸었다고 했다. 전후 백여 일 후에 걷혔다. (…)
5월 계유에 성패가 문창상장에 있어 별이 모두 요동했다.

⑦ 『수서』 권3, 양제 대업 4년(608)
9월 무인戊寅에 혜성이 오거五車에 나타나서 문창을 쓸고, 방房에 이른 후에 사라졌다.

⑥의 기록에서 607년 동벽에 나타난 장성은 「혜성가」의 심성과 방향이 대체로 일치한다는 점에서 주목된다. 하지만 그것은 20일 만에

사라졌으므로 대형급 혜성은 아니다. 신라인들이 규모도 작고 수명도 길지 않은 천체를 보고 불안에 떨었을까 하는 의구심이 든다. ⑦의 608년 마차부자리의 오거五車(북극성 서쪽)에 나타난 혜성도 마찬가지다. 자미원에 있는 문창을 쓸고, 전갈자리 방房에 이른 후에 사라졌다는 혜성은 기록에서 알 수 있듯이 607년 정월의 혜성보다 수명이 길지 않았고, 규모도 크지 않았다.

⑥의 607년 5월에 나타난 성패도 대형급 혜성으로는 볼 수 없다. 성패의 패는 꼬리가 사방으로 나뉘어 퍼지는 모양을 한 일종의 혜성이다.[39] 그것은 하늘에서 '+'자로 보이며, 회전을 하며 날아가면 '卍'자로 보인다. 기원전 3세기의 것으로 추정되는 중국 마왕퇴 출토 비단에 그려진 혜성 중에 만卍자 형태가 보인다. 그것은 규모가 소형이며 먼 하늘에서 '+'자로 보이다 이내 사라진 것이다.

⑥의 607년 2월에 나타난 혜성은 규모와 수명에서 단연 돋보인다. "기추己醜(10일)에 혜성이 규에 나타나 문창을 쓸고, 대릉을 지나 태미로 들어가 제좌를 쓸었다. 전후 백여 일 후에 가서야 없어졌다"는 표현에서 알 수 있듯 이 혜성은 대형급인 게 분명하다. 그러나 규는 서방의 별 이름이다. 607년 2월의 혜성은 서쪽에 나타난 혜성이며, 『삼국유사』「혜성가」의 동쪽心星과 완전 반대 방향이다.[40]

필자는 지금까지 국제적 힘의 구조 속에서 진평왕대 신라에 대한 왜군의 침공 가능성을 설명하면서 「혜성가」의 창작 시기를 좁혀왔다. 하지만 각 기록의 분석 결과 어느 것도 완벽한 해답을 줄 수 없었다. 그렇다면 아직 완전히 조건을 만족시킬 만한 혜성 기록을 찾지 못했거나 또는 이런 시도가 처음부터 잘못된 것일까? 속단은 이르다. 우리는 여기서 태양과 혜성 그리고 지구의 상대적 위치에 대해 생각해볼 필요가 있다. 결론부터 말하자면 ⑥의 607년 정월의 장성長星과 2월의 혜성은 같은 것이다.[41] 이것은 다름 아닌 607년의 핼리혜성이며, 근일점近日點을 통과한 날짜Perihelion Date가 2월 12일(양력 3월 15일)이었다.[42] 607년에 출현한 핼리혜성은 장안長安 상공에 음력 1월 27일丙子에 출현했고, 그 방향은 동방이었다. 이것은 사라졌다가 음력 2월 10일에 서쪽 규에서 다시 나타나 자미원의 문창을 쓸고 은하수 가운데에 놓여 있는 여덟 개의 붉은색 별 대릉을 지나 처녀자리와 사자자리에 걸쳐 있는 태미로 들어가 백조자리, 궁수자리, 전갈자리, 아크투루스, 왕관자리 등으로 에워싸인 제좌를 쓸었다. 그리고는 전후 백여 일 후에 가서야 사라졌다. 그렇다면 이 혜성은 왜 사라졌다가 다시 나타났을까.

여기서 핼리혜성, 지구, 태양 사이의 상대적 궤도에 대한 설명이 필요하다. 혜성은 태양에 가까워질수록 꼬리가 발달하며 근일점에서 가장 커진다. 반대로 그것을 돌아 태양으로부터 멀어질수록 작아진다. 하지만 지구에서 볼 때는 약간 차이가 난다. 주요 원인은 지구, 태양, 혜성의 상대적 위치와 태양의 밝기 때문이다. 세 천체의 상대적 위치를 그림을 통해 보자.

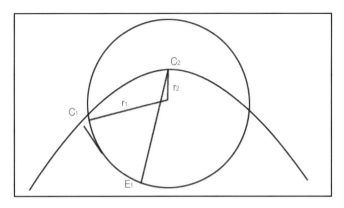

태양을 기준으로 본 혜성(C₁, C₂)과 지구(E₁)의 상대 위치

　지구에서 볼 때, 근일점에서는 꼬리가 가장 긴 혜성 C_1보다 꼬리가 짧은 혜성 C_2의 꼬리가 길어 보일 수밖에 없다.[43]

　607년 음력 1월 27일에 동방에 최초로 나타난 혜성은 얼마 후 사라졌다. 그후 음력 2월 10일 서쪽에서 다시 나타났다. 이는 지구와 혜성 사이에 태양이 거의 직선으로 나란히 위치하는 경우에 나타나는 현상일 수도 있으며,[44] 혜성이 접근해오다가 사라진 것은 태양에 아주 가까워지면서부터 나타나는 현상일 수도 있다.[45] 혜성이 아무리 밝다 해도 감히 태양에 비할 순 없다.[46]

　하지만 실제로 혜성은 태양으로 접근하면서 계속 꼬리가 밝아지고 있었다. 역으로 태양과 멀어지면서 일렬로 놓였던 세 천체의 상대적 위치가 굽어지면서 혜성은 다시 나타났고 100일 동안 그 꼬리를 보

인 것이다.[47] 「혜성가」의 모티프가 된 혜성은 607년 지구에 나타난 핼리혜성이다.[48]

3

긴 꼬리의 별,
신라인들의 머리를 짓누르다

신라의 영토 팽창은 진평왕의 조부였던 진흥왕대에 정력적으로 추진되어 560년대에는 그때까지의 신라 역사상 최대의 판도를 누리게 되었다. 하지만 신라는 실지 회복을 꿈꾸는 고구려와 백제 양국으로부터 끊임없는 공격을 받아 고난에 찬 생존전쟁을 치러야 했다. 왜국이 신라의 남쪽 해안을 위협하는 가운데, 602년부터 서북의 국경에서 고구려와 백제의 양면 공격이 본격화되었다.

602년 백제가 아막성을 공격하여 신라의 용맹한 전사 귀산과 추앙이 전사했고, 603년 8월에 고구려가 북한산성을 공격해오자 진평왕이 1만 명의 군사를 직접 이끌고 가서 이를 막았다. 604년에는 이천에 주둔해 있던 신라 6정六停 군단 중 하나를 북한산 쪽으로 전진 배치했으며, 605년에는 신라가 백제를 쳤다.

607년 2월을 전후하여 100일 동안 하늘에 혜성이 떠 있었다. 앞으로 닥쳐올 재앙에 대한 불안감이 신라인들의 머리를 짓눌렀을 것이다. 왕은 백성의 불안감을 해소할 의무가 있다. 천체의 이변에 대해 왕이 스스로 의식을 주관해야 했다. 진평왕이 자리한 가운데 혜성 소멸을 위한 의식이 행해졌다.[49] 융천사가 지은 「혜성가」가 왕경에 울려 퍼졌다. 그해 7월 마침 수 양제가 북방의 초원을 순행하던 중 돌궐 계민가한의 천막궁정에서 고구려 사신을 목격하는 사건이 발생했고, 고구려와 수 사이의 관계는 극도로 악화되었다. 608년에 진평왕이 고구려가 신라의 강역을 자주 침략하는 것을 걱정하여 수나라에 군사를 청하는 걸사표乞師表를 보낸 것도 이와 무관하지 않은 듯하다.

수와의 전쟁이 불가피하다고 판단한 고구려는 배후의 신라에 대한 공격의 고삐를 늦추지 않았다. 608년 2월에 고구려는 신라의 북쪽 변방을 공격하여 8000명을 사로잡았으며, 4월에는 우명산성을 함락시켰다.

수 양제의 고구려 침공이 확실해진 611년에 신라가 또다시 수나라에 군사를 청하는 표를 올리니 수 양제가 이를 허락했다. 이는 수가 요동 쪽에서 고구려를 공격할 때 신라가 이에 호응하여 고구려의 남쪽 국경을 치겠다는 의사를 밝힌 것이다. 그러나 백제가 신라의 발목을 잡았다. 그해 백제는 신라의 가잠성을 공격하여 100일 동안 포위했으며, 10월 즈음에 가서는 이를 함락시킨 듯 보인다. 이 전투에서 성을 지키던 현령 찬득이 전사하는 등 신라가 입은 피해가 적지 않았다.[50]

한편 611년 2월에 수 양제가 고구려 토벌의 조서를 내렸고, 4월에 수나라의 100만 정벌군이 지금의 북경에 집결했다.[51] 신라는 요동에 집중된 고구려 병력을 남쪽으로 분산시키기 위해 수와 공조작전을 펼치려 했지만 의도대로 잘 되지는 않았다. 고구려로서는 국운을 건 일대 결전을 눈앞에 둔 시기에 남쪽에서 신라가 침공해온다면 여간 곤란한 상황이 아니었다. 반드시 신라군을 남쪽에 묶어둬야 했고 여기서 백제가 한몫을 했다. 물론 그 와중에 왜의 존재가 신라에게는 부담이었다.

이듬해인 612년 6월, 수나라는 고구려 요동성을 수차례 공격했지만 함락되지 않았으며, 그 직후 압록강을 건너간 수나라군 30만이 전멸하는 참사가 벌어졌다. 607년의 핼리혜성이 불운을 예고한 듯 그후 신라는 지속적으로 외침에 시달렸고, 마침내 동맹국인 수의 대군도 고구려에 대패했다. 수의 패배는 신라의 앞날에 어둠을 드리웠다. 세계 최강이라 믿었던 수군이 전멸한 사건은 결코 생각지도 못한 변수였다. 전 세계가 놀랐다. 수의 무능이 폭로되고 고구려의 막강함이 드러났다.

612년 수 양제의 1차 고구려 침공이 재앙으로 끝나자 복수심에 사로잡힌 수 양제는 613년 바로 2차 고구려 침공을 감행했다. 그러나 이때 후방에서 양현감의 반란이 일어나 2차 침공은 무산되었다. 예부상서禮部尙書 양현감이 '천하를 위해 득이 되지 않는 행동을 그만두고 어진 백성의 목숨을 구하겠다'는 대의명분을 내걸고 고구려 침공에 반대하여 궐기했던 것이다.[52]

양현감 같은 고위 관리가 수 양제 타도의 기치를 내걸고 명백히 반역을 꾀한 사건은 위기에 직면한 수나라 지배 계층의 분열의 조짐을 알리는 신호탄이었다. 고구려, 백제, 왜 삼국이 신라를 포위 공격하는 상황에서 믿었던 동맹국 수의 내란이 발생했다. 앞으로 수가 고구려를 견제해줄 수 있을지의 여부도 불투명해졌다. 613년 7월에 수나라의 사신 왕세의王世儀가 황룡사에 이르자 '백고좌회百高座會'를 연 것은 이와 결코 무관하지 않다.[53] 실의에 빠진 사람의 마지막 선택과도 같은 것이었을까. 진평왕은 석가모니에게 의지하기로 마음먹었고, 전국에서 고승 100명을 초청하여 백고좌회를 준비하라는 명령을 내렸다.

백고좌회가 열린다는 소문이 퍼졌고, 곧 전국의 고승들이 왕경으로 모여들기 시작했다. 백고좌회란 많은 승려를 모아놓고 국가의 평안을 기원하기 위해 불경을 읽는 법회이다.[54] 백고좌강회 또는 인왕법회, 인왕도장이라고도 한다. 여기서는 반드시 국왕이 시주가 되어 국가의 안녕을 기원한다. 인왕도량은 설법되는 불경이 『인왕경』임을 지칭하는 말이다.[55] 『인왕반야경』 호국품[56]에는 갖가지 재난이나 외적의 침입을 막으려면 국왕이 이 경을 하루에 두 번씩 외워야 한다고 쓰여 있다.

『인왕경』을 보면 이 법회를 열 때는 반드시 불상과 보살상, 나한상을 100개씩 모시는 한편, 100명의 법사를 청하여 강경하도록 하되 그들 각각을 높은 사자좌에 앉도록 하고, 그 앞에 100개의 등불을 밝히고, 100가지 향불을 피우며, 100가지 색깔의 꽃을 뿌려 삼보를 공양해야 한다고 규정하고 있다. 당시 백좌법회의 장면은 다음과 같지 않았을까.

> "신라 왕경의 황룡사에서는 100가지의 향내가 진동하고 인왕경 외는 소리가 낭랑하게 울려 퍼진다. 절 안에는 삼보의 공양이 행해진다. 승려 100명이 사자좌에 앉아 있고 그 앞에 100개의 등불이 밝혀져 있으며 100가지 색깔의 꽃도 뿌려져 있다. 마치 천상의 소리인 듯 범종이 장엄하게 울려 퍼지고, 그와 함께 사원의 모든 악기가 일제히 소리를 냈으며, 화려한 휘장이 높이 쳐진 가운데 염불 소리가 파도처럼 끊일 줄 모르고 울려 퍼졌다."

당시 거국적으로 행해지던 숭불의 소리가 고난받는 백성들에게 희망의 빛을 던져주었을 것이다. 의례가 실제적인 무언가를 이뤄낸다는 점에서가 아니라 융C. G. Jung의 지적대로 그것이 기대의 상태를 보유한다는 점에서 마법적인 것이다. 마법적인 의례로부터 생기는 이득은 새로 공들여진 대상이 심리적인 것과 관련되어 작용하는 어떤 잠재력을 확보하고 있다.

하지만 현실은 달라지지 않았다. 동맹국 수는 내란으로 급격히 붕괴되어갔고 신라에 대한 백제와 고구려의 침공도 계속되었다. 신라가 고구려, 왜, 백제 3국에 포위된 상황에서 출현한 607년의 핼리혜성은 신라인들의 마음을 뒤흔들었던 게 확실하며,「혜성가」는 이러한 상황에서 창작되었다.

지금까지「혜성가」의 창작 시기와 그 시대적 배경에 대해 고찰해보았다.

수는 중국을 통일한 후 북방의 돌궐을 제압하고 서쪽의 토욕혼을 복속시켰다. 마지막으로 남은 나라는 동쪽의 고구려였다. 수와 고구려의 긴장이 고조되자 고구려 남쪽에 위치한 신라가 수나라에 접근했다. 수 문제도 신라에 관심을 표명해서 596년에 수 문제는 신라에 사신을 파견하여 진평왕을 상개부 낙랑군공신라왕으로 책봉했다.

607년 2월 전후 100일간 하늘에 떠 있던 핼리혜성은 수 양제가 고구려 침공을 결정하는 데 어떤 암시가 되었을 것이다. 수 양제는 우연히 그해(607년) 8월 북방초원에 잠입한 고구려 사신을 직접 목도했기 때문에 혜성의 전조와 고구려라는 현실이 그의 머리에서 결부

되지 않았을까.

북방초원의 계민가한의 아장牙帳에 행차한 수 양제는 자신의 후궁을 침범한 사내를 보듯 고구려 사자를 바라보고 있었다. 평양에서 직선거리로 1200킬로미터나 떨어진 이곳에 고구려 사신이 자신보다 먼저 와서 신임하던 계민가한과 사사로이 통하려고 했음이 무엇을 의미하겠는가. 598년 2월에 감히 수나라의 영토(요서)를 유린했고, 이제는 자신의 영역이라 여겼던 북방초원에까지 촉수를 뻗치고 있는 고구려는 양제에게 치욕감을 주는 존재였다. 후한 이래 근 400년간의 분열을 통일한 수 제국을 감히 유린하고도 무사히 살아남은 나라는 이 세상에 고구려밖에 없었다. 10년 전(598년) 그의 아버지 수문제가 고구려를 치려다 턱없이 실패했기 때문에 그의 심사는 더욱 불편했다. 이는 양제가 고구려를 침공할 결심을 굳히는 확실한 계기가 되었다.[57]

이러한 상황을 다 알고 있었던 것처럼 신라는 608년 수에게 군사를 청하는 글을 올려 고구려에 대한 협공을 노골적으로 자원하고 나섰으며, 611년 수 양제가 고구려 원정을 단행하려 하자 진평왕도 이에 동참하겠다고 출사표를 냈다. 이보다 훨씬 앞서 고구려 수뇌부도 사태가 악화될 것을 예상하고 왜에 접근했다. 595년 고구려 영양왕은 승려 혜자를 파견했다. 혜자는 595년부터 615년까지 20년간 왜에 체재하면서 성덕태자의 스승으로 있었다. 네 차례에 걸친 수의 고구려 침략, 혜자의 일본 방문과 고구려 환국 모두 영양왕대의 일이었다. 이 시기 실로 왜에 대한 고구려의 원조는 대단한 것이었다.

혜자가 성덕태자의 스승이 된 이듬해 596년(추고 4)에 왜는 2만 5000명의 군대를 규슈에 파견했다. 이는 수의 침공에 대비하여 전부터 사이가 나빴던 신라군을 남쪽에 묶어두려는 의도였다. 왜가 대규모 병력을 규슈에 배치하면 신라는 군대를 고구려 국경으로 돌리지 못할 것이었다. 왜의 무력시위나 간헐적인 군사행동은 신라의 병력을 남쪽에 묶어두는 데 결정적인 역할을 했던 것이 확실하다.

600년에 왜군이 신라를 공격했다. 왜가 간헐적으로 신라를 공격하는 사건은 당시 분위기를 고려한다면 충분히 있을 수 있는 일이었다. 그 이듬해 왜에서는 다시 신라를 공격하는 건에 대한 논의가 이뤄졌고, 602년에는 신라 정토 계획이 시행 도중에 중단되었다. 하지만 다음해에 그것은 또다시 시도된다.

신라가 왜의 침공을 우려했던 시기는 수가 고구려에 대해 군사적 압력을 행사할 수 있었던 시기와 거의 비슷하다. 정확히 말해 「혜성가」의 창작 시기는 왜가 2만5000명의 군대를 규슈의 츠쿠시에 파견한 596년(추고 4)과 신라 정토장군 구메 황자가 규슈에서 사망한 603년 이후였을 가능성이 높다.

이때 607년에 100일 동안 지구에서 관측된 핼리혜성이 주목된다. 「혜성가」에서 보이는 '일본병 환국'과 '심대성' 두 가지 요소를 동시에 만족시키기 때문이다. 607년의 핼리혜성은 사람들이 공포에서 헤어나올 수 없을 만큼 규모가 컸고, 100일이라는 긴 시간 동안 하늘에 떠 있었으며, 신라에서 왜에 대한 위기가 고조된 시기에 출현했다. 뿐만 아니라 그것이 동방에서 처음 출현했다는 점에서도 '범심대성'과 대체로 일치한다.

신라의 영토 팽창은 진평왕의 조부였던 진흥왕대에 정력적으로 추진되었지만, 고구려와 백제로부터 끊임없는 공격을 받았다. 이는 진평왕 24년부터 본격화되었다. 602년 백제가 아막성을 공격했고, 603년 8월에 고구려가 북한산성을 쳤다. 605년에는 신라가 백제를 쳤으며, 608년에는 진평왕이 고구려가 신라의 강역을 자주 침략하는 것을 걱정하여 수나라에 군사를 청하는 걸사표를 보냈다. 그해 2월에 고구려는 신라의 북쪽 변방을 침략해 신라인 8000명을 사로잡아갔으며, 4월에는 우명산성을 빼앗았다. 611년에 신라는 재차 수나라에 군사를 청하는 표를 올리고 고구려의 남쪽 국경을 쳤다. 그해 수나라의 100만 정벌군이 북경에 집결해 있었다.

신라는 요동에 집중된 고구려의 병력을 남쪽으로 분산시키려는 의도에서 수와 공조작전을 편 것이다. 고구려 역시 신라군을 남쪽에 묶어둬야 했고, 이를 위해 왜는 고구려에게 절실한 존재였다. 고구려는 백제도 서슴없이 이용했다.

612년 6월 수나라는 고구려 요동성을 수차례 공격했음에도 함락시키지 못했고, 그 직후 수나라군 30만이 전멸하는 참사가 벌어졌다. 세계 최강의 군대라고 믿었던 수군이 고구려에 대패한 사건은 신라로서는 도저히 생각지도 못한 돌출 변수였다. 최강의 무력 국가인 수가 고구려에 패했다는 사실은 신라인들에게 절망을 뜻했다.

613년 7월에 수나라의 사신이 황룡사에 도착한 가운데 백고좌회가 열렸다. 진평왕이 백좌법회를 열기로 한 것은 현실에 대한 비애를 감출 수 없었고 곧 닥칠 재앙에 대한 두려움을 대자대비한 부처님의 도움에 힘입어 해결하길 원했기 때문으로 추측된다. 곧 고승들이 왕경으로 모여들기 시작했다. 하지만 동맹국 수는 내란으로 급격히 붕괴되어갔고 백제와 고구려의 침공도 끊이지 않았다.

이런 상황에서 607년에 출현한 대혜성은 신라인들의 마음을 흔들었던 것이 확실하며, 「혜성가」는 바로 그 시대의 산물이다.

제2장

신문왕대 보덕성민의 반란과
핼리혜성

얼음처럼 차가운 먼 곳에서 나타나 우주의 깊은 밤 속으로 달리는 혜성은 이 세계와 저 세계 사이에서 길 잃은 미아, 밤하늘을 가르며 질주하는 쉼 없는 우주의 방랑자이다. 혜성은 시대를 넘어 사람들의 상상력을 불러일으키고, 마음을 뒤흔들며, 그 강렬한 모습만으로도 두려움을 느끼게 했다.

혹독한 통일전쟁이 치러지던 시기에 왕태자 생활을 했던 신문왕에게도 혜성은 불안감을 가중시키는 존재였을 것이다. 밤에 인공의 빛이 거의 없던 당시, 그는 668년(총장 원년) 4월 어느 날 밤에 황소자리[1]의 어깨 부분인 플레이아데스Pleiades 성단(필성畢星과 묘성卯(昴)星 사이)에 나타난 혜성을 목격했을 것이며, 그해 고구려의 멸망이 그것과 관련 있다고 생각했을 수도 있다.[2] 사실 이 천체를 목격한 당나라의 유력 인사 허경종은 668년 4월의 혜성이 동북에 떠 있으니 황제의 군대가 고구려를 장차 멸망시킬 것이라고 말했다. 이 말에 고무된 당 고종은 자신이 만국의 주인이 될 것이니 어찌 작은 고구려 하나 멸망시키지 못하겠는가라고 호헌했다.[3] 그해 9월 고구려가 멸망함으로써 그의 말은 사실이 되었다.

　중국의 양당서兩唐書(『구당서』와 『신당서』)를 보면 신문왕이 왕위에 있을 때 3개의 혜성이 출현했다. 가장 나중에 나타난 것이 684년의 핼리혜성이었다. 공교롭게도 재신라 고구려인(보덕성민)의 반란이 그 천체가 지나고 3개월 후에 일어났다. 하지만 『삼국사기』는 그해의 핼리혜성에 대해서 침묵하고 있다. 『삼국사기』에 683년 10월 단 한 차례 혜성 출현에 대한 기록이 있으나 출현의 시점은 사실과 다르며, 2회의 혜성 기록은 빠져 있다. 양당서에 있는 혜성 기록과 비교해봤을 때 그러하다. 그러나 『삼국사기』에 기록이 없다고 해서 혜성이 신라에서 관측되지 않은 것은 아니다.

　이 장은 먼저 『삼국사기』 「신라본기」 신문왕 조에 나오는 혜성 기록에 대해 사료 비판을 했다. 양당서와 『일본서기』와의 비교를 통해서다. 그리고 고증된 혜성 기록과 신라 당대의 사건들을 비교했다. 혜성은 천체로서 전 지구에서 거의 동시에 목격되며, 일본과 중국의 기록을 우리 역사를 해석하는 데 활용할 수 있다. 다음으로 신문왕이 직면한 대내적 위기에 대해 살펴보았다. 신문왕은 그 부인의 아버지가 계획한 반란 음모를 사전에 진압했다. 하지만 충격의 여진은 그가 왕위에 있는 동안 지속되었던 듯하다. 당나라의 재침에 대한 우려도 끊이지 않았다. 당 고종은 태종무열왕의 '태종' 칭호를 개칭하라고 압력을 가했다. 그것은 신라의 정체성과 관련된 민감한 사안이었다. 신문왕은 자기 주변에 포진한 진골귀족들에 대해 불신을 품은 가운데 당과의 전쟁을 불사해야 하는 어려움에 처해 있었다.

　마지막으로 신문왕의 보덕국 해체 작업에 대해 짚어보았다. 보덕국은 지배 체제로서의 부府가 있었고, 지도층과 무력적 기반이 갖춰진 하나의 작은 국가였다. 혜성이 거듭 출현하고 불안감이 가중되는 가운데 보덕국에서 반란이 일어났다. 모든 사람이 볼 수 있는 혜성이 신문왕대의 사건들과 어떠한 관계가 있는지 살펴보자.

I

『삼국사기』가 침묵한
혜성 出현 사건

『삼국사기』 권8, 「신라본기」 8 신문왕 연간의 기록을 보면 혜성에
대한 기사가 하나 있다. 그것을 앞뒤의 기록과 함께 보자.

> 신문왕 3년(683) 겨울 10월에 보덕왕 안승을 불러 소판으로 삼고 김
> 씨의 성을 주어 왕경에 머물게 하고 훌륭한 집과 좋은 토지를 주었
> 다. 혜성이 오거五車의 자리에 나타났다.
> 신문왕 4년(684) 겨울 10월 저녁부터 새벽까지 유성이 어지럽게 나
> 타났다.
> 11월에 안승의 족자族子 되는 장군 대문大文이 전북 김제金馬渚에 있

으면서 반역을 도모하다가 일이 발각되어 죽임을 당하였다.

683년 신문왕은 보덕왕 안승을 왕경으로 불러들이고, 진골귀족으로 편입시켰다. 소판에게는 관등과 저택, 토지도 증여했다. 안승이 보덕국에서 영원히 분리된 것을 본 보덕성민들의 마음은 편치 않았으리라. 고구려 유민이었던 그들은 이제 자신들을 묶어주었던 보덕국이라는 보루마저 사라지고, 뿔뿔이 흩어져 낯선 신라인의 사회로 편입될지도 모른다는 것을 직감했을 수도 있다. 안승의 조카 대문에게 사람들이 모여들었을 것이고 신라 정부가 그곳에 심어놓은 사람들을 통해 이를 감지했을 것이다. 대문은 반란죄로 체포되었고, 사람들 앞에서 공개처형을 당했다.

안승이 신라 왕경 귀족사회에 편입되고, 조카 대문의 공개처형이라는 두 사건 사이에 "혜성이 오거의 자리에 나타났다"는 짧은 기록이 보인다. 마치 대문의 반역을 혜성이 예언이라도 했다는 듯이 말이다. 사실 혜성에 관한 기록들을 보면 뭔가 운명적인 예감이 배어 있다. 기원전 12세기 중국의 한 사관은 이렇게 기록했다. "주나라 무왕이 은나라의 주왕 정벌 전쟁을 일으켰을 때 은나라 사람들 쪽으로 꼬리를 드리운 혜성 하나가 나타났다." 이에 사람들은 곤경에 처했는데, 혜성이 재앙을 가져온다고 생각한다는 점에서 동일했던 듯하다.[4]

그러나 683년 음력 10월에 신라에 찾아온 혜성은 기록상 문제가 있다. 같은 시기 중국 측의 기록을 보자.

> 영순永淳 2년(683) 3월 18일, 혜성이 오거의 북쪽에 보였다. 모두 25
> 일 동안 보이다가 사라졌다(『구당서』 천문지).

위의 기록에는 683년의 혜성은 음력 3월 18일에 출현했다. 그렇다
면 신라에서 관측한 혜성과 중국에서 관측한 혜성은 다른 천체일까.
물론 그럴 가능성을 완전히 배제할 순 없다. 하지만 혜성이 나타난
자리가 오거라는 점에서 공통점이 있다. 오거五車는 천고天庫, 천옥天
獄, 천창天倉, 사공司空, 경卿을 말한다. 서구의 용어를 빌리자면 마차
부자리다. 겨울철 초저녁에 천정 부근에서 보이는 별자리다. 약자는
Aur. 페르세우스자리와 쌍둥이자리 가운데로 흐르는 은하수 속에
자리 잡고 있는데, 대략적인 위치는 적경 6h 0m, 적위 +42°이다. 1
등성인 α(카펠라Capella) 외에 2·3등성이 일그러진 오각형을 이루고
있다(오각형 중의 하나는 황소자리 β이다). ε과 ζ는 각각 주기 27년과 2
년 8개월의 식변광성蝕變光星이다. 특히 ζ의 주성主星은 그 지름이 태
양의 180배나 되는 1등성이다. 그 밖에 마차부자리 오각형 안에는 M
36, M 37, M 38 등의 산개성단이 있는데, 모두 작은 망원경으로도
보인다. 그리스 신화에서 여신 아테네의 아들이며, 후에 아테네시의
제4대 왕이 된 에릭토니우스의 모습으로 그려져 있다.[5]

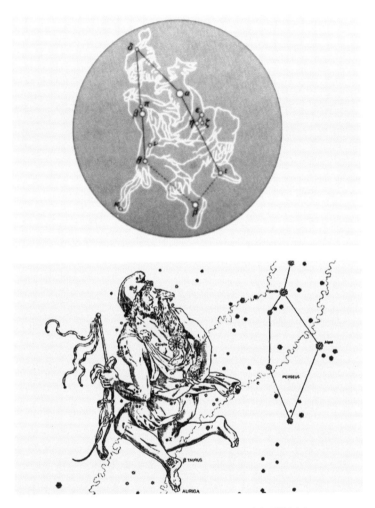

여신 아테네의 아들 에릭토니우스의 모습으로 그려진 마차부자리

중국의 천문 기록은 그 정확성에 있어 타의 추종을 불허한다. 중국인들은 기원전 1400년 즈음부터 100년까지 적어도 338개의 독립적인 혜성 출현을 기록했으며, 기원전 240년 이후로는 핼리혜성의 복귀를 기원전 164년에 딱 한 번만 놓쳤을 뿐 모두 기록했다.[6]

중국의 기록대로 683년 3월에 혜성이 신라에 찾아왔다면 이야기의 순서가 달라진다. 683년 3월 혜성이 마차부자리에 나타났고, 그해 10월 신문왕은 보덕국왕인 안승을 왕경인 경주로 옮기게 했다. 그리고 정확히 1년 후인 684년 10월에 대문이 역모를 꾸민다는 혐의를 받고 처형당했다. 하지만 대문이 신라군에게 체포되어 처형되기 3개월 전인 684년 7월에도 혜성이 출현했다. 다시 중국의 기록을 보자.

> 문명文明 원년(684) 7월 22일 서방에 혜성이 보였다. 길이는 장여丈餘였고 무려 45일 동안 보이다가 사라졌다(『구당서』 천문지).

이 혜성은 거의 49일 동안 하늘에 떠 있었다. 신라인들이 이 혜성을 관측하지 못했을 가능성은 상당히 희박하다. 더구나 신라 왕경에서 볼 때 그 혜성은 보덕국이 위치한 서쪽 하늘에 떠 있었다. 하지만 『삼국사기』는 이에 대해 침묵하고 있다. 그렇다면 신라인들이 이 혜성을 보지 못했단 말인가. 시커먼 구름이 신라의 하늘을 60일 이상 지속적으로 덮고 있었다면 그럴 수도 있다. 하지만 그럴 가능성은 거의 없다. 신라와 위도가 거의 비슷한 일본의 나라奈良에서도 이 혜성이 목격되었기 때문이다.

> 혜성이 서북에 나타났다. 길이長는 장여丈餘였다(『일본서기』 권29, 천
> 무천황 13년(684) 7월 임신).

　일본 측의 관측 기록은 중국 측의 것과 시점이 거의 정확히 일치한다. 혜성의 길이도 둘 다 1장여丈餘라고 하고 있다. 신라에 관측 기록이 없다고 해서 684년 7월에 혜성이 지구를 찾아오지 않은 것은 결코 아니다. 혜성의 주기적 회기는 절대적이며 기록상 우위에 있다. 그것은 그해 양력 9월 28일 근일점에 도착한 핼리혜성이다.

　그렇다면 이야기에 혜성이 하나 더 추가된다. 683년 3월 혜성이 마차부자리에 나타났고, 그해 10월 신문왕은 보덕국왕인 안승을 왕경인 경주로 옮기게 했다. 그리고 684년 7월에 혜성이 49일 동안 하늘에 떠 있었다. 그것도 보덕국이 있는 서쪽 하늘이었다. 석 달 후 대문은 역모혐의를 받고 처형당했다.

　신문왕이 결단한 이런 일련의 사건은 과연 혜성의 출현과 무관한 것인가. 여기서 당시 신문왕이 처했던 상황에 대하여 살펴볼 필요가 있다. 즉위년인 681년 8월부터 10월까지 3개월이 가장 중요한 시점일 것이다. 왕은 대내외적으로 위협받고 있었고 그사이에 또다른 혜성도 출현했다.

2

피를 부른 역모와
당唐과의 전쟁 불사

『삼국사기』나 『삼국유사』를 유심히 살펴보면 신문왕의 아버지 문무왕이 지켜왔던 왕좌는 누리는 권좌이기보다 무거운 짐이었음을 알 수 있다. 선덕여왕의 폐위를 결의한 화백의 권위를 무력으로 뒤엎고 정권을 장악한 후 신라사회를 통일전쟁이라는 국제전에 끌어들인 아버지 태종무열왕. 그 처절한 삶의 멍에를 그는 자신의 의지와는 상관없이 이어받았다. 백제 부흥군을 진압하고 강국 고구려를 당과 연합하여 멸망시킨 후 670년에서 676년까지 동맹국이었던 당과 결전을 벌였고, 그후에도 대치는 터질듯 팽팽했다.

그의 아버지가 남긴 미완의 과제를 완수해가는 과정에서 노쇠하고 지친 문무왕은 자신의 죽음에 대한 두려움보다 오히려 죽음 후에 펼쳐질 것들에 대한 불길한 예감에 시달렸던 것은 아닐까. 문무왕은 태자가 자신의 시신을 담은 관 앞에서 왕위에 즉위할 것을 유언했다.[7]

"목숨은 가고 이름만 남는 것은 예나 지금이나 마찬가지이니 홀연히 긴 밤으로 돌아가는 것이 어찌 한스러움이 있겠는가? (…) 종묘의 주인은 잠시 비워도 안 되니 태자는 나의 관 앞에서 왕위를 잇도록 하라."[8] 문무왕은 상속되는 것은 왕관일 뿐 왕관이 지녔던 권위는 상속되지 않는다는 것을 너무나 잘 알고 있었다. 그가 근심해가며 이루어낸 이 나라를 그의 후계자가 지켜낼 수 있을까 하는 고뇌가 그를 괴롭혔던 것은 아닐까.

681년 음력 7월 1일 그는 죽었고, 그 아들 신문왕의 왕위를 노리는 자들의 음모가 시작되었다. 그것도 문무왕이 살아생전에 사돈관계를 맺을 만큼 절대적으로 신임했던 자였다. 근 한 달 동안 너무 시간을 끌었던가. 음모는 실천에 옮기지도 못한 채 발각되었다(음력 8월 초). 보고를 받은 신문왕은 왕경 주변에 있는 군대를 소집했다. 왕의 병력이 왕경으로 들이닥치자 음모에 가담했던 자들은 도망가거나 혹은 궁궐 안으로 들어와 용서를 빌었다. 왕은 충격에 사로잡혔다. 주모자는 자신의 장인 김흠돌이었다. 아버지가 죽자 가장 믿을 만한 존재였던 부인의 아버지가 반란의 수괴가 된 것이다. 왕은 장인과 그의 동료들을 형장으로 보내야 했고, 조상신 앞에서 맺어진 아내와 헤어져야 했다. 영혼의 상흔 위로 불신不信이라는 저주가 내려앉았다.

음모를 조금만 늦게 알아차렸다면 어떻게 되었겠는가. 더욱이 음모에 신라의 군사 전반을 담당하는 병부령 김군관이 연루되어 있었다.

소판 김흠돌, 파진찬 흥원, 대아찬 진공 등이 형장의 이슬로 사라졌다(음력 8월 8일). 왕은 말했다. "병부령 김군관은 역신 흠돌과 사귀면서 그들의 반역을 알고도 알리지 않았으니, 이는 나라를 걱정하고 공사公事를 위해 몸 바칠 뜻도 없다는 것. 어찌 중요한 재상 자리에 두어 국헌을 함부로 흐리게 할 것인가? 마땅히 반란의 무리들과 함께 처형함으로써 뒷사람들을 경계시키노라. 김군관과 그의 장자 한 명을 자살케 할 것이니 멀고 가까운 곳에 포고하라!(음력 8월 28일)"

김군관을 처형한 직후였다. 중국의 기록을 보면 681년 음력 9월 1일 밤하늘에 혜성이 나타났다.

> 영륭 2년(681) 9월 1일 밤에 혜성이 서방 천시天市에 보였다. 길이는 5척이었는데 점차 작아지더니 동쪽으로 이동하여 천시를 나와 하고우기河鼓右旗에 다다랐다. 17일 만에 사라졌다(『구당서』 천문지).⁹

북극성 부근의 천시였다. 천시天市는 하늘의 북극을 중심으로 크게 나눈 세 개의 구획 중 하나로 자미紫微, 태미太微와 더불어 삼원을 이룬다. 현재의 헤라클레스, 뱀주인, 뱀, 여우, 독수리, 북왕관, 목자 등의 여러 별자리에 걸친 넓은 범위의 별자리이다. 천시에서 나온 혜성은 동쪽으로 향했고 하고우기河鼓右旗에 이르렀다.

하고는 견우성牽牛星이다. 견우성은 독수리자리에서 가장 밝은 실시 1등급 별이다. 독수리자리Aquila, 약자는 Aql. 위치는 적경 19h 30미터, 적위 2°이다. 1등성인 알타이르(독수리자리 α) 외에도 네 개의 3등성 r, δ, ς, θ 등 밝은 별이 많아 쉽게 찾을 수 있다. η는 약 7일을 주기로 4~5등 사이로 광도가 변하는 세페이드 변광성이다. 독수리자리 부근에서는 신성이 많이 출현하는데, 1918년 −1등의 신성이 나타난 적이 있으며, 1970년에는 6등의 신성이 발견되었다. 그리스 신화에 따르면 올림푸스의 신 제우스가 큰 독수리로 변하여 날아가는 것이라고 한다.[10]

한편 견우성은 은하수를 경계로 직녀성과 마주하고 있다. 은하수에는 바로 견우와 직녀의 애틋한 사랑 이야기가 숨 쉬고 있다. 은하수는 남쪽의 기수와 남두육성에서 일어나 북쪽으로 흐르는데, 우리 정수리 위에는 밝은 별 세 개가 정삼각형을 이루고 있다. 이 별들은 직녀별, 견우별 그리고 천진대성天津大星이다. 서양에서는 베가, 알타이르, 데네브라 부른다. 은하수 중심선은 직녀별과 견우별 사이를 지나 천진대성을 관통하여 지난다. 동양에서는 은하수가 범람하면 견우성인 하고河鼓가 직녀를 못 만날까봐 둥둥 울린다고 한다. 천진天津은 은하수 강가에 설치한 나루터다.

681년 9월 1일부터 17일까지 하늘에 떠 있던 혜성이 신라에서 관측되지 않을 수 없었다. 혜성은 일본 나라 지방에서도 목격되었다. 『일본서기』권29, 천무천황 10년(681) 9월 조를 보면 "임자에 혜성

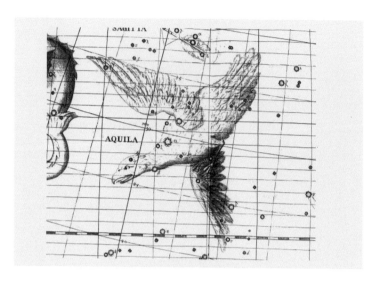

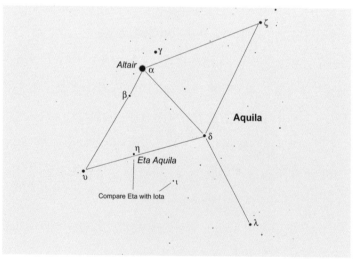

독수리자리

이 보였다"고 하고 있다. 신하들을 대거 처형한 신문왕은 혜성을 목격하고 무슨 생각에 잠겼을까. 기록이 없어 정확히 알 순 없다. 하지만 지구상의 어떤 장소, 어떤 시대에도 혜성은 비극을 가져올 것으로 믿어졌다. 혜성과 재앙의 관계는 현존하는 혜성 기록 가운데 가장 오래된 기원전 15세기의 중국 기록에서도 보인다. "계(하나라 걸왕)가 충성스런 고문관들을 처형하자 혜성이 나타났다." 이 기록은 모세가 태어나기 200년 전의 것이다.[11]

내부의 역모를 경험한 신문왕이 자신의 지척에 있는 경호 조직을 개편한 것은 지극히 자연스런 일이었다.

> 겨울 10월에 시위감을 없애고 장군 6인을 두었다(『삼국사기』 권8, 신문왕 원년(681) 10월 조).

시위부의 조직은 대체로 681년 10월 장군 6인의 설치로 최종 완성된 것으로 볼 수 있다.[12] 장군의 관등은 6위 아찬阿飡에서 9위 급찬級飡까지, 대감大監은 6위 아찬에서 10위 나마奈麻까지다. 『삼국사기』 무관 조에서 6정停, 9서당誓幢의 장군 36명의 자리에는 모두 진골귀족만이 임명될 수 있다는 규정이 있다. 유일하게 시위부 장군이 6두품에게도 개방되어 있다. 무관 조 기록을 바탕으로 하여 우선 명령이 하달되는 시위부의 조직 도표를 만들어보자.

장군 2명 – 대감^{大監} 2명 – 대두^{隊頭} 5명 – 항^項 12명 – 졸 39명   합 60명

삼도^{三徒}   장군 2명 – 대감 2명 – 대두 5명 – 항 12명 – 졸 39명   합 60명   총 180명

장군 2명 – 대감 2명 – 대두 5명 – 항 12명 – 졸 39명   합 60명

각 도徒는 상위 관등이 동일한 장군과 대감이 최고지휘부를 형성하고 있다. 그 아래에 대두隊頭–항項–졸卒은 상위 관등이 각각 8위, 10위, 12위로서 상하관계가 비교적 분명한 직선형으로 신속하고 일관된 지휘 명령체계를 띠고 있다. 독립된 3개의 조직은 24시간 3교대를 했음을 말해준다.

681년 9월 1일 밤 서쪽 천시에 나타난 혜성이 17일 만에 사라지고 10월에 당나라에서 사신이 왔다.

영륭 2년(681) 9월 병신에 혜성이 천시에 보였다. 길이는 5척이었다. 겨울 10월 병인 초하루에 일식이 있었다. 영륭 2년을 개요 원년으로 바꾸었다. 병인에 정양군定襄軍 및 연정돌궐관리병막緣征突厥官吏兵募 등을 사면曲赦했다. 아사나복념阿史那伏念 및 아사덕 온부溫傅 등 54인을 도의 저잣거리에서 참수했다. 정해에 신라왕 김법민이 죽자 그 아들 신문왕으로 그 자리를 잇게 했다.[13]

당시 실권자였던 측천무후는 혜성을 보고, 시간의 축인 연호를 고치고 항복해온 돌궐 왕족 아사나복념 등 54명을 굳이 처형하여 피를

보았다. 그녀는 불행의 사자로 인식된 혜성의 저주를 희생양의 피를 흘리는 방법으로 피함으로써 하늘이 점지한 운명의 손아귀에서 벗어나려 했던 것은 아닐까. 확실한 것은 살인과 음모가 그녀의 삶 자체였다는 점이다. 실제로 측천무후는 불행을 몰고 온다는 혜성을 이기고 살아남았다.

돌궐인들의 피를 보았듯이 신라에 대해서도 그냥 넘어가려 하지 않았다. 그때 당나라 사신들이 중대한 경고를 담은 당 고종의 편지를 신라에 들고 왔다.『삼국유사』권1,「기이」태종춘추공 조는 당나라 고종의 메시지를 전하고 있다.

① 신문왕 때에 당나라 고종이 신라에 사신을 보내서 말했다. "나의 성고(죽은 아버지) 당 태종은 어진 신하 위징魏徵, 이순풍李淳風을 얻어 마음을 합하고 덕을 같이하여 천하를 통일했다. 그런 까닭에 이를 태종황제太宗皇帝라고 했다.

② 너의 신라는 바다 밖의 작은 나라로 태종이란 칭호를 써서 천자의 이름을 참람되게 하고 있으니 그 뜻이 충성되지 못하다. 속히 그 칭호를 고치도록 하라.

먼저 ①의 기록을 검토해보자. 위징과 이순풍이 거론되고 있다. 두 사람은 당 태종이 천하를 평정하는 데 공헌한 바 있었다. 위징魏徵(580~643)은 곡성曲城(산동성)에서 출생했다. 당나라 초기의 공신이

자 학자로 간의대부諫議大夫 등의 요직을 역임하였고 재상을 지냈다. 수나라 말 혼란기에 이밀李密의 군대에 합류했으나 곧 당 고조에게 귀순하여 고조의 장자 이건성李建成의 유력한 측근이 되었다. 황태자 건성이 아우 세민世民(후의 태종)과의 경쟁에서 패하였으나 위징의 인격에 끌린 태종의 부름을 받아 간의대부 등을 역임한 후 재상으로 중용되었다. 특히 굽힐 줄 모르는 직간直諫으로 유명하다.

　당대의 도가道家 이순풍李淳風(598~667)은 태사령太史令을 역임했다. 그는 천체, 역산, 음양오행 학문에 능해 조정에서 천문, 역법, 율령 등 업무를 주관했다. 대표적인 저술은『관상완점觀象玩占』이다. 천天, 지地, 일日, 월月, 오성五星을 위시한 여러 성숙星宿, 풍風, 운雲, 뢰雷 등의 형상의 변화를 통해 인사人事를 점치는 점법이 주요 내용이다. 그는 특히 여기서 혜성이 재앙적인 별이라고 강조하고 있다. 그 가운데 일부만 보자.

> 혜성은 아주 좋지 못한 별이다. 남쪽에 나타나면 재난이 일어나 옛것을 파괴하고 새로운 것을 정착시킨다. 송제진宋齊陳(남조) 시대에 북두칠성자리에 혜성이 나타나자 엄청난 군사들이 혼란으로 죽었다. 북극성에 나타나면 황제가 바뀌고, 북두칠성 끝에 나타나면 수년 동안 폭동과 전쟁이 지속된다. 북두칠성의 움푹한 부분에 나타나면 왕자가 황제를 조종하고, 악당들이 귀족을 해치고, 혼란을 일으키는 우두머리가 나타나고, 대신들이 황제를 폐할 반역 음모를 꾸민다···.[14]

이순풍보다 600년 앞서 살았던 로마의 자연주의자 플리니우스 Gaius Plinius Secundus(23~79)도 같은 생각을 했다.

> 혜성은 무서운 별이다. 옥타비우스가 집정관이었던 시절에 혜성이 나타나고 장기간의 시민 분쟁이 일어났으며, 폼페이우스와 카이사르가 전쟁을 했을 무렵에도 그 모습을 보였다. 또한 클라우디우스 카이사르가 독살되어 로마 제국이 도미티아누스에게 맡겨졌던 우리의 시대에도 불타는 혜성이 나타났다.[15]

플리니우스는 노붐코문 출생으로 속주屬州 총독 등을 역임한 후 나폴리 만의 해군 제독으로 재임 중 79년 베수비오 화산 대폭발 때에 현지에서 죽었다. 그의 저서 『박물지Historia Naturalis』는 전 37권으로 이루어졌는데, 티투스 황제에게 바친 대백과전서로 100명의 정선된 저술가를 동원하여 2만 항목을 수록한 당시의 예술·과학·문명에 관한 정보의 보고寶庫이다.

플리니우스만큼이나 박학다재했던 이순풍은 저명한 도가道家계 상수학자였다. 그가 당 태종의 정책 결정에 중대한 영향을 미쳤던 것은 확실하다. 이 책이 당과의 교류가 활발했던 나당전쟁(670~676) 이전 시기에 신라에 유입되었을 가능성을 배제할 수는 없다.

다음으로 ②의 기록을 검토해보자. 당 고종은 사신을 통해 "신라가 소국으로서 성고聖考 당 태종과 같은 위대한 천자의 칭호를 쓰고 있는 것은 무례한 것이며, 있을 수 없는 일"이라는 입장을 밝혔다. 사실 당 고종은 주변 민족이나 국가에 대한 정복에 성공한 후 피정복 수장을 비롯한 지배층을 당으로 끌고 오면서 태종의 묘인 소릉昭陵에 먼저 참배하도록 하는 절차를 지키고 있었다.[16] 이는 아버지 태종이 추진했던 기미체제 구축사업을 당 고종이 계승, 완결해가고 있다는 점을 아버지에게 보고하고 있다는 인상마저 준다.[17] 이렇게 볼 때 당 고종은 신라의 태종太宗 칭호를 결코 용인하지 못할 입장에 있다는 것을 충분히 짐작할 수 있다.

필자가 당시 신라인들이 당의 통보를 받고 충격에 휩싸였다고 말한다면, 그것이 왜 중요하냐고 되물을 수도 있을 것이다. 나당전쟁이 676년에 휴전된 후 무열왕의 추존명을 개칭하라는 당의 통보는 신라에게 육중한 압력이었다. 당시 그것은 전쟁의 빌미가 될 수도 있었다. 676년 이후 당 고종은 한반도 지배 의지를 결코 버리지 않았다. 678년 9월 "신라가 외반하자 고종이 군대를 일으켜 토벌하여 제압하려고 했다其後 新羅外叛 高宗將發兵討除"고 한 『구당서』 권85, 장문관전의 기록은 이를 단적으로 말해주며, 나당전쟁의 휴전 상태를 실감케 한다.

하지만 신문왕의 입장에서 당의 압력에 굴복한다는 것은 신라 내부의 정치적 부담으로 작용했을 것임에 틀림없다. 조부 추존명 개칭은 자신의 왕가의 카리스마적 존재를 부정하는 것이고, 전쟁터에서 국왕의 이름으로 죽어간 자들의 충절의 의미를 감퇴시켜 살아 있는 자들에게 이전된다. 외압보다 내부의 충성도 약화가 신문왕에게 더 큰 두려움으로 다가왔을 것이다. 『삼국유사』를 보면 신문왕은 이를 단호히 거절하고 있다. "신라는 비록 작은 나라이지만 성스러운 신하 김유신을 얻어 삼국을 통일했으므로 태종太宗이라고 한 것입니다."[18]

사실 통일신라사회에서 태종무열왕의 카리스마적 위상이란 대단한 것이었다. 태종무열왕은 혜공왕대 불훼지종으로 모셔졌을 뿐만 아니라 중대를 타도하고 정권을 잡은 선덕왕은 물론이고 왕통이 전혀 다른 원성왕도 그를 오묘에서 제외하지 못했던 것 같다. 원성왕의 증손 애장왕에 와서야 "태종대왕과 문무왕 이조를 별립했다別立太宗大王 文武大王二廟"라는 기록이 보인다. 오묘에서 제외했지만 별립한 것을 보더라도[19] 태종무열왕을 오묘에서 제외한다는 것은 왕통이 다른 하대의 왕들에게조차 정치적 부담이 되었던 것이 분명하다. 통일 직후 태종 칭호 개칭은 말할 것도 없다. 『삼국사기』 권8, 신문왕 12년 조에도 신문왕이 태종의 칭호 개칭을 완곡하게 거부하는 내용이 있어[20] 당은 신문왕 원년과 12년, 두 번에 걸쳐 신라에 이러한 압력을 가했음을 알 수 있다.

필자는 신문왕 원년에 일어난 당의 외압은 신라 내부의 대당 노선을 좌우하는 데 결정적 영향을 주었다고 본다.[21] 신라가 이 시기에 조공을 단절한 것은 무엇을 의미하는 걸까? 필자는 신문왕이 조부 태종무열왕의 칭호 개칭에 대한 당의 외압을 계기로 반당적 입장을 분명히 하여 신라 지배층을 하나로 뭉치게 만들었다고 본다. 『삼국사기』 권8에서 신문왕이 여러 신하와 의논한 후 무열왕의 태종 칭호 개칭을 거부했던 점에서도 이를 알 수 있다.[22] 당에 비하여 약소국이었던 신라가 그 내부의 단결을 튼튼히 하기 위해서는 선명한 목표를 내세우는 것이 유효했다. 그것은 선명하면 선명할수록 좋은 것이었고 될 수 있으면 비장함이 더해져야 했다. 국력의 차이가 있어 비장함은 자연스레 더 생긴다. 이 간판을 내려버리면 중대 왕권의 존재 가치는 없어질 것이다.

따라서 681년 이후 신라는 대규모 비용을 들여 군대를 확장 정비할 필요가 생겼다. 무력적 뒷받침이 없는 구호란 무의미하기 때문이다. 신문왕은 683년 우선 고구려인들을 모아 황금서당黃衿誓幢을 창설하고, 말갈인들로는 흑금서당黑衿誓幢 창설했다.[23] 황금서당, 흑금서당과 관련하여 주목되는 자료가 있다.

> 연산도총관燕山道總管 우령군대장군右領軍大將軍 이근행李謹行이 고구려인들을 대파했는데 호로하(임진강) 서쪽에서였다. 사로잡은 자들이 수천이었고, 나머지는 신라로 도망했다. 이근행의 처 유씨가 벌로성伐奴城에 있을 때 고구려인들이 말갈인들을 이끌고 와서 공격했는데, 유씨가 갑옷을 입고 군을 통솔하여 그것을 지속적으로 막아내니 고구려인과 말갈인들이 물러났다. 당 고종이 그 공을 가상히 여기고 유씨를 연국부인으로 봉했다.[24]

673년 고구려인들이 임진강 유역에서 당군에게 패했다. 당시 고구려군은 말갈병과 함께 당군과 싸웠다. 고구려는 이미 망했지만 끝까지 그들과 함께한 말갈인들이 있었다. 고구려인들과 말갈인들 가운데 수천은 당에 포로로 잡혔고, 나머지는 신라로 도주했다. 683년 신라는 이들 가운데 고구려인으로는 황금서당을, 말갈인으로는 흑금서당을 창설했던 것으로 보인다.[25]

그해(영순 2년, 683) 3월 18일 혜성이 북쪽 마차부자리에 나타나 25일 동안 그 꼬리를 보였다. 그해 10월 신문왕은 보덕국왕인 안승을 왕경인 경주로 옮기게 했다. 당과의 전쟁을 염두에 두었기에 서쪽 해안과 가까운 곳(김제)에 위치한 보덕국은 위협적인 존재로 여겨졌을 수도 있다. 당군이 불시에 그곳에 상륙하여 보덕성민과 손을 잡고 신라의 왕경으로 침범해온다면 어떻게 되겠는가?

3

보덕국의 해체
만들어진 역란

『삼국사기』권7, 문무왕 10년(670) 6월 조를 보면 "문무왕은 그들 (안승)과 고구려인들을 나라 서쪽 금마저金馬渚에 살게 하였다"라고 기록하고 있다. 신라에 투항해온 안승의 고구려인 집단은 지금의 전 북 김제에 정착했다. 그곳은 옛날 백제지역이었다.『삼국사기』권7, 문무왕 14년(674) 9월 조를 보자.

안승을 보덕왕報德王으로 봉하였다.*

*문무왕 10년(670)에 안승을 고구려 왕으로 봉하였는데 지금 다시 봉한 것이다. '보덕'이란 말은 귀순歸命한다 는 말과 같은 뜻인지 혹은 땅 이름인지 확실치 않다.

안승은 문무왕에 의해 나당전쟁이 발발한 직후인 670년 6월에 고구려 왕으로 봉해졌다. 거기엔 그럴 만한 이유가 있었다. 669년에서 670년으로 넘어가는 시기의 국제 정세는 급변했다. 티베트 고원에 중심지를 둔 토번 제국이 실크로드의 천산남로를 장악했다. 실크로드의 이권을 상당 부분 상실한 당 조정은 한반도에서 병력을 뺄 수밖에 없었다. 고구려 점령군 총사령관이었던 설인귀는 병력을 이끌고 청해지역으로 향했다. 토번군과 설인귀의 군대는 청해호(중국 청해성) 앞에서 만났다. 전쟁의 결과는 재앙이었다. 당군 10만이 전멸하고 설인귀는 몸만 빠져나왔다. 토번군과의 전쟁에서 당군이 참패했다는 소식은 세계 전역에 퍼졌다. 당군의 주력이 서역으로 빠진 만주와 한반도에서는 고구려 유민들이 들고 일어났고, 신라도 여기에 가세했다.

신라의 사찬 설오유가 고구려 태대형 고연무와 함께 각기 정예군 1만을 거느리고 압록강을 넘어 옥골에 이르렀다고 한다(『삼국사기』 권7, 문무왕 10년 3월 조).

고구려 추장 검모잠이 반란을 일으켜 보장왕의 외손 안순(안승)을 왕으로 세웠다. 좌감문대장군左監門大將軍 고간高侃으로서 동주도행군총관東州道行軍總管으로 삼아 군대를 일으켜 이를 토벌하게 했다. 그러자 안순이 검모잠劍牟岑을 죽이고, 신라로 도주했다(『자치통감』

권201, 당기 17(함형 원년), 670년 4월 조).

당나라 장군 고간이 고구려군과 백수산에서 싸워 이를 격파하자 신
라가 군대를 보내 고구려군을 구원하려 했지만 고간이 이를 격파했
다(『자치통감』 권202, 당기 18(함형 3년) 12월 조).

당나라 장군 이근행이 고구려인들을 임진강 서쪽에서 격파했다. 포
로로 수천을 잡았다. 나머지 고구려인들은 신라로 도망갔다(『자치통
감』 권202, 당기 18(함형 4년) 윤5월 조).

고구려인들은 나당전쟁기에 선봉으로 활약했다. 670년 3월 고구
려 장군 태대형 고연무는 정예군 1만을 거느리고 있었다. 10년 후인
680년에 고연무는 안승 휘하에 대장군으로 있었다.

여름 5월 고구려 왕(안승)이 대장군 연무延武 등을 보내 표를 올려
말하였다(『삼국사기』 권7, 문무왕 20년(680) 5월 조).

10년 동안 병력의 수에 변화가 있었을 가능성도 있지만 고연무 휘
하에는 상당한 병력이 있었다고 할 수 있다. 한편 나당전쟁 이후 보
덕국은 일본에 사신을 파견하고 일본 사신이 답방하는 등 외교적인
자치권을 인정받고 있었다. 일본 측에 적지 않은 기록이 남겨졌다.[26]

『일본서기』권27, 천지천황 10년(671) 정월 정미 조를 보면 "고려가 상부의 대상大相 가루可婁 등을 파견하여 천황에게 조를 올렸다高麗遣上部大相可婁等進調"고 되어 있다. 여기서 보덕국 내부에 상부上部라는 부가 있고, 상부에 고구려 4위 관등 대상을 가진 자가 존재했던 것을 알 수 있다. 상부가 행정 단위였는지 아니면 과거 고구려에서 지역이나 혈연 단위였는지는 확실치 않다. 어쨌든 대상의 관등을 가진 자는 상부 지도층에 속했을 것이다.

전부前部라는 부도 있었다. 『일본서기』권28, 천무천왕 원년(672) 5월 무오 조를 보면 "고려가 전부前部의 부가, 변 등을 파견하여 조를 올렸다高麗遣前部富加抃等進調"라 하고 있다. 또 『일본서기』권29, 천무천황 2년(673) 8월 계묘 조를 보면 "고려가 상부의 위두대형皀衣頭大兄(5위) 감자와 전부대형 석천 등을 보내어 조공했다高麗遣上部位頭大兄邯子 前部大兄碩千等朝貢"라고 하고 있다. 전부에 대하여 후부後部라는 부도 존재했다. 『일본서기』권29, 천무천황 5년(676) 11월 정해 조를 보면 "고려가 사절을 파견하여 조공했는데 대사는 '후부'의 주박主簿(3위) 아우이고, 부사는 전부의 대형 덕부이다高麗遣大使後部主博阿于 副使前部大兄德富朝貢"라고 하고 있다. 여기서 대사 후부 아우의 관등은 고구려의 3위 주부를 가리키는 것으로 보이며, 부사 덕부의 관등 대형은 고구려 7위 관등이다. 674년 보덕국으로 국명이 개칭되었는데 고구려라는 국호는 바뀌지 않았다.

상부에 대하여 하부下部라는 단위도 있었다. 『일본서기』권29 천무천황 8년(679) 2월 임자 초하루 조에 "고려가 상부의 대상 환흠과 하부의 대상 사수루 등을 파견하여 천황에게 조공했다高麗遣上部大相桓欠下部大相師需婁等朝貢"라고 하고 있다. 방향을 나타내는 부명部名도 보인다. 서부西部와 남부南部가 그것이다. 『일본서기』 권29 천무천황 9년(680) 5월 정해 조를 보면 "고려가 남부 대사 묘문과 서부의 대형 준덕 등을 보내어 조공하였다高麗遣南部大使卯問 西部大兄俊德等朝貢"라고 하고 있다. 남부의 대사 묘문의 관등 대사는 고구려의 6위 대사자大使者이다.

그렇다면 상하전후의 부의 이름이 방향을 나타내는 부명으로 개칭된 것을 반영하는 것은 아닐까. 속단은 이르다. 『일본서기』 권29 천무천황 11년(682) 6월 임술 초하루 조를 보면 "고려 왕이 하부의 조유괘루모절助有卦婁毛切 대고묘가大古昻加를 보내 방물을 바쳤다高麗王遣下部助有卦婁毛切 大古昻加 貢方物"라고 하고 있다. 하부라는 부명이 여전히 보이는 것으로 보아 개명은 없었다고 볼 수 있다.

지금까지 일본 측의 기록에 나타난 보덕국의 부명은 상부, 하부, 전부, 후부, 서부, 남부 등 6개로 나뉜다. 서부와 남부의 방위병에 대치되는 동부와 북부의 존재도 상정해볼 수 있지만 확인할 길이 없다. 확인되는 부명별 고구려 관등과 인명을 정리해보자.

상부上部

대상(4위)가루(671, 1) 위두대형(7위)감자(673, 8) 상부대상(4위)환흠(679, 2)

하부下部

대상(4위)사수루 등(679, 2) 하부조유(5위-부衣)패루모절(고추가)(682, 6)

전부前部

부가(고추가)변 등(672, 6) 전부대형(7위)석천 등(673, 8) 부사전부대형(7위)

덕부(676, 11)

후부後部

대사(사절단장) 주박(3위)아우(676, 11)

남부南部

대사(6위)묘문(680, 5)

서부西部

대형(7위)준덕(680, 5)

   이를 살펴보면 전후 · 상하 · 서남이라는 일률적이지 못한 부명이 공존하고 있다. 이는 기획적으로 고구려 유민집단을 배치한 것이라 할 수 없다. 누층적인 경향이 있다. 처음 하나의 집단을 전후 두개로 나누다가, 후에 더 많은 유민이 밀려오면서 상하의 부가 생기고, 나중에는 방향을 가리키는 서남부가 생겨난 듯하다.

   보덕국에는 방대한 인적자원이 있었으며, 국왕 안승과 대장군 고연무 등을 정점으로 하여 국가 조직을 이룰 수 있는 상층부가 존재했다. 그 정점인 안승의 움직임은 무엇보다 중요하다.

(683년, 신문왕 3) 10월에 보덕왕 안승을 불러 소판으로 삼고 김씨의 성을 주어 왕경에 머물게 한 뒤 훌륭한 집과 좋은 토지를 주었다. 혜성이 오거의 자리에 나타났다.

(신문왕) 4년(684) 겨울 10월에 저녁부터 새벽까지 유성이 어지럽게 나타났다. 11월에 안승의 족자族子 장군 대문大文이 금마저(김제)에 있으면서 반역을 도모하다가 일이 발각되어 죽임을 당하였다. 남은 무리는 대문이 목 베여 죽는 것을 보고서 관리들을 죽이고 읍을 차지하여 반란을 일으켰다. 왕이 군사들에게 명하여 이를 토벌하였는데, 맞서 싸우던 당주 핍실이 전사하였다. 그 성을 함락하여 그곳 사람들을 나라의 남쪽 주와 군으로 옮기고, 그 땅을 금마군金馬郡으로 삼았다(대문을 혹은 실복悉伏이라고도 하였다)(『삼국사기』 권8, 신문왕 3년과 4년 조).

신라 정부가 안승을 왕경으로 이거하여 보덕국에 있는 고구려인들과 분리시켰다. 안승이 보덕국 현지인들과 분리된 이상 그의 조카 대문이 의도했든 그렇지 않았든 간에 자연스럽게 고구려인들 사이에 부각되는 존재가 되었을 것이다.

대문은 보덕국에 있는 현지 신라인 관리들의 손에 반역을 도모한다는 죄목으로 체포되었고, 사형이 언도되었다. 신라는 대문을 체포하여 왕경으로 압송하지 않았다. 고구려인들이 보는 앞에서 공개처형을 시도했다. 수많은 눈이 지켜보는 가운데 대문은 머리가 잘려나갔다. 사나운 고구려 군중 앞에서 고위급 고구려인을 공개적으로 처형하는 것이 얼마나 무모한 짓이라는 것을 신라인들은 몰랐을까.

고구려인들도 눈앞에 벌어지는 일이 정당치 못한 것임을 알았다. 현장에서 그들의 감정이 폭발했고, 들고 일어났다. 처형장이 난장판이 되고 그 와중에 신라의 관인들과 그들을 호위하던 군인들이 살해되었다. 보덕국의 고구려인들은 역전 노장들이었다. 645년부터 시작된 대당전쟁을 겪었고, 당의 고구려 점령 이후에는 신라의 원조를 받아 저항한 전쟁 경력을 지니고 있던 자들이었다.

반란의 불길은 타올랐고, 신라는 그 불을 진화하기 위해 중앙군을 동원해야 했다. 진압에 참여한 신라의 군부대는 여럿이었지만 문헌 기록상 포착되는 것은 둘이다. 고구려인들의 반란을 진압하는 과정에서 전사한 핍실은 신라 6정 군단 가운데 하나인 귀당의 장교 제감 弟監이었다.

> 문명 원년 갑신(신문왕 4, 684년)에 고구려의 남은 적이 보덕성에서 반란을 일으키자 신문대왕이 장수에게 명하여 이를 치도록 하였는데 핍실을 귀당貴幢의 제감으로 삼았다. (…) 적진에 맞서자 핍실이 홀로 앞에 나가 용감히 싸워 수십 명의 목을 베고 죽었다. 대왕이 이를 듣고 탄식하였다(『삼국사기』 권47, 취도전).

고구려인들은 신라군에 거세게 저항했다. 진압차 출동한 신라의 귀당이 고전할 정도였다. 신라의 귀당은 상주나 구미 부근에 본거지를 둔 사단이었다. 귀당은 소백산맥을 넘어왔다. 읍을 점령하고 농성 중인 보덕성민들을 쳤다. 소백산맥을 넘은 부대는 또 있었다. 신라의 중앙군단 구서당의 하나인 황금서당이 그것이다.

> 김영윤金令胤은 대대로 고관을 지낸 집안에서 태어나 성장하였으므로 명예와 절개를 자부하였다. 신문대왕 때에 고구려의 남은 무리들 중 실복悉伏이 보덕성에서 반란을 일으키자 왕이 토벌을 명할 때에 영윤을 황금서당 보기감步騎監으로 삼았다. 장차 떠나려 할 때 말하기를 "나의 이번 걸음에 나의 종족과 친구들이 나쁜 소리를 듣지 않게 하겠다" 하였다. 실복이 가잠성假岑城 남쪽 7리에 나와 진을 치고 있는 것을 보고는 누군가가 말하였다.
>
> "지금 이 흉악한 무리는 비유컨대 제비가 천막 위에 집을 지은 것이고 솥 안에서 놀고 있는 물고기와 같으니 만 번이라도 죽겠다는 각오로 나와서 싸우나 하루살이의 목숨과 같다. 막다른 곳에 다다른 도둑을 급박하게 쫓지 말라. 마땅히 조금 물러서서 피로가 극에 달함을 기다려 치면 칼날에 피를 묻히지 않고도 사로잡을 수 있다(『삼국사기』 권47, 김영윤전).

신라에 대항하여 보덕성민들의 반란을 이끈 것은 '실복'이란 자였다. 대문의 죽음에 분노한 그들이 신라에 대항했지만 그것은 절망에

갇힌 자들의 무리한 시도였을 뿐이다. 그들은 천막 위에 둥지를 튼 제비들이고 뜨거운 물에 삶아질 물고기와 같았다. 막다른 골목에 몰려 있는 만큼 고구려인들의 저항은 비장했다. 신라 황금서당의 고위 장교(보기당주)로 김유신의 동생 김흠순金欽純의 손자였던 김영윤이 전사했다.

황금서당은 고구려인들을 조직하여 창설한 부대인데, 동포 고구려인들이 일으킨 반란을 진압했다. 고구려인이 고구려인을 학살했던 것이다. 황금서당은 진압의 대상이 누구든 명령에 복종했다.

혜성이 681년, 683년, 684년 이렇게 세 차례나 보이자 신문왕은 보덕성민들의 피를 보고 말았다. 결과적으로 보덕성민은 그 희생양이 되었다. 혜성이 출현했는데 아무런 일이 일어나지 않으면 신문왕은 불안을 떨쳐버리기 힘들었을 수도 있다.

반란이 진압되고, 보덕성민들은 남쪽으로 강제 분산·이주되었다. 보덕국은 이로써 완전히 해체되었다. 그러나 2년 후 그들의 젊은 이들은 구서당의 2개 부대를 구성하는 병력으로 다시 신라의 수도 경주에 나타났다.[27] 신라 조정이 반란의 경력이 있는 이들을 조직하여 자신의 심장부에 배치한 셈이다. 동포 고구려인(보덕성민)을 도륙한 황금서당이 신라 국가에 의해 조직된 것이었듯, 보덕성민들 또한 마찬가지로 벽금서당과 적금서당으로 조직되었다. 신라에 반란을 일으킨 보덕성민들은 이제 신라의 중앙군이 되어 국가에 도전하는 내·외부의 모든 세력을 분쇄하는 군 조직이 되었던 것이다.

보덕국을 해체한 후 신라의 구백제 지역에 대한 식민과 행정 조직 설치 및 개편은 본격화되었다. 신라는 먼저 구백제 지역에 두 개의 군부대를 이동 배치하거나 창설했다. 신문왕 5년(685) 경남 합천에 주둔해 있던 하주정下州停을 완산주정完山州停으로 개칭해서 백제지역인 전주로 전진 배치했으며, 기병부대인 완산주서를 같은 지역 내에 창설했다. 오주서는 보병부대인 완산주정을 보완하기 위한 것이다. 같은 해 구백제 지역에 행정구역의 완비와 소경 설치가 이어진다.

> 5년(685) 봄에 완산주를 다시 설치하고 용원龍元을 총관으로 삼았다. 거열주에 청주를 설치하여 비로소 9주九州가 갖추어졌는데, (…) 3월에 서원소경西原小京을 설치하고 아찬 원태를 사신으로 삼았으며, 남원소경南原小京을 설치하고 여러 주와 군의 백성들을 그곳에 나누어 살게 하였다.
>
> 6년(686) 2월에 석산현石山縣, 마산현馬山縣, 고산현孤山縣, 사평현沙平縣 4현을 설치하였고, 사비주泗沘州를 군으로 삼았으며, 웅천군熊川郡을 주州로 삼았다. 발라주發羅州를 군으로 삼고 무진군武珍郡을 주로 삼았다(『삼국사기』 권8, 신문왕 5년과 6년 조).

685년 봄 전주에 완산주가 설치되어 신라 행정의 지배가 확실해졌고, 그해 3월 청주에 서원소경과 남원에 남원소경이 설치되면서 신라 지방민들이 이곳에 이주하였다. 그뿐만이 아니다. 사비(부여)에 있던 주를 웅주(공주)로 옮기고 사비는 군이 되었으며, 영현으로 보이는 석산, 마산, 고산, 사평에 현이 설치되었다. 구백제 지역의 수도권 행정을 정비했던 것이다.

⁂

신문왕은 기쁨의 불꽃이 그의 삶을 비추면 이내 또다시 먹구름이 드리우는 운명의 소유자였다. 687년 2월의 어느 날 신문왕의 맏아들이 태어났다. 기쁜 소식은 왕경에 울려 퍼졌다. 하지만 그날 날씨가 음침하고 어두컴컴한 가운데 천둥과 번개가 심하게 쳤다.[28] 683년 왕의 재혼 이후 왕비의 수태 소식을 기다렸고, 임신한 후에는 왕자가 태어나기를 빌었을 백성들이 왕자의 출생 당일 날 왕궁 앞으로 몰려갔다면 격심한 뇌우를 맞고 떨어야 했을 것이다.

왕자의 어두운 미래를 예견하는 듯한 날씨에 왕은 마음이 쓰였는지 두 달 후 종묘를 찾아갔다. 물론 직접 간 것은 아니다. 왕비가 아들을 낳은 직후라 그렇게 할 처지가 못 됐다. 왕은 자신의 마음이 담긴 글을 직접 쓰고 대신을 시켜 종묘 사당에서 그것을 읽게 했다.

> 왕 아무개는 머리 숙여 재배하고 삼가 태조대왕, 진지대왕, 문흥대왕, 태종대왕, 문무대왕 영전에 아룁니다. 저는 재주와 덕이 없어 숭고한 유업을 계승하여 지킴에 자나 깨나 걱정하고 애쓰느라 편안하게 지

낼 겨를이 없습니다. 종묘의 돌보심과 하늘과 땅이 내리는 복에 힘입어 사방이 안정되고 화목하며, 외국에서 오는 손님들은 보물을 실어다 바치고, 형벌이 밝고 송사訟事 없이 오늘에 이르렀습니다.

요즘 임금으로서 할바 도道를 잃고 의리가 하늘의 뜻에 어그러졌음인지, 별의 형상에 괴변이 나타나고 해는 빛을 잃고 침침해지니 벌벌 떨려 마치 깊은 골짜기로 떨어지는 것만 같습니다.

삼가 아무 관직에 있는 아무개를 보내 변변치 못한 것을 차려놓고 살아 계신 듯한 영혼 앞에 정성을 올리니….[29]

"벌벌 떨려 마치 골짜기로 떨어지는 것 같다"는 신문왕의 고백은 한창 나이인 그에게 공포감이 엄습했음을 드러내고 있다. 왕좌가 납덩이처럼 무겁게 양 어깨를 내리누르고, 이제 도저히 참아내기 힘든 짐이 되어 척추가 휠 지경이었으리라. "별의 형상에 괴변이 나타나고" 있음을 그는 그토록 두려워했다. 그는 혜성의 출현에 민감한 반응을 보였던 것이 확실하다. 앞서 세 차례에 걸쳐 나타난 혜성은 신문왕에게 거듭 불안감을 가중시켰으리라.

681년 아버지 문무왕이 죽자 내부의 반란 음모가 있었다. 그해 8월 음모는 발각되었다. 여기에 연루된 진골귀족 네 명이 형장으로 끌려갔고, 그 부하들에 대한 대규모 처형이 행해졌다. 그러나 신문왕의 잘못을 하늘이 경고하는 듯 그해 9월 혜성이 출현했다.

내부 반란에 대한 의심의 줄칼은 그의 청춘과 만년의 단맛을 앗아갔다. 그것은 그의 정신과 육체를 괴롭히는 톱날이었다. 뼈를 갈고, 자율신경계까지 깊이 파고들었다. 그뿐 아니다. '당'이라는 적대적인 초강대국은 철사처럼 그의 정신의 날개를 끊임없이 조여왔다. 681년 9월 1일에 혜성이 보이고 바로 다음 달 당나라에서 신라 태종 무열왕의 태종 칭호를 개칭할 것을 요구하는 사절단이 찾아왔다. 신문왕은 내부 반란을 갓 수습한 상황에서 당나라와의 전쟁 재발 위협을 새삼 느끼게 되었다.

태종의 칭호를 고수하면 당과의 전쟁을 불사해야 한다. 그렇지 않고 그 간판을 내려버리면 그동안 왕의 이름으로 통일전쟁에서 산화한 신라 병사들의 죽음은 무의미해진다. 신문왕은 전자를 택했다. 세계 제국 당과의 전쟁을 각오하는 그의 모습에서 광포한 적개심이 한눈에 들어온다.

신문왕 재위 기간에 군비 증강은 지속되었다. 『삼국사기』 무관 조에서 신문왕대 연대를 확인할 수 있는 군 조직의 창설이나 개칭은 다음과 같다.

① 신문왕 3(683) 황금서당黃衿誓幢, 흑금서당黑衿誓幢 창설

② 신문왕 5(685) 하주정을 완산정完山停으로 개칭하고 전주全州에 이동 배치

③ 신문왕 6(686) 벽금서당碧衿誓幢, 적금서당赤衿誓幢, 적금무당赤衿武幢 창설

④ 신문왕 7(687) 청금서당靑衿誓幢, 황금무당黃衿武幢 창설

⑤ 신문왕 9(689) 개지극당皆知戟幢 창설

⑥ 신문왕 10(690) 삼변수三邊守 3부대 창설 한산주, 우두주, 하서주에 배치

통일 후 군부대의 실질적인 창설은 모두 신문왕대에 이루어졌다.

683년 3월 혜성이 마차부자리에 나타났다. 그해 10월 신문왕은 보덕국왕인 안승을 왕경인 경주로 옮기게 했고, 고구려인으로 황금서당, 말갈인으로 흑금서당을 창설했다.

684년 7월에도 혜성이 출현했다. 이 혜성은 거의 49일 동안 하늘에 떠 있었다. 신라 왕경에서 볼 때 그 혜성은 보덕국이 위치한 서쪽 하늘에 있었다. 그것은 신라와 위도가 거의 비슷한 일본의 나라에서도 목격된 것으로, 양력 9월 28일 근일점에 도착한 핼리혜성이다. 상당한 자체 병력을 보유하면서도 상층부가 조직화되어 있던 보덕국은 신문왕에게 부담스러운 존재였다. 불과 얼마 전에 백제인들이 당과 손잡고 신라에 대항하지 않았던가. 만일 당군이 서해안에 상륙하고 보덕성민과 동맹을 맺는다면 어떻게 되겠는가? 필시 보덕국에 대한 감시가 이 시기에 강화된 것이 분명하다. 안승이 보덕국 현지인들과 분리된 이상 그의 조카 대문은 자연스럽게 고구려인들 사이에서 존재가 부각되었고, 그의 주위로 사람들이 모이자 신라 정부는 그에 대한 체포를 명했다. 죄목은 반역을 도모한다는 것이었다. 신라 입

장에서 보았을 때 반역은 하늘이 예시한 것이었다. 의심의 눈초리로 바라보면 무엇이든 그렇게 된다.

체포된 대문에게 사형이 언도되었다는 소문이 퍼졌고, 처형 당일 날 보덕성민들은 일을 하지 않고 형장 주변으로 몰려들었을 것이다. 술집이 근처에 있었다면 사람들로 만원이 되었을 것이고, 대문을 처형하는 것이 과연 정당한 처사인지 이야기가 오갔을 것이다. 처형은 구경거리라기보다 보덕성민 전체의 미래를 보여주는 상징적인 사건이었기에 사람들의 마음은 무거웠으리라.

신라의 현지 관리들이 고구려인들이 보는 앞에서 대문을 참수했다. 현장에서 이를 지켜 보던 고구려인들은 들끓는 분노를 견디지 못했다. 보덕성민들은 처형을 집행하는 신라인들에 대한 적개심으로 불탔고, 처형을 당한 대문에게 마음이 쏠려 있었다. 신라 정부의 막강한 권력을 보여주어야 할 그 자리에서 보덕성민들은 처형당하는 대문에게 연민을 보냈고, 이때만큼은 신라의 절대적 권력에 위협받고 있다고 느끼지 못했다.

처형장이 난장판이 되고 그 와중에 신라의 관인들과 그들을 호위하던 군인들이 살해되었다. 보덕국의 고구려인들은 역전 노장들이었다. 거친 고구려인들 앞에서 잔인한 공개처형은 그들의 반란을 유도하려는 신라의 계획된 음모일 수도 있다. 장인 김흠돌과 병부령 김군관의 처형으로 시작된 신문왕의 삶은 숙청으로 얼룩져 있었다. 신문왕은 혜성의 출현과 함께 나타날 불행을 다른 장소에서 미리 일으킴으로써, 혜성의 마술적인 힘을 자기로부터 다른 데로 돌릴 피뢰침을 만들려고 한 것은 아닐까.

혜성에 대한 불안감은 신문왕 혼자만의 문제가 아니었다. 혜성의 출현은 시골 농부에서 최상층 진골귀족에 이르기까지 신라인 모두가 목격했다. 신문왕은 세 차례에 걸친 혜성의 출현을 뭔가 인과적으로 귀결시킬 명분이 절실했다. 신라 내의 소수민인 고구려인들이 그 희생양이 되어야 했다.

신라군의 적지 않은 목숨이 날아갔지만 반란은 결국 진압되었다. 살아남은 보덕성민들은 남쪽으로 분산 배치되었다. 2년 후인 686년에 분산된 보덕국의 젊은이들이 소집되었다. 신문왕은 그들을 조직하여 신라의 중앙사단 두 개, 벽금서당과 적금서당을 창설하여 왕경에 배치했다. 고구려인들의 자치적인 공동체를 해체시키고 그들의 젊은이들을 신라의 군 조직 규율 속에 가두어버렸다. 자신에게 칼을 겨누었던 반란 세력을 분쇄, 재조직화하여 자신의 힘으로 만들었던 것이다.

신문왕은 그 이듬해인 687년 백제 잔민을 조직화하여 청금서당을 창설했다.[30] 이로써 구서당九誓幢이 완성되었다. 당나라와 전쟁 재발이 우려되는 상황에서 혜성의 출현은 위기감을 한층 고조시켰고, 신라의 군비 증강을 가속화시켰다.

제3장

월명사 도솔가와 두 개의 해

『삼국유사』 권5 월명사 도솔가月明師兜率歌 조를 보면 경자년庚子年(760) 4월 초하루에 두 해가 나란히 나타났는데 열흘이 되어도 사라지지 않자 월명사를 불러 「도솔가」를 지어 부르니 이변이 사라졌다고 한다.

지금까지 「도솔가」에 대한 연구는 주로 국문학계에서 이루어졌다. 주된 관심은 「도솔가」가 창작된 시대 상황보다는 향가로서 「도솔가」 그 자체에 집중되어 있었다. 「도솔가」의 성격에 대한 기존의 견해는 다음과 같다. 김동욱은 미륵보살을 청불하는 염화가拈花歌이며 종교찬가라고 했고,[1] 윤영옥은 재래적인 정신의 가요에 불교적인 발상이 혼합된 것으로 보았다.[2] 박노준은 「도솔가」를 주사呪詞・呪歌로 보았고,[3] 김승찬은 주밀사상呪密思想을 바탕으로 하여 불린 다라니적呪密的 노래라고 규정했다.[4] 이러한 주장은 설득력이 있다고 여겨지며, 특히 박노준과 김승찬의 견해가 주목된다. 「도솔가」가 주가적 성격을 지녔다고 본 전자의 지적은 향가 자체가 "왕왕 천지 귀신을 감동시킴이 한두 가지가 아니었다往往能感動天地 鬼神者非一"[5]라는 기록에서 구체적으로 확인된다.[6] 특히 「도솔가」가 '주밀적 성격'을 지녔다고 본 후자의 연구는 「도솔가」를 국가적 불교 의례의 하나로 볼 수 있는 단초를 열었다고 해도 과언이 아니다.

밀교는 진언과 주술을 가장 근본적인 수행 방법으로 삼는다. 밀교 의례는 고도로 조직화된 여러 가지 비밀스러운 주문이나 의례의 규율로 구성되며, 신격화된 신앙으로 단을 설치하고 목적에 적합한 본존을 안치하여 공양하고 기도하는 수행을 한다.

한편 「도솔가」가 만들어진 시대의 사상적 배경에 대한 연구도 있었다. 박노준은 "「도솔가」를 통해서 얻을 수 있는 것이라고는 신라시대에 미륵하생 신앙이 식자층 사이에 퍼져 있었다는 사실과 국선을 미륵의 신으로 생각하는 관념이 일반화되었다는 사실, 이 두 가지 역사지식뿐이다"라고 했다.[7] 임기중도 같은 맥락에서 "경덕왕은 미륵신앙만이 중생제도와 난국을 극복할 힘이 될 수 있다고 믿었던 임금이었다"고 지적했다.[8] 일찍이 일본의 불교사학자 야오타니 다카야스八百谷孝保는 화랑도와 미륵신앙의 관계에 주목한 바 있으며,[9] 미시나 쇼에이三品彰永도 그의 저서에서 『삼국유사』 권5 월명사의 「도솔가」에 대해 "미륵존이 화랑도의 일종의 수호신처럼 숭배되고 있는 것은 아주 현저한 사실"이라고 지적했다.[10]

당시의 정치적 상황과 관련된 지적도 있었다. 최철은 해를 왕王으로, 달을 왕의 적수가 되는 반왕파로 보았다.[11] 이 주장은 최근에 와서 장영우에 의해 되풀이되었다. 그는 잦은 천재지변과 반왕파의 발호로 나라가 어수선해지자 그것을 극복하려고 경덕왕이 불교에 의지하거나 스님들에게 향가를 짓게 한 것으로 추측했다.[12] 이는 이기백의 해석[13]으로부터 직접적인 영향을 받은 견해이다. 한편 최철과 윤영옥, 이평숙 등이 두 개의 해(이일병현二日並現)라는 천문 현상을 은유적 표현에 지나지 않는다고 본 것도 그 연장선상에 있다.

경덕왕대의 정치적 상황에 대한 이기백의 해석은 혜공왕대에 일어난 정변의 맥락을 경덕왕대로 소급하여 적용한 가설에 불과하며, 그것이 객관적인 사실인지는 알 수 없다. 필자는 이기백의 견해를 비판 없이 수용하여 이를 디딤돌로 삼아 「도솔가」를 은유적 표현으로 취급하는 해석에 동의할 수 없다. 설사 「도솔가」가 그런 정치적 상황의 은유라 하더라도, 월명에게 두 파벌의 물리적 충돌을 해결할 힘이 있었을 리 만무하고, 주술적 치유로 해를 물리쳤다는 점은 더욱더 설득력을 갖기 힘들다.[14] 박노준의 지적대로 '이일병현'의 기사를 확대 해석하는 것은 곤란하다.[15]

「도솔가」에 대한 용의주도한 해석이 국문학계의 학문적 성과임은 부인할 수 없다. 당시 신라가 정치사회적으로 불안이 심화된 시기였다는 점도 모두 인식하고 있다. 하지만 지금까지 「도솔가」가 창작된 시기 (760년)의 신라가 처한 불안이 무엇에서 비롯되었는지에 대한 깊이 있는 고려는 없었다. 최근에서 와서 오카야마는 「도솔가」 창작 배경과 관련하여 안록산의 반란安思亂에 주목했다. 그에 의하면 「도솔가」는 '이일병현'이라는 천변의 소멸을 기원하는 향가였지만, 실질적으로 당에서 일어난 안록산의 반란이 미륵의 하생으로 평정되기를 기원하는 향가였고, 동시에 반란자에 대하여 미륵으로 귀의하라는 명령어법으로 원망願望을 표하는 의식의 노래이기도 했다고 한다.[16]

이는 종전보다 시야를 확대한 참신한 견해다. 그야말로 안록산의 반란은 당의 정치경제를 파탄으로 몰아넣고 국가의 구조를 변형시켰다. 무엇보다 760년 당시 당의 무정부 상태는 끝이 보이지 않는 국면으로 접어들었으며, 신라의 동맹국인 당의 파탄은 어떻게든 신라를 비롯한 동아시아 세계에 영향을 주지 않을 수 없었다. 즉 안록산의 반란으로 신라에 불안감이 조성되었을 가능성은 충분하다. 필자는 이 같은 오카야마의 지적에 시사받은 바가 크다.

하지만 오카야마가 이일병현을 천인상관天人相關 사상에 의한 천변지변天變地變의 표징으로 판단한 것은 선뜻 수긍하기 어렵다. 그에 의하면 안록산의 반란이 일어난 755년에 "망덕사望德寺의 탑이 흔들렸다"고 은유적으로 표현한 『삼국사기』 권9, 경덕왕 14년(755) 조[17]와 『삼국유사』의 월명사 도솔가 조는 안록산의 반란에 대한 전조이고, 같은 사건에 대한 천변지변의 표징으로서 위치시킬 수 있다고 한다. 다시 말해 안록산의 반란에 대한 전조가 망덕사에 나타난 탑의 진동이며, 이것이 궁중에 나타난 것을 '이일병현'으로 생각했던 것이다. 신라에 보이는 천변지변은 신라인들의 대당의식對唐意識을 반영하며, 또다른 예로 『삼국사기』 권10, 애장왕 5년(804) 9월 조의 "망덕사의 두 탑이 흔들려 서로 싸우는 듯했다"고 하는 사실을 들었다. 이는 『삼국사기』 권10, 애장왕 6년 조에서 그 이듬해인 805년에 "당나라 덕종이 죽었다"라는 기록과 상관이 있다는 것이다. 당에서 일어난 사건이 신라에 천변지변으로 나타나는 것은, 기본적으로 신라의 친당 정책이나 나당羅唐 양국의 비상하게 긴밀한 관계를 나타내는 것으로 간주했다.[18]

오카야마는 상당히 복잡하고 모호한 설명을 하고 있으며, 객관적인 천문 현상에 대하여 도외시하고 있다. 그는 천인상관 사상이란 관점에 매몰되어 모든 사람이 목격할 수 있는 '이일병현' 이라는 천문 현상을 궁중宮中에 가두어버렸다. 『삼국유사』 권5, 월명사 도솔가 조에 명기된 바와 같이 760년 음력 4월 초하루에서 4월 10일의 이일병현 현상은 핼리혜성이 지구에 가까이 접근한 바로 그 시기에 발생했다.

문학작품인 향가는 시대의 산물이다. 「도솔가」가 창작된 시대의 상황과 천문 현상을 객관적으로 검토하지 않고는 그것을 제대로 이해하고 분석할 수 없다. 문학적, 종교적 차원의 연구 방법을 넘어서 이제 역사적, 천문학적 측면에서 「도솔가」를 바라볼 필요가 있다. 물론 기존에도 「도솔가」에 천문적 이상 징후가 반영되어 있음은 이미 알려져 있었다.[19] 그러나 이와 관련하여 당시 중국의 풍부하고 정확한 천문 기록은 거의 검토되지 않았다. 특히 천체인 혜성에 관한 기록은 중국의 자료를 우리의 것으로 사용해도 무방하다. 천체의 이상 징후는 모든 사람에게 목격되기 때문에 사회 전체에 큰 영향을 끼친다. 「도솔가」가 기록으로 전해질 수 있었던 이유 중 하나도 이 때문일 것이다.

이 장은 「도솔가」가 창작된 시대의 밑그림을 좀더 선명하게 그리는 데 목적이 있다. 이에 필자는 먼저 세계사적 사건으로서 안록산의 반란이, 하나의 세계체제로서 동아시아를 어떤 식으로 변형시켰나 살펴보았다. 다음으로『구당서』『신당서』의 천문지와 근대 이후에 핼리혜성의 궤도 계산을 통해 도출된 정확한 근일점 시기를 비교 검토하여「도솔가」의 창작 모티프가 된 천체에 대해 검토했다. 마지막으로「도솔가」의 성격과 사회적 기능을 생각해보았다.

I

안록산의 난과
신라의 위기

신라에서 「도솔가」가 울려 퍼지기 4년 전(755)부터, 중원中原에는 병란의 불길이 맹렬히 타오르고 있었다. 『삼국사기』 권9, 경덕왕 14년(755) 조를 보면 "망덕사의 탑이 흔들렸다亡德寺塔動"는 기록이 있다. 이것은 안록산의 난이 일어났음을 은유적으로 표현한 것이다. 신라는 반란의 추이를 주목하고 있었다.

안록산은 천보 14년(755) 11월 9일 범양에서 반란을 일으켰다. 그는 12월 12일에 낙양을 점령했으며, 이듬해 정월 낙양에서 스스로 연국燕國 황제라 칭했다. 756년 6월 8일 관중의 입구인 동관東關을 함락시켰다. 그러자 현종은 장안을 버리고 촉나라 땅 사천으로 달아났다. 이에 경덕왕은 현종이 피신해 있던 사천 지방까지 사신을 파견한 다. 『삼국사기』 권9, 경덕왕 15년(756) 조[20]를 보면 경덕왕은 현종이 사천으로 피난 간 소식을 듣고 사신을 파견하였다. 신라 사신은 바다 를 건너 중국 절강지역에 도착해서 다시 현지인의 배로 바꿔 타고 양 자강을 거슬러 올라가 사천의 성도에 가서 조공했다.

2년 후 당의 정세는 호전되기 시작했다. 757년 안록산 진영에서 내분이 일어나 안경서가 아버지 안록산을 죽이고 스스로 황제라 칭 하자, 이 틈을 타 반격 태세를 가다듬은 숙종이 9월에 장안을, 10월 에는 낙양을 탈환했다. 12월에는 맹장 사사명까지 당 조정에 투항했 고 반란의 불길은 잡히는 듯했다.

하지만 반전이 일어났다. 758년 6월에 사사명이 재반란을 일으켰 고, 이듬해 정월 그는 위주魏州에서 연왕燕王을 칭했다. 759년 3월에 사사명은 무슨 암시를 받았는지 안록산의 아들 안경서를 자신의 군 영으로 불러들여 죽이고 세력을 강화했다. 게다가 759년 말과 760년 초 한수漢水 계곡과 양자강 중류에서도 상당 규모의 반란이 일어났 고, 이는 760년 말 양자강 하류지역으로 옮겨갔다. 그야말로 무정부 상태를 방불케 했으며, 적군과 아군의 구별조차 어려워졌고, 끝이 보이지 않은 혼란으로 접어들고 있었다.

나쁜 일은 겹치는 법이다. 당의 총체적인 국가 부도사태는 일본과 발해에게 신라를 협공할 기회를 제공했다. 안록산의 난은 발해에 다 녀온 오노 타모리小野田守에 의해 일본에 상세히 보고되었다. 그때가

758년 12월이었다(『속일본기』 천평천황 2년 12월 조). 오노 타모리와 함께 일본에 온 발해 사신 양승경楊承慶 일행은 후지와라 나카마로藤原仲麻呂의 저택에서 열린 연회에 참석하여 당이 신라를 지원하는 일이 불가능할 것으로 예측하고 신라 정벌을 모의했던 것으로 보인다.[21] 일본은 이후 발해와의 교섭관계를 더욱 긴밀하게 유지하면서 759년부터 구체적인 신라 정토 계획을 추진해나갔다.

대제부大宰府로 하여금 행군식行軍式을 만들게 하였는데 장차 신라를 치려는 것이다(『속일본기』 권22, 순인천황 3년(759) 6월 임자 조).

대제사 3품 선천왕을 향추묘香椎廟에 보내어 신라를 치려는 상황을 아뢰었다(『속일본기』 권22, 순인천황 3년 8월 기해 조).

배 500척을 만들게 했는데 (…) 3년 안에 마치도록 했으며, 신라를 정벌하기 위한 것이었다(『속일본기』 권22, 순인천황 3년 9월 임오 조).

미농美濃 무장武藏 두 나라의 소년들에게 명하여 나라마다 20명씩 신라어를 배우게 하였다. 신라를 정벌하기 위해서였다(『속일본기』 권23, 순인천황 5년(761) 정월 을미 조).

참의參議 종3위 무부경武部卿 후지와라 나카마로는 산위散位 외종外

從 6산위 외종 5위하 토사숙니견양土師宿櫊犬養을 향추묘에 제물로 바쳤다. 신라를 정벌하기 위해 군사를 훈련시켰다(『속일본기』 권22, 순인천황 6년(762) 11월 경인 조).

후지와라 나카마로는 신라 정벌을 준비하고 있었다. 파병 규정(행군식)을 만들고, 여러 도道에 명령을 내려 3년 내에 500척의 병선을 건조하도록 하고, 761년에는 미농과 무장 2국의 소년 40명에게 신라어를 배우게 했으며, 그후에도 여러 도에 절도사 체제를 강요하고 전투에 대비하도록 했다.

침공의 기미를 알아챈 신라는 방어 준비에 들어갔다. 『속일본기』 권22, 순인천황 3년(759) 9월 정묘丁卯 조를 보면 "근년에 신라에서 귀화하는 배들이 끊이지 않는데 부역의 고통을 피하기 위하여 멀리 무덤이 있는 고향을 버리고 와…"라는 내용이 나온다. 경덕왕은 759년 백성들을 동원하여 발해와 일본의 협공에 대비하고 있었던 것이다. 즉 신라인들에게 전쟁은 '피할 수 없는 그 무엇'으로 인식되었을 것이다.

『삼국사기』 권9, 경덕왕 21년 5월 조를 보면 "오곡, 휴암, 한성, 장새, 지성, 덕곡의 6성을 쌓고 각각 태수를 두었다"고 하여 신라가 북방을 요새화하여 발해의 침공에 대비하고 있었음을 알 수 있다. 물론 일본의 침공에 대비해 해상 경계도 늦추지 않았다. 『속일본기』 권25, 순인천황 8년(764) 7월 갑인甲寅 조를 보자. 일본 측은 신라 사신에게 이렇게 질문했다.

"근래에 당신들의 나라(신라)에서 투화해온 백성들이 '본국(신라)에서는 군대를 내어 경비를 하고 있는데, 이것은 일본국이 쳐들어와 죄를 물을까 해서이다'라고 말하는데, 그 일의 허실이 어떠한가?"

신라가 해안 경비를 철저히 하고 있다는 사실이 귀화한 사람들을 통해 일본에 보고되고 있었다.

한편 중국에서는 762년 5월에 상황이 급반전되어 안록산의 난은 고비를 지나 종결로 치달았다. 9월에 회흘回紇과 복고회은僕孤懷恩의 유목 군대가 당군에 참여하자, 사사명의 아들 사조의의 반란군은 결정적으로 전투에서 밀려났고, 낙양을 포기했다.[22] 11월에 사조의는 도망다니는 신세로 전락했고, 763년 1월 이후에는 모든 군사를 잃고 해奚·거란으로 도망가다가 추격군에게 몰리자 자살하고 만다. 그러자 762년 발해는 일본에 신라 정토 협조 철회를 통보했고, 이로써 신라 정토 계획은 중단되었다.

사조의의 몰락으로 안록산의 난은 마무리되었지만, 그렇다고 당에서 전란의 불길이 완전히 잦아든 것은 아니었다. 얼마 후 복고회은의 반란이 일어났기 때문이다. 복고회은은 북서부 삭방朔方의 사령관으로 안록산의 난을 진압한 뒤 가장 강력한 군사적 역량을 보유한 인물로 남아 있었다. 이 점을 우려한 당 조정은 보안 예방책을 구실

삼아 복고회은을 하동절도사로 임명하지 않았다.

　763년 11월 토번의 군대가 국경을 넘어 장안으로 진격했을 때 복고회은은 하동에 있는 삭방부대를 투입하지 않았다. 이 상태에서 토번은 장안을 점령해버렸고 황제는 동쪽의 선주 쪽으로 달아났다. 토번군은 2주 만에 장안에서 철수했다. 인명과 재산 손실은 그리 크지 않았다. 그러나 이 사건은 이제 막 극심한 내란을 극복한 당 제국의 위신을 거침없이 추락시켰다.

　복고회은은 삭방절도사에서 해임되었고, 영무靈武로 달아났다. 이 듬해인 764년 가을에 토번군이 다시 당을 침략할 때 복고회은은 토번군의 안내 역을 맡았다. 이때 토번군은 중국의 영토 깊숙이 들어왔으나 크게 선전하지는 못했다. 765년에도 복고회은은 토번과 여러 유목 부족을 모아 동맹을 맺고 중국 침공을 단행했다. 하지만 그는 이 과정에서 병에 걸려 사망하고 말았다. 복고회은의 병사로 위기는 넘겼지만, 그후 10년 동안 토번은 매년 가을 당 제국의 변방을 공격했다. 토번의 위협은 지방 권력에 대한 통제를 회복하려던 당 조정의 노력을 철저하게 방해했다. 이 기간 동안 중국 동해안에 위치해 있던 신라 근방의 번진들은 자리를 잡아갔다. 그리고 신라의 경덕왕은 예전처럼 안정된 모습을 보지 못하고 어린 후계자 혜공왕을 염려하며 세상을 하직했다.

2

760년의 핼리혜성과
두 개의 해

　우리는 앞에서 「도솔가」가 창작되었을 때 신라의 동맹국인 당이 안록산의 난으로 내란 상태였고, 신라 내에는 일본과 발해가 침략해 올지도 모른다는 우려가 팽배해 있었음을 살펴보았다. 여기서는 당시 천변天變의 천문학적 현상에 대해 짚어보자.

　전운이 신라를 뒤덮고 있던 시기에 '이일병현'이라는 천변은 신라인들을 술렁이게 했음이 분명하다. 『신당서』에 따르면 760년 4월에 출현한 혜성은 윤4월을 지나 5월에 이르러서야 사라졌다고 한다. 그것은 760년에 지구를 찾아온 '핼리혜성'이었다. 『삼국사기』권9, 경덕왕 조에는 760년에 혜성이 출현했다는 기록이 보이지 않지만, 그렇다고 해서 핼리혜성이 지구를 찾아오지 않은 것은 아니다. 천문 현상은 객관적인 사실이다. 사서에 기록된 정치사회적인 사건들은 윤색되거나 왜곡될 수 있지만 천문 기록은 그것이 불가능하다.

핼리혜성은 76.03년마다 지구에 찾아온다. 최근에는 1985~1986년 사이의 겨울에 나타났고, 2061~2062년에 다시 나타날 예정이다. 혜성의 이름은 영국의 천문학자 핼리의 이름을 따서 붙여졌다. 그는 1682년에 출현한 대혜성을 관찰한 후 그것이 1531년과 1607년에 출현한 혜성의 회귀라고 주장하고, 1758년에 다시 나타날 것을 예언했다. 그것이 바로 1705년에 뉴턴의 역학을 적용하여 24개 혜성의 궤도를 산정한 『혜성천문학총론』이다. 핼리는 대혜성의 재출현을 보지 못하고 사망했지만 그의 예언은 적중하여 1758년 크리스마스 밤에 그 모습을 나타냈다. 이로써 혜성의 출현이 주기적이라는 사실이 밝혀졌다.

『삼국유사』권7 「감통」 월명사 도솔가 조에는 760년 4월의 천변이 기록되어 있다.

> 경덕왕 19년(760) 4월 초하룻날 두 해가 나란히 나타나서 열흘 동안이나 사라지지 않았다.
> 일관日官이 아뢰었다. "인연 있는 스님을 청해서 꽃 뿌리는 공덕을 쌓으면 재앙을 물리칠 수 있을 것입니다."

"두 해가 나란히 나타났다二日並現"는 표현이 어떤 현상을 설명한 것인지는 상상하기 어렵다. 어쨌든 당시 '일관日官'의 존재가 확인되며, 이는 신라에 천문 전문가가 존재했음을 알려주고 있다. 일관의 존재는 '이일병현' 현상 자체뿐만 아니라 그 현상이 일어난 시점의 정확성과 관련하여 무엇보다 중요한 사안이다.

『삼국사기』 권9, 경덕왕 8년(749) 3월 조를 보면 "천문박사天文博士 1인과 누각박사漏刻博士 6인을 두었다"라고 하여 천체를 관측하는 전문가인 천문박사의 존재가 확인된다. 『삼국유사』 월명사 도솔가 조의 이일병현의 시점(景德王十九年更子四月朔, 760년 음력 4월 1일, 양력 4월 20일)은 거의 정확한 기록이었을 가능성이 높다. 이보다 앞서 『삼국사기』 권8, 효소왕 원년(692) 8월 조를 보면 "도증이 당나라에서 돌아와 천문도天文圖를 바쳤다"라고 하여 이미 효소왕대에 당으로부터 천문도를 들여왔음을 알 수 있다. 『삼국사기』 권39 직관지 중 내성 조를 보면 "천문박사는 후에 사천박사司天博士로 고쳤다"라고 하여 왕실의 관서인 내성에 천문 전문가가 소속되어 있었음을 확인할 수 있다.

신라의 천문박사는 당에서 정규 교육을 받은 수준 높은 전문가였던 듯하다. 『삼국사기』 권43, 김유신전에 하나의 사례가 있다.

윤중(김유신)의 적손의 서손 암巖은 본성이 총민하고 술법 배우기를 좋아하였다. 젊어서 이찬이 되어 당에 들어가 숙위宿衛하였을 때, (…) 대력(766~779) 연간에 귀국하여 사천박사司天博士가 되었다.

김암의 유학 기간이 얼마쯤이었는지는 알 수 없다. 하지만 그가 대력 연간에 귀국한 것으로 보아 아마도 대력 이전인 경덕왕대에 입당했으리라 추측된다. 어떻든 그는 혜공왕대에 귀국하여 왕실 소속의 천문박사에 취임했다. 혜공왕대의 천문 기록 중 상당 부분은 그가 관측한 것일 수도 있다.

지금까지 『삼국유사』 월명사 도솔가 조에서 해가 나란히 두 개가 나타난 시점의 정확성에 대하여 추정해보았다. 다시 말하지만 분명한 것은 바로 그 시기에 혜성이 지구를 지나갔다는 점이다. 『신당서』 권32, 천문지에 760년의 핼리혜성에 대한 상세한 기록이 있다.

> 건원 3년(760) 4월 정사(경덕왕 19년) 혜성이 동방에 있어, 루자리와 위자리에 있었다. 색은 백색이며 길이는 4척으로, 동방으로 질행하여 묘자리, 필자리, 자자리, 참자리, 동정자리, 유자리로 옮겨가더니 헌원에 이르고, 태미원의 우집법성 서쪽으로 가다가 50일 만에 사라졌다. 윤4월 신유 초하루 혜성이 서방에 있어 길이는 수 장數丈에 달했고, 5월에 이르러 사라졌다.[23]

760년 4월 신유에 나타난 혜성은 길이가 4척이고 색은 백색이었다. 처음에 루婁, 양자리(β Ari) 셰라탄에서 출발한 혜성은 위胃, 양자리(35 Ari), 묘昴, 황소자리(17 Tau) 엘렉트라, 필畢, 황소자리(ε Tau) 아인, 자觜, 오리온자리(λ Ori) 메이사, 삼參, 오리온자리(ζ Ori) 알니탁, 정井, 쌍둥이자리(μ Gem), 귀鬼, 게자리(β Cnc) 알타흐, 류柳, 바다뱀자리(δ Hya)를 거쳐 사자자리, 게자리 등에 걸쳐 있는 헌원軒轅으로 가서, 사자자리 레굴루스와 목동자리 아크투루스 사이에 있는 태미원의 우집법성 서쪽으로 이동하다가 50여 일 만에 사라졌다. 다시 윤4월 신유 삭에 서방에 나타나 길이 수 장을 뽐내다가 5월에 사라졌다.

위의 『신당서』 천문지의 기록에 760년 4월 27일에 핼리혜성이 출현한 것으로 명기되어 있다. 『삼국유사』의 4월 1일보다 26일 늦게 출현했다고 할 수 있다. 그렇다면 신라에 나타난 그것(이일병현)은 핼리혜성과 아무 관련 없는 천체 현상일까? 『구당서』 권36, 천문지 하에 보이는 같은 기록을 보자.

건원乾元 3년(760) 4월 정사 밤 오경에 혜성이 동방에서 출현했다. 색은 백색이고 길이는 4척이었다. 루자리, 위자리에 있다가 동북각을 향하여 질행하다가 묘자리, 필자리, 자자리, 참자리, 정자리, 귀자리, 유자리, 헌원을 거쳐 태징(태미원이 있는)에 이르러 우집법성의 7촌 소로 이동하다가, 무릇 50여 일 만에 사라졌다. 윤4월 신유 초하루에 요성이 남방에 보였다. 길이는 수 장이었다. 이때 4월 초부터 짙은 안개가 끼고 큰비가 내려 윤4월 말에 걷혔다. 이달에 역적 사사명이 낙양을 다시 함락시키고 쌀 가격이 폭등하여 800문까지 올라 사람들이 서로 잡아먹었고, 굶어 죽은 시체가 대지를 덮었다.

위의 『구당서』 천문지 기록에서 알 수 있듯이 핼리혜성의 출현 시기는 『신당서』의 그것과 일치하며, 4월 27일 밤 오경五更(새벽 3~5시)이라 하여 정확한 시간까지 기재되어 있다. 어쨌든 양당서의 기록에서 760년 4월 1일(음력)에 관측된 혜성은 없다. 그런데 위의 『구당서』 기록에서는 요성이 남방에 나타난 것이 음력 윤4월 1일이라 하고, 『삼국유사』의 '이일병현'은 음력 4월 1일이다. 중국 측의 기록은 윤4월 초하루(삭)이고 신라 측의 그것은 그냥 4월 초하루이다. 윤閏자 하나가 더 붙어 있는데 이는 거의 유사한 것이다.

『삼국유사』에서 '또 하나의 해二日'라고 표현하고 있는데 『구당서』에서 굳이 '요성妖星'이라고 표현한 것도 마찬가지다. 그렇다면 『구당서』의 이 요성이 바로 『삼국유사』에 보이는 또 하나의 '이일二日'을 의미하는 것은 아닐까. 낮에 요성이 나타나 해가 두 개로 보였을 수도 있는 것이다. 물론 이는 『삼국유사』 기록에서 윤4월의 '윤'이 탈락했다는 것을 전제로 한다.[24]

그러나 기록을 부정할 순 없다. 엄연히 양당서의 그것은 윤4월 초하루이고 『삼국유사』 월명사 도솔가 조의 그것은 4월 초하루이다. 양자는 기록상 정확히 한 달의 차이가 난다는 점은 부인할 수 없다. 무엇보다 양당서의 760년 혜성 출현 시점은 4월 27일이며, 4월 1일도 아니다.

760년에 출현한 핼리혜성은 신라에서 나타난 이일병현 현상과 아무런 관련이 없는 것일까. 4월 27일에 출현한 혜성과 4월 1일에 나타난 또다른 해성은 서로 다른 천문 현상이란 말인가. 그렇게 보긴 어렵다. 760년의 핼리혜성은 양력 5월 20일(음력 윤4월 1일)에 근일점을 통과했기 때문이다.[25] 뉴턴의 지적대로 혜성은 태양에 접근하는 동안 뚜렷이 밝아지고 커진다. 혜성의 구성 요소들이 태양 가까이 오면서 수증기가 되는 것이다. 태양 빛이 혜성의 대기 속에 들어 있는 입자들에 압력을 주어 이 부분들을 바깥으로 밀어낸 것이 혜성의 꼬리다. 애벌레가 나비로 변신하듯이 혜성이 꼬리를 펴는 현상은 입자의 성격을 가진 빛이 압력을 줄 수 있기 때문에 일어난다. 혜성은 태양에 가까워질수록 꼬리가 발달하며 근일점에서 가장 커진다. 반대로 태양을 돌아 태양으로부터 멀어질수록 작아진다.

음력 윤4월 1일에[26] 근일점을 통과한 핼리혜성은 그 꼬리가 가장 커지고 뚜렷해졌다. 그렇다면 핼리혜성은 이미 음력 4월 초하루 이전부터 태양에 가까워지면서 꼬리가 형성되었던 것이 확실하다.

핼리혜성은 76년이라는 긴 시간을 보내면서 태양에 접근한다. 하지만 그중 대부분의 시간은 지극히 낮은 온도의 공간에서 얼음 덩어리로 지낸다. 혜성은 운석 물질과 수소, 탄소, 질소, 산소의 화합물로 이루어진 얼음과 티끌 입자의 덩어리로 추정된다. 핼리혜성은 중력이 강한 목성 근처에 도달하면서 속도가 급격히 빨라지고, 태양과 가까워지는 화성의 궤도 안에 들어오면서 핵의 온도가 상승하여 분자들이 증발되어 꼬리를 만든다.[27]

다음의 그림은 1985~1986년 지구와 핼리혜성 사이의 상대적인

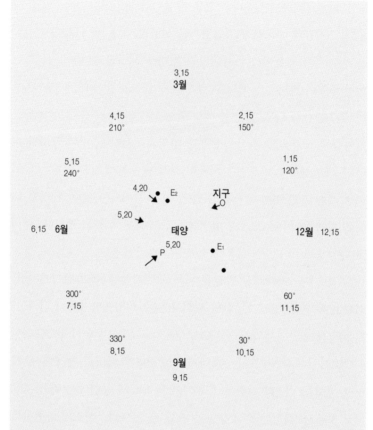

3.15
3월

4.15
210°

2.15
150°

5.15
240°

1.15
120°

4.20   E₂

지구
O

5.20

6.15   **6월**

태양

12월 12.15

5.20
P

E₁

300°
7.15

60°
11.15

330°
8.15

30°
10.15

9월
9.15

1985~1986년 지구와 핼리혜성 사이의 상대적인 위치
P=핼리혜성의 근일점
E₁=1985년 11월 27일 근일점에 다가가기 전의 지구의 위치
E₂=1986년 4월 11일 근일점을 지난 후 지구의 위치
O=핼리혜성의 근일점에 있는 지구의 위치

위치에 대하여 설명하고 있다. 당시 핼리혜성은 1985년 11월 27일 E_1의 위치에서 지구와 가장 가까운 지점에 있었고, 그 이듬해인 1986년 4월 11일에 E_2의 위치에서 지구에 다시 근접했다. 핼리혜성은 1986년 2월 9일에 근일점에 있었다. 핼리혜성은 1985년 11월 27일 이전에 지구에서 육안으로 관측되었고, 1986년 4월 11일 이후에도 그러했다. 물론 이는 지구와 혜성 그리고 태양 사이의 상대적 위치에 따라 변동될 수도 있다. 이제 이 그림에서 760년에 나타난 핼리혜성의 위치를 필자가 표기한 것을 보자.

760년 근일점인 P 지점에 핼리혜성은 양력으로 5월 20일(음력 윤4월 1일)에 도착했다. 바로 그날 지구는 화살표로 표시한 지점에 위치해 있었다. 이보다 한 달 앞선 양력 4월 20일(음력 4월 1일)에 위치한 지점도 마찬가지다. 760년 양력 4월 20일에 핼리혜성은 지구의 궤도에 들어와 있었거나 근접해 있었을 것이 확실하며, 지구에서 관측이 가능했다. 다시 말해 중국에서 음력으로 760년 4월 27일에 관측되었다고 해서 그 이전에 핼리혜성이 꼬리를 형성하지 않았던 것은 아니며, 신라에서 그해 4월 1일(양력 4월 20일)에 어떠한 형태로든 관측되었을 가능성이 높다.

하지만 '이일병현'이라는 표현에서 알 수 있듯이 신라의 하늘에 나타난 천변은 밤이 아니라 낮에 관측된 일이었다. 혜성이 아무리 밝다고 해도 감히 태양에 비할 순 없다. 심지어 밝은 보름달조차도 혜성을 관측하는 데 방해가 된다. 물론 혜성의 밝은 꼬리가 낮에 관측된 예가 없진 않다. 1965년 10월 21일 밝기가 최고에 이르렀던 이케아 세키Ikea-Seki 혜성은 너무 밝아서 낮에도 보였으며 꼬리의 길이는 거의 5000만 킬로미터에 달했다.[28]

이케야 세키 혜성. 궤도 주기 : 715년

이와 관련하여 주목되는 기록이 있다. 『고려사』 권5 지志 1 천문 1 조[29]를 보자.

고려 헌종 원년(1094) 정월 무술에 태양에 운暈이 있고, 태양의 양방
兩傍에 혜彗가 있었다. 태사가 상주하기를, "태양에 운이 있는 것은
근신이 난을 일으킬 징조이거나 제후 중에 반역의 마음을 품은 자가

태양에 운이 보이고 양방에 혜가 있었다. 태사는 태양에 운이 보이면 근신이 난을 일으키거나 제후 중에 반하고자 하는 자가 있다고 했다. 태사가 상주한 천인상관적인 설명이 어떻든 간에 태양 주위에 운暈이 보였다. 그것은 분명히 대낮에 일어난 것이었으며, 태양의 양방에 꼬리를 뿜어내는 혜慧가 있었다.[31]

1094년의 혜성은 대낮에 태양 근처에서 관측될 정도로 밝았다. 그 근일점은 '양방유혜兩傍有慧' 라는 표현에서 보듯 태양의 중심부에서 얼마 떨어지지 않은 아주 가까운 곳임을 알 수 있다. 태양의 반지름이 70만 킬로미터라는 점을 고려하면 1094년의 혜성은 태양 표면을 거의 스쳐서 통과한 셈이 되며, 이처럼 가까운 거리에서 200만 도에 달하는 태양 코로나 속에 있었다고 할 수 있다. 추산해볼 때 그것은 지구 부근에 있을 때보다 3만 배에 상당하는 복사열이다. 대낮이었음에도 두 개의 꼬리가 관측되었다면 금성이나 수성의 수십 배 이상에 달하는 밝기이다.

하지만 이 혜성이 당시 수 세기 동안 출현한 것 가운데 최고였다고는 단정지을 수 없다. 서양 측의 기록 가운데 하나를 보자. 콘라두스 리코스테네스라는 사람이 1557년에 발행된 그의 연대기에서, 하인리히 4세가 다스린지 50년째 되는 해에 일어났던 기이한 사건을 기록하고 있는데, 이는 정확하게 1106년에 해당된다. "2월 5일 한 혜성이 대낮에 하늘의 3시 방향에서 9시 방향에 걸쳐 보였다. 태양에서 약 한 할레(독일의 옛 치수, 약 55~85센티미터) 떨어진 거리였다."[32]

대형급 혜성은 낮에도 환하게 빛을 낸다. 『삼국유사』에 기록된 '또다른 태양'은 760년의 핼리혜성이 확실하다. 760년의 핼리혜성과 지구는 서로를 향해 돌진하고 있었던 것이다. 1985~1986년의 그것이 지구 궤도 밖에서 지구에 근접했다면 760년의 것은 태양에 매우 근접해 있는 상태에서 지구 궤도 안에 들어와 지구와 조우했던 것이다.

하지만 여기서 해결해야 할 문제가 있다. 신라 왕경에서 10일 동안 낮에도 보일 정도로 꼬리를 내뿜으며 빛을 내던 핼리혜성이 당의 장안에서 관측되지 않았다는 것은 어떻게 설명할 것인가. 여기에 대한 적절한 해명이 없다면 지금까지의 논증은 설득력을 잃게 될 수도 있다.

문제의 해답은 당시 장안의 날씨에 달려 있다. 『구당서』 권36, 천문지 하의 기록에서 알 수 있듯 당시 관측 장소였던 장안에는 4월 초부터 안개가 끼고 큰비가 내리기 시작하여 윤4월 말에 가서야 그쳤다. 그때는 혜성의 꼬리가 더욱 밝아지고 낮에도 보일 정도로 커졌지만 장마 기간이어서 적어도 장안에서는 그것을 볼 수 없었던 것이다.

황사가 심한 봄에도 혜성을 관측하기란 쉽지 않았다. 오르도스 사막과 타클라마칸 사막에서 봄마다 불어오는 황사는 장안의 하늘을 덮고 있다.[33] 웨난의 저서 『법문사의 비밀』 서문을 보면 장안의 황사가 잘 묘사되어 있다. "873년 함통 14년 봄 저 멀리 북부 사막 깊은 곳에서 몰아쳐온 먼지가 하늘을 뒤덮었다. 장안성은 온통 어둠으로 휩싸였다. '태양'은 자취를 감추고, 황토 섞인 검은 바람은 금방이라도 모든 것을 삽시간에 삼켜버릴 듯한 기세로 달려들었다."[34] 그때 장안의 황사는 현재 우리나라에서 경험하는 것과 비교가 되지 않는, 상상력이 가닿기 어려울 만큼 심한 것이었다.

요약하자면, 760년 4월 초하루에 신라는 천체가 관측되기 좋은 상태였기에 중국보다 먼저 핼리혜성이 관측되었을 가능성이 높다. 관측 상태가 좋으니 혜성의 규모도 중국보다 더 크게 보였을 것으로 여겨진다. 당시 기상 상태는 760년 4월 초하루에 나타난 천체가 10일 이상 하늘에 떠 있었다고 한 『삼국유사』권7, 「감통」 월명사 도솔가 조의 기록에서도 알 수 있다.[35] 월명사가 그것을 사라지게 하기 위해 초빙된 것은 10일이 지난 시점이었다.

혜성은 태양에 접근하면서 자신을 향해 불어오는 태양풍과 정면으로 부딪치고, 그 결과 드라이아이스(혜성)에 꼬리가 달린다. 태양풍이 혜성 쪽으로 불어서 혜성의 핵이 증발 현상을 일으키기 때문에 꼬리가 생기는 것이다. 혜성의 꼬리는 태양에 가까워질수록 발달하며 근일점에서 가장 커진다. 반대로 태양을 돌아 그것으로부터 멀어질수록 작아진다. 하지만 혜성의 꼬리가 커져도 지구에서 관측되지 않을 때도 많다. 여러 가지 요인이 있겠지만 구름만큼 큰 요인도 없다. 특정 지역의 하늘을 두터운 구름이 덮고 있다면 아무리 혜성이 빛을 낸다 하더라도 지상의 사람들은 그것을 볼 수 없다.

3

살인의 전운과
월명사의 산화공양 밀의

『삼국유사』권7 월명사 도솔가 조를 분석해보자. 해가 두 개 나타
나자 일관이 경덕왕에게 "인연이 있는 스님을 청하여 산화공덕을 지
으면 재앙을 물리칠 수 있을 것입니다"라고 조언했다. 그리고 이어
지는 내용은 다음과 같다.

> "조원전에 깨끗한 단壇을 설치하고 왕이 청량루에 행차하여 인연이
> 있는 스님을 기다렸다. 이때에 월명사가 논두렁 남쪽 길을 가므로
> 왕이 사람을 불러 단을 열고 기도문을 짓게 하였다. 월명이 아뢰기
> 를 '승은 국선도에 속하여 다만 향가를 알 뿐 범패梵唄에는 익숙하

지 못합니다.' 왕이 이르되 '이미 인연이 있는 승려로 뽑혔으니 향가라도 좋다'고 하자 이에 월명은 「도솔가」를 지어 바쳤다."

　의례는 '조원전'이라는 의례의 중심 공간에서 거행되었다. 기록상 왕이 직접 참가했음이 확인되며, 국왕 아래 거의 모든 신하가 서열에 따라 도열한 가운데 의례가 거행되었던 듯하다. 재앙을 물리치기 위한 축재逐災 의례에 신라 전체가 집중했다. 단을 설치했다는 구절에서 알 수 있듯이 그것은 공개적인 행사였다. 월명이 범패梵唄에 익숙하지 못하다고 말하는 부분에서는 이전에 이러한 대규모 의례를 행할 때 범패로 진언했음을 알 수 있다. 물론 이는 신라인들이 알아듣지 못하는 언어다. 그렇다고 그것이 효과가 없었다고 할 순 없다. 존재하는 것에는 이유가 있게 마련이다.

　발언된 말이 범어이므로 그것의 의미는 일반 사람들에게 전달되지 않는다. 일반인에게 그 의미 작용은 명확히 이해되지 않지만 범어가 부처라는 절대적인 권위가 원초에 창시한 성스러운 말이란 점에는 의심의 여지가 없다. 사람들은 승려가 외는 말을 듣는 행위에 의해 기원이 성취된다는 강한 기대를 품는다. 일반인에게 범어의 진언은 이해할 대상이라기보다는 어디까지나 그들이 존숭해야 할 성스러운 것이므로 일상생활에서 합리를 추구하는 것과는 다른 차원에 속하는 강한 원망달성願望達成의 기대를 환기시킨다. 이와 관련하여『속일본기』권32, 보구 3년(772) 12월 기사 조는 주목할 만하다.

> 혜성이 남방에 보이자 승려 100인을 시켜 양매궁楊梅宮에서 제사를
> 지내게 했다.[36]

772년 혜성이 나타나자 일본 천황은 승려들에게 양매궁에서 재齋를 올리게 했다. 그때의 혜성의 규모는 알 수 없으나 이를 본 일본인들이 불안에 떨었던 것은 분명하며, 천황은 이를 누그러뜨리기 위해 승려 100명을 동원하여 재를 올렸다.

위의 기록은 『삼국유사』의 기록과 12년밖에 시간차가 나지 않는다. 천변이 일어나자 승려를 동원해 궁에서 재를 올린 점도 비슷하다. 이때 일본에서도 승려들은 범패를 불렀을 것으로 여겨진다.[37] 범패는 사찰에서 재를 올릴 때 부르는 노래다.[38]

월명이 신라인들이 모두 알아들을 수 있는 '향가'로 진언했다는 것은 분명히 큰 변화였다. 의례라 해도 매년 매회 완전히 똑같이 반복되지는 않는다. 근간이 되는 의례 형식과 구조는 변함없어도 실행과 표현의 세부는 상황에 따라 변화한다. 정치경제적 상태, 유력한 최주催主의 유무 등이 의례 집행에 미묘한 변화를 일으킨다.

어떤 사회에서도 의례는 그 사회의 문화와 밀접하게 결합한 표현을 가지고 있다. 하지만 의례를 행하는 사회의 상태가 언제나 똑같지는 않다. 그렇지 않으면 의례가 나타내는 문화와 사회의 실태가 현실과 괴리되기 때문이다.[39] 가령 전전戰前과 전후戰後 또는 혁명 전과 후처럼 극적인 변화를 사회가 경험한 후 의례가 표현하는 문화적 형식

과 사회의 실제가 맞지 않게 되는 경우가 있다.

우리는 위의 기록을 통해 신라에서 일어난 의례의 변화를 엿볼 수 있다. 향가를 진언하게 한 것은 월명이 범패에 서툴러서라기보다 신라의 모든 백성을 의례에 동참시키고자 하는 의도와 관련이 있는 듯하다. 월명이 바친 축가의 궁극적인 대상은 전 신라인 집단이었을 것이다. 이는 신앙이 경전 밖에 존재하며 종교적 외연이 확대되는 순간이고, 의례가 사회적 통합력을 발휘하는 순간이다.

스리랑카 불교의례 권위자인 탐비아S. J. Tambiah는 축사 의례에서 가장 중요한 역할이 '언어'에 의해 이루어짐을 밝혀냈다. 백성들이 알아들을 수 있는 언어를 의례에 사용하는 목적은 모든 백성이 적극적으로 여기에 동참하도록 유도하기 위해서라고 한다. 이는 나중에 집단적인 찬송으로 이어지며, 이를 통해 공동체의 질서 회복을 추구한다고 한다.

경덕왕이 향가로 된 축가에 개의치 않았다는 대목에 주목할 만하다. 이는 경덕왕이 불교 축사 주문이 지닌 능력의 원천이 주문의 언어(범어)가 속한 계통이 아니라 '언어 그 자체'라는 사실을 익히 알고 있었음을 말해준다. 축사 주문이 언어 자체가 갖는 성스러운 능력으로 인해 효력을 갖는다면, 축가는 언어의 청각능력에 특정 모티프의 시각 소통의 효과를 더한 것이다.[41] 『삼국유사』의 그 축가는,

"오늘 여기에 산화가를 불러 뿌린 꽃아

너는 곧은 마음의 명령을 부림이니 미륵좌주를 모시게 하라."

라고 하고 있다. 여기서 모티프인 '꽃잎의 봉헌'은 모든 의례와 깊은 관련이 있다. 꽃잎은 불교뿐만 아니라 여러 다른 종교 의례에서도 봉헌물로 뿌려진다. 인도의 종교에서 꽃잎은 죽음을 극복하고 생산을 추구하는 것을 상징하며, 꽃잎 자체가 부복과 축사의 기능을 갖고 있다. 따라서 꽃잎을 뿌리는 것은 재생과 생명력을 상징하는 행위로서 의례에서 가장 중요한 기능인 다산 숭배의 일부를 이루며, 이를 통해 승가와 재가가 사회경제적으로 연결된다. 이러한 축가는 개인이 뱉은 언어로서 주문과는 달리 성스러운 언어를 대중이 함께 참여하여 부르도록 되어 있다.[42] 따라서 축가는 궁극적인 대상이 개인이 아닌 '집단'이다. 물리칠 축逐의 대상이 사회적인 재앙인 이유는 바로 축가가 갖는 집단적 · 사회적 성격 때문이다.[43]

집단적인 불교 의례는 전쟁과 같은 위기가 닥친 시기에 많이 행해졌다. 명랑법사의 문두루 비법이 좋은 예이다. 『대일경소』 12품에 의하면 문두루 비법은 청 · 황 · 적 · 백 등의 색과 원 · 삼각 등의 형을 일정한 처소에 준비해두고 행하며, 칼 · 바퀴 · 비단 · 몽둥이 등이 의례 도구로 사용된다. 『삼국유사』에 나타나는 여러 가지 색의 비단, 임시로 가설된 절, 오방五方 등은 이에 상응하는 시각 소통을 위한 상징물이 된다. 의례에 배치된 이러한 상징물은 잘 정돈된 우주의 축소판으로 기능한다. 따라서 의례의 의미는 우주론을 이해하는 시각에 따라 해석되어야 한다. 의례는 특정 장소와 시간 그리고 방향 안에서만 의미를 지닌다. 『삼국유사』의 문두루 비법에 등장한 신상과 사원 그리고 승려는, 그것이 우주라는 범위 안에서 초월적 행위가 가능하다는 것을 말해준다. 따라서 의례를 호국이라는 좁은 개념에서 규정짓는 것은 바람직하지 않다.[44]

물론 의례는 국가의 지배를 공고히 한다. 의례로 사회적 일체성을 확인하는 동시에 사회적 차별도 확인하기 때문이다. 하지만 이는 원인이라기보다는 결과다. 의례는 모든 인간에게 본연의 감정 표현이며, 그것은 두려움이 아니라 인간 자신에게서 유래된 것이다.[45] 국가는 지배와 통치 때문에 의례를 행하는 것이 아니다. 의례는 국가의 존재 이유이다.

월명사가 경덕왕에게 불려가 「도솔가」를 창작한 바로 그 시기에, 당은 처참한 전쟁터였다. 760년 윤4월 초하루에 요성妖星이 남방에 나타났고, 바로 그달에 역적 사사명이 동도(낙양)를 다시 점령했다. 쌀의 가격은 치솟았고 사람들은 서로를 잡아먹었으며, 굶주려 죽은 시체가 땅을 뒤덮었다.[46] 760년 중국의 상황은 핼리혜성의 출현과 내란, 거기다 기근까지 겹쳐서 지옥을 방불케 했다. 당시 신라에게 중국의 이런 상황은 결코 강 건너 불이 아니었을 것이다. 일본과 발해가 당의 파탄을 틈타 신라를 협공할 계획을 세우고 있지 않았던가.

후지와라 나카마로는 파병 규정을 만들고, 여러 도에 명령을 내려 3년 내에 500척의 병선을 건조하도록 하는 등 신라 정벌을 준비하고 있었다. 761년에는 미농과 무장 2국의 소년 40명에게 신라어를 배우게 했으며, 그후에도 여러 도에 절도사 체제를 강요하고 전투에 대비하도록 했다.

객관적인 상황을 봐도 일본이 신라를 침공할 가능성은 높아가고 있었다. 경덕왕은 759년 신라 백성들을 동원하여 발해와 일본의 협공에 대응할 준비에 박차를 가하고 있었다. 오곡, 휴암, 한성, 장새, 지성, 덕곡의 6성을 쌓고 각각 태수를 두어 북방을 요새화함으로써 발해의 침공에 대비했다. 물론 일본의 침공에 대한 해상 경계도 지속되었다. 신라가 해안 경비를 철저히 하고 있다는 사실은 귀화한 신라 사람들을 통해 일본에 보고되었다. 이처럼 긴장이 고조되던 시기에 일어난 천변이 신라사회에 일으킨 파장은 무척 컸다.

혜성의 꼬리가 낮에도 현란하게 빛을 발하는 천변이 신라의 왕경에서 열흘 이상 지속되었다. 신라인들은 '이일병현'이라는 천변을 보고 불안에 휩싸였다. 그것은 중국에서 벌어지고 있는 것과 같은 전란이 신라를 휩쓸 수도 있다는 전조로 받아들여졌다. 이럴 때 통치자는 백성들의 불안을 해소시킬 의무가 있다. 이 글의 이해를 돕기 위해 당시 월명사의 산화공양밀의散花供養密儀를 시각적으로 묘사해보자.

760년 4월 초하루에 해가 두 개나 나타났다. 이 현상이 재앙의 전조로 여겨져 신라는 술렁였고, 시간이 지날수록 더 많은 사람이 이에 동조했을 것이다. 더구나 외침에 대한 우려가 팽배했던 시기 아닌가. 이러한 상황에서 월명사를 모시고 재앙을 물리칠 축가逐歌를 짓게 하고 산화공양밀의를 열었다. 앞으로 닥칠 재앙에 대한 두려움 속에서 떨고 있던 신라인들은 대자대비한 미륵부처님의 도움을 간절히 원했다. 경덕왕은 의식을 통해 군중의 살인적 중압감을 최소한으로 줄여야 했다. 말로 설명이 가능하고 그것으로 충분하다면 굳이 의례 행사를 거행할 필요가 없다. 그 장면은 다음과 같이 상상된다.

"왕궁에서 산화공양밀의가 열린다는 소문이 왕경에 퍼졌고, 왕궁을 의례 장소로 만들기 위한 준비가 시작되었다. 신라 왕경 궁궐에서도 중심지인 조원전 앞에 먼저 제단이 설치되었고, 경덕왕은 사천왕사에 주석하고 있던 월명사를 초청하여 기도문을 지으라는 명령을 내렸다. 그러한 가운데 내성 수공업장의 일류 장인들에 의해 교묘하게 만들어진 의례 행사용 제기와 제사 제물 그리고 다른 장비들이 제단에 질서정연하게 자리 잡았고, 국왕 이하 고위 관직을 독점하고 있던 왕실의 구성원과 종친들, 중하급 궁정 관리와 군인들을 위한 자리가 조원전 앞 공간에 규칙적으로 책정되었다.[47] 의례는 감동과 다채로움을 선사해야 한다.[48] 의례를 주재하는 사천왕사의 승려들은 화려하게 차려입었으며, 의례의 장면과 장면을 이어주기 위한 무희와 능란한 악공들이 동원되었다. 의례를 보기 위해 구경꾼들이 왕궁 주변에 몰려들었다. 월명사가 지은 「도솔가」가 선창되고, 대중은 의례가 행해지는 가운데 후렴처럼 반복되는 「도솔가」를 따라 부르기 시작했다. 제단에서 의식이 다채롭게 진행되고 「도솔가」가 지속적으로 반복되면서 사람들은 집단 최면에 도취되어갔다."

청중은 의례 행사에서 총체적인 측면을 함축한다. 의례 행사는 총체적인 무대장치 속에서 거행된다. 그것은 개인적인 경험이라기보다는 오히려 전체가 함께 공유하는 것이다. 「도솔가」가 궁극적으로 겨냥한 것은 전 신라인 집단이었다.

제4장

혜공왕대의 성변과 정변

일연은 혜공왕이 즉위하면 나라가 위태롭다고 한 표훈대사의 예언을 상기시키고 있다.[1] 이기백은 이에 대해 혜공왕의 즉위에는 귀족들의 상당한 반대가 있었다고 지적한 바 있다.[2] 그는 혜공왕대의 정변에 대해 신라 중대 전제왕권을 표징으로 하는 혜공왕을 지지했던 왕당파와 중대를 부정하는 반왕파 사이에 치열한 정치적 쟁투가 있었고, 결국 혜공왕이 피살되면서 중대는 막을 내리고 하대가 등장했다고 한다.[3]

귀족들의 반란이 연이어 다섯 차례나 일어났다. 그중 두 번은 반란군이 왕궁을 포위했고, 결국 그런 가운데 혜공왕은 피살되었다. 왕권에 대한 귀족들의 도전과 귀족들 사이의 쟁투가 있었다고 하는 것은 부인할 수 없는 사실이다. 하지만 이기백이 혜공왕대 정변의 전개과정을 지나치게 도식화했다는 느낌을 지울 수 없으며, 역사 해석을 경직화한 면이 있다.[4] 혜공왕 당대 정치가 혼란스러웠던 원인은 여러 가지가 있을 것이고, 복합적인 것이었을 터이다.

지금까지의 연구는 『삼국사기』「신라본기」혜공왕 조에 가장 많은 부분을 차지하는 성변 기록을 전혀 이용하지 않았다. 성변을 전근대인들의 미신의 대상으로 생각하고 무시한 측면이 있는 듯하다. 계속되는 정변에 미신을 믿는 『삼국사기』 찬자가 성변을 끼워 맞췄다고 생각했을 수도 있다.

필자가 전근대인들의 미신적 사고를 모르는 바는 아니다. 하지만 여기서 성변이 하나의 천체적 현상이라는 지금의 천문학적 상식은 중요하지 않다. 중요한 것은 사실이 아니라 그것이 신라인들에게 어떻게 받아들여졌는가 하는 점이다. 『삼국사기』 권9는 "왕이 어려서 즉위했는데 장성하자 음악과 여자에 빠져 나돌아다니며 노는 데 절도가 없어 기강이 문란해졌으며, 천재지변이 자주 일어나고 인심이 등을 돌려 나라가 불안하였다" 라며 혜공왕대에 일어난 혼란의 원인을 설명하고 있다.

혜공왕은 8세에 즉위하여 23세에 피살당했다. 그가 방탕한 청년기를 보냈다면 그것은 짧은 한때였다. 혜공왕이 9세 되던 해에 지진이 일어났으며, 10세에 왕궁에 운석이 떨어졌고, 11세에 혜성이 나타나고 운석이 떨어졌다. 그리고 13세에 또 혜성이 나타났다. 이러한 성변은 그가 아무것도 모르던, 다시 말해 방탕한 생활조차 할 수 없었던 어린 나이에 일어난 것이다.

하지만 혜공왕대 사람들의 국왕에 대한 세평을 반영하는 『삼국사기』의 기록은 중요한 무언가를 담고 있다. 그것은 바로 계속된 천재지변으로 신라인들이 불안해했고, 그것을 당시 사람들은 국왕의 부도덕함을 하늘이 꾸짖는 징조로 여겼던 것이다. 이러한 상황은 야심가들에 의해 정치적으로 이용될 수도 있다. 그러하기에 성변은 정치에 영향을 준다.

앞서 밝힌 바처럼 중국의 천문 기록은 정확도가 매우 높고 한국사를 해석하는 데 곧바로 적용 가능하다. 여기서는 먼저 『삼국사기』와 『삼국유사』에 나오는 천문 기사를 검토해보았다. 물론 천문학적인 상식이 동원되었다. 천체 현상에 대한 사실을 정확히 파악해야 당시 사람들의 머리에서 그것이 어떻게 변형되는지 알 수 있기 때문이다. 다음으로 성변과 반란이 어떻게 연계되는지 구체적으로 살펴보았다. 성변은 누구나 보고 아는 것이기에 정치사회적 문제를 파생시킬 수 있다. 마지막으로 과연 혜성을 재앙의 사자로 보는 것이 타당한지 짚어보았다. 『신당서』 천문지 패해 조에 나와 있는 혜성을 출현 시기별로 나열하고 여기에 『삼국사기』에 기재된 같은 시기의 사실과 대조해보았다.

I

『삼국사기』와 『삼국유사』에 나타난 천문 기사
불운의 전조

혜공왕의 부왕인 경덕왕이 임종하기 1년 전에도 하늘로부터 불길한 징조는 계속 나타났다. 『삼국사기』 권9, 경덕왕 23년(764) 조를 보면 "3월에 성패星孛가 동남쪽에서 나타났고,[5] (…) 12월 11일에 크고 작은 유성이 나타났는데, 보는 사람들이 그 수를 셀 수 없었다"고 했다.

성패의 패孛는 꼬리가 사방으로 나뉘어 퍼지는 모양을 한 일종의 혜성이다芒氣四出日孛.[6] 그것은 하늘에서 +자로 보이며, 회전을 하며 날아갈 때는 卍자로 보인다. 기원전 3세기의 것으로 보이는 중국의 마왕퇴에서 발견된 비단에 그려진 혜성 가운데 만자 형태가 보인다.

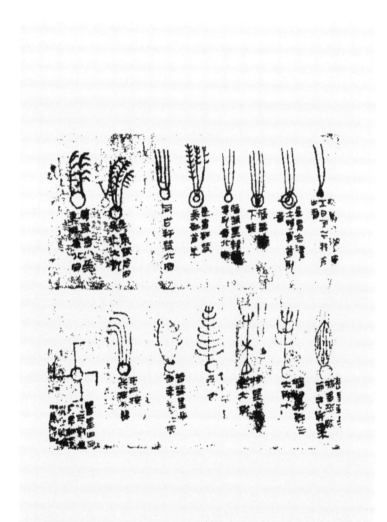

여러 모양의 혜성이 비단에 그려진 채 마왕퇴에서 발굴되었다. '만卍'자 모양을 한 것이 패성이다.

성패가 나타난 같은 해 12월에 수많은 유성이 한꺼번에 떨어졌다.[7] 『춘추』에는 기원전 687년 3월 23일에 일어난 이와 같은 현상을 "별이 소나기처럼 떨어졌다"고 하고 있다. 천문학적 용어로 '유성우流星雨, meteor shower'라 한다. 어떻든 764년 12월의 이 유성우는 굉장한 규모였다. 『신당서』 권22, 천문지에도 "광덕 2년(764) 12월 병인丙寅 밤에서 새벽에 이르기까지 별이 비처럼 쏟아졌다"고 기록되어 있다. 신라에서 관측되는 유성우가 당의 장안에서도 똑같이 관찰되고 있는 것이다.

유성은 지구 대기로 떨어질 때 빛의 꼬리를 만드는 천체다. 유성은 혜성과 달리 하늘을 가로지르며 질주한다. 하지만 그 물체의 크기가 매우 작다. 전형적인 가시유성은 작은 콩보다 크지 않은 밀리미터 크기다. 그렇기에 100킬로미터 고도에 있는 희박한 공기와의 마찰로 뜨겁게 가열된 후 타서 빛을 내고 사라진다. 유성의 분광학은 철과 마그네슘과 규소를 비롯해서 보통 암석을 구성하는 광범위한 원소들의 스펙트럼을 보여준다. 하나가 빛을 내면서 떨어지는 것을 산발유성이라 하고, 유성군에 있는 모든 유성이 같은 날 밤하늘의 똑같은 부분에서 떨어지면 유성우라고 한다.

유성우 현상은 혜성과 밀접한 관련이 있다. 혜성은 태양 주위를 도는 동안 꼬리에서 물질을 뿜어낸다. 자신이 지나는 길목에 물질을 흘리고 다니는 것이다. 그 물질은 혜성으로부터 멀어진다 해도 혜성과 같은 궤도를 따라 운동한다. 그런데 묘하게도 우주에 떠 있는 유성군(혜성)이 뿜어낸 물질의 무리가 그리는 궤도를 계산해보면 핼리혜성의 궤도와 매우 흡사하다. 태양 주위를 공전하는 지구가 핼리혜성이 물질을 내뿜은 그 궤도를 지나갈 때 많은 유성이 한꺼번에 떨어진다. 경덕왕 19년(760)은 핼리혜성이 나타난 해다. 물론 핼리혜성이 내뿜는 것만이 지구에 떨어지는 것은 아니다. 그전부터 혜성들은 헤아릴 수 없을 만큼 태양을 돌아 지구를 지나갔고, 그만큼 많은 물질을 뿌려놓았다.

『삼국사기』권9, 경덕왕 24년 조를 보면 "여름 4월에 지진이 일어났고, 6월에 유성이 심心자리[8]를 범하였다. 이달에 왕이 죽었다"고 한다. 심자리는 동쪽에 위치한 전갈자리(σ Sco) 알니야트이다. 유성은 천체가 아니다. 그것이 전갈자리를 범했다고 하는 것은 신라의 위치에서 하늘을 보았을 때이다. 만약 중국이나 일본에서 봤다면 다르게 보일 수도 있다. 수많은 천재지변은 경덕왕의 죽음으로 결말을 맺었다. 고대인들에게는 우연이란 있을 수 없는 것이었다. 사람들이 앞서 일어난 성변을 경덕왕의 죽음을 예견한 것으로 돌릴 수 있었던 것이다.

혜공왕은 즉위시 8세였다. 즉위 초반부터 계속해서 발생한 패혜성변孛彗星變은 그에게 불운의 전조처럼 보였다. 『삼국사기』권9 「신라본기」혜공왕 조는 천재지변으로 점철되어 있다. 그의 즉위 2년(766) 정월에 "해가 두 개 나타났다"라든지 "2월 강주에서 땅이 꺼져 못이 되었다"라든지, 또 "겨울 10월 하늘에서 북 치는 것과 같은 소리가 났다" 등의 기록이 있다. 『삼국사기』에는 기록되지 않았지만 그해 12월에 혜성도 출현했다. 『신당서』 권32 천문지를 보자.

대력 원년大曆元年(766년, 혜공왕 2) 12월 기해己亥에 혜성이 포과匏瓜에 나타났는데, 길이가 1척쯤 되었다. 20일이 지나서 사라졌다.

혜공왕 2년 12월에 출현한 혜성이 20일 동안 견우성과 직녀성 사이 포과에 떠 있었다.[9] 그리고 동왕 3년(767) 6월에 지진이 났고, 같은 해에 천구성天狗星이 떨어졌다. 『삼국유사』 권2, 「기이」 하를 보자.

대력 2년(767) 정미에 천구성이 동루東樓 남쪽에 떨어졌는데, 머리는 항아리처럼 생겼고, 꼬리는 3척가량이나 되었으며, 빛은 활활 타는 불과 같았고, 천지가 또한 진동하였다.

천구성은 운석이라고도 한다. 하지만 위의 기록에는 그것이 빛을 내며 날아가는 모습만 그려져 있다. 하나의 가능성이지만 그것은 화구일 수도 있다. 사람들이 때로 혼동하는 혜성과 달리 유성은 하늘을 가로지르며 질주하는데, 가장 밝은 유성을 화구라 한다. 가장 밝은 화구는 달보다 밝게 보일 수도 있다. 그 머리는 눈물방울 모양이며, 질주하는 빛과 흩어진 불꽃들을 동반한다. 낮에 화구가 떨어진 뒤에는 종종 검은 연기꼬리를 볼 수 있다.[10]

같은 해 가을 7월에 왕궁의 뜰에 운석이 떨어졌다.『삼국사기』권 9, 혜공왕 3년 가을 7월 조를 보면 "별 세 개가 궁궐 뜰에 떨어져 서로 맞부딪쳤는데, 그 빛이 불꽃처럼 치솟았다"라고 하고 있다. 물론 유성은 땅에 떨어지지 않고 빛만 내고 사라진다. 만일 흐르는 빛줄기를 따라 달려가 하늘에서 갓 떨어진 돌덩이를 발견한다면 그것은 유성meteor이 아니라 운석meteorite이다.

비담의 반란 때의 일이다. 647년, 선덕여왕의 말년이고 진덕여왕 원년이었다.

> 대신 비담毗曇과 염종廉宗이 여자 왕이 나라를 잘 다스리지 못한다 하여 군사를 일으켜 왕을 폐하려 하니, 왕은 스스로 왕궁 안에서 방어하였다. 비담 등은 명활성에 주둔하고 왕의 군대는 월성에 머물고 있었다. 공격과 방어가 10일이 지나도 결말이 나지 않았다. 한밤중에 큰 별이 월성에 떨어지니 비담 등은 사병들에게 말하였다. "내가 듣건대 '별이 떨어진 아래에는 반드시 피 흘림이 있다'고 하니, 이는 틀림없이 여왕이 패할 징조이다." 병졸들이 지르는 환호성이 천지를 진동시켰다. 대왕이 그 소리를 듣고 두려워하여 어찌할 줄 몰랐다….(『삼국사기』권41, 김유신전 상)

"별이 떨어진 아래에는 반드시 피 흘림이 있다"고 하는 비담의 말에 그의 병졸들의 환호는 천지를 흔들 정도였다. 반면 선덕여왕은 두려움에 떨고 있다. 이는 궁궐(월성)의 안마당에 운석이 떨어졌을 때 혜공왕과 태후太后의 불안했던 심리 상태를 파악하는 데 참고가 된다.

혜공왕 4년 7월에도 황룡사에 운석이 떨어졌다. "큰 별이 황룡사 남쪽에 떨어졌는데, 땅이 진동하는 소리가 천둥과 같았다"고 하고 있다.[11] 운석은 때로 충격 음파나 나지막하게 우르르거리는 굉음을 만들어낸다. 이것은 지구상에서 아무런 보조 장치 없이 귀로 듣는 또 다른 천체의 유일한 소리다. 이보다 앞서 혜공왕 4년(768) 봄에는 "혜성이 동쪽에서 나타났다"고 하고 있다.[12] 운석이 왕경에 떨어진 것은 왕경 사람들 사이에 소문으로 퍼져나간다. 하지만 혜성은 신분의 귀천을 가리지 않고, 왕경의 대궐에서부터 시작하여 두메산골의 노인에 이르기까지 모든 사람에게 목격된다.

유성으로 인해 연상되는 재난들은 혜성의 탓으로 돌려지는 재난보다 더 평범한 편이다. 이는 유성이 혜성보다 훨씬 흔하기 때문이다. 인내심만 있다면 맑고 어두운 밤 언제라도 유성이 떨어지는 광경을 볼 수 있다. 중국에서는 고대부터 혜성이 하나의 천체임을 알았고, 그 모양에 따라 패孛, 장성長星, 아雅, 치우기蚩尤旗 등으로 구별하여 불렀다. 혜성의 관측 기록은 기원전 3000년까지 거슬러 올라가는데, 지금까지 1600여 개가 알려졌고, 그중 600여 개에 대해서는 궤도 요소軌道要素가 계산되어 있다. 혜성의 궤도는 보통 타원궤도, 포물선궤도, 쌍곡선 등 이차곡선을 그린다. 그중에서도 포물선궤도가 가장 일반적이다. 포물선궤도에 가까운 혜성들은 장주기 혜성으로 100만 년에서 3000만 년의 공전주기를 갖는다. 반면 타원궤도를 가지고 있는 단주기 혜성은 대부분 원일점遠日點이 큰 행성들의 궤도 근처에 있다. 특히 목성 궤도 근처에 원일점을 두고 있는 68개의 목성족 혜성은 목성에 포획된 것들로, 6년에서 8년 주기로 태양의 둘레를 공전한다. 단주기 혜성의 공전주기는 2년에서 200년으로 추정되는데, 지금까지 알려진 것 중 가장 짧은 주기를 가진 엥케혜성은 3.3년이고 가장 긴 주기를 가진 리골렛혜성은 151년이다.

혜성의 밝기는 태양과 혜성 간의 거리가 가까울수록 선명하다. 혜성의 핵과 꼬리는 태양빛을 반사할 뿐만 아니라 기체의 형광 작용에 의해서도 빛을 낸다. 혜성의 핵은 운석 물질과 수소, 탄소, 질소, 산소의 화합물로 이루어진 얼음과 티끌 입자의 덩어리로 추정된다. 태양에 가까워지면 핵의 온도가 상승하여 분자들이 증발되어 꼬리를 만든다.

고대인들은 현재의 우리보다 하늘과 훨씬 친밀한 관계를 맺고 있었다. 그들은 씨앗을 뿌리는 시기, 모종을 하는 시기, 가뭄과 홍수가 닥치는 시기를 하늘을 보고 알았다. 밤이면 별밖에 볼 게 없는 신라인들에게 하늘은 친숙한 것이었다. 신라인들에게 거듭된 성변은 임박한 불행이나 재앙의 전조로 느껴졌을 수 있다.

2

패혜성변과 병란
혜공왕의 죽음

앞서 잠시 언급한 바와 같이 경덕왕과 혜공왕대에 천문 기록이 비교적 상세하게 남겨진 이유가 있다. 『삼국사기』 권8, 효소왕 원년(692) 8월 조를 보면 "도증이 당나라에서 돌아와 천문도를 바쳤다"라고 하여 신라는 이미 효소왕대에 당에서 천문도가 들어와 있었고, 『삼국사기』 권9, 경덕왕 8년(749) 3월 조를 보면 "천문박사 1인과 누각박사 6인을 두었다"라고 하여 천체를 관측하는 전문가인 천문박사가 있었던 것이다. 김유신은 대력 이전, 즉 경덕왕대에 유학을 갔고 혜공왕대에 귀국하여 왕실 소속의 천문박사직에 취임했다. 혜공왕대의 천문 기록 중 상당 부분은 그가 기록한 것이리라.

혜공왕대에 유성과 운석, 혜성의 출현은 계속되었다. 그러자 병란의 우려가 전 신라사회에 퍼졌고 반란의 기운도 무르익어갔다. 이러한 상황을 반영하고 있는 『삼국유사』권2,「기이」하를 다시 보자.

> 앞서 대궐 북쪽 뒷간 속에서 두 줄기 연기가 나더니, 또 봉성사 밭 가운데서도 연기가 났다. 범이 궁성 안에 들어온 것을 찾다가 잃어버렸고, 각간角干 대공의 집 배나무에 참새가 수없이 모였다. 『안국병법』하권에 의하면 이러한 변괴가 있으면 천하에 병란이 일어난다고 했으므로, 이에 왕은 죄수를 사면하고 몸을 닦고 반성했다.

거듭된 성변에 놀란 혜공왕이 사면을 단행하고 근신하는 모습을 볼 수 있다. 하지만 "각간 대공의 집 배나무에 참새가 수없이 모였다"에서 보듯 병란의 재액은 이미 생겨나 막을 수 없는 것처럼 표현되고 있다. 『삼국사기』권9, 혜공왕 4년 7월 조를 보자.

> 일길찬 대공이 아우 아찬 대렴과 함께 군사를 일으켰는데, 무리를 모아 33일간 왕궁을 에워쌌으나 왕의 군사가 이를 쳐서 평정하고 9족을 목 베어 죽였다.

대공 등은 군사를 일으켜 33일간 왕궁을 포위하고 있었다. 반란에 호응한 이들이 적지 않았다. 혜공왕이 왕궁 안에 있는 군사들로 대공의 반란군을 진압한 것은 아닐 것이다. 외곽에서 국왕의 사람들이 군사를 모아 반란군을 진압했던 것으로 보인다.

혜공왕은 이듬해인 동왕 5년(769) 안압지에 있는 임해전에서 신하들에게 연회를 베풀었다. 반란을 진압하는 데 공로가 있는 자들이 모였던 자리일 수도 있다. 물론 거기에는 태후인 만월부인이 대동했을 가능성도 있다. 당시 혜공왕은 12세의 소년이었다. 『삼국유사』 권2 「기이」 하 경덕왕과 표훈대덕 조를 보면 "왕은 나이가 어렸으므로 태후가 정사를 보살폈다"고 한다. 그러나 또다른 대성변이 그 이듬해에 찾아왔다. 혜성이 출현했던 것이다. 『삼국사기』 권9 혜공왕 6년(770) 5월 조를 보자.

5월 11일에 혜성이 오거五車자리 북쪽에 나타났다가 6월 12일에야 없어졌다.

위의 기록에 따르면 한 달 동안 칼처럼 혜성이 신라 왕경의 하늘에 떠 있었다. 마차부자리의 북쪽이었다. 이 혜성의 규모와 거쳐간 별자리 방향 그리고 그 꼬리의 색깔에 대해서는 『신당서』 권22, 천문지에 상세히 나와 있다.

대력 5년(770) 4월 기미에 혜성이 (마차부자리) 오거에 나타났다. 꼬리가 밝은 빛을 발하고 요동쳤다. 그 길이는 3장丈이었다. 5월 기묘에 혜성이 북방에 보였는데, 색이 백이었다. 계미癸未에 동행東行하여 (하늘의 중앙에는 천제天帝의 대궐이라는 자미원에 속해 있는) 8곡八穀, 이어 (바다뱀자리) 성星 가운데로 이동했다. 6월 계묘癸卯에 (은하의 북극 태미원에 위치한) 3공三公에 접근했고, 기미에 사라졌다.

하얀 꼬리를 가진 이 혜성은 초대형급은 아니었지만, 밝은 빛을 내고 3장의 긴 꼬리를 가졌다. 그 꼬리도 활발하게 움직였으며, 북쪽에 나타났다가 동쪽으로 이동했다. 물론 이때 혜공왕은 앞서 일어난 대공의 반란을 상기하면서 근신하고 있었을 가능성도 있다.

혜성이 나타난 그해 가을 8월에 대아찬 김융金融이 반란을 일으켰다. 이 반란은 앞서 대공의 반란처럼 거대한 군사행동을 동반하지는 않았던 것 같다. 오히려 그들은 사전에 혐의를 받고 발각되어 처형당했을 가능성이 있다. 기록상 처벌의 범위가 넓지 않았던 점을 고려해 보면 그러하다.

김융과 관련하여 주목되는 기록이 있다. 『삼국유사』 권2, 「기이」 상 미추왕과 죽엽군 조를 보자.

제37대 혜공왕대 대력 14년(779) 기미 4월에 갑자기 회오리바람이 김유신공의 무덤에 나타났다. (…) 장군과 마흔 명의 사람이 미추왕의 능 속에 들어갔는데 호소하는 소리가 들리는 듯했다. 그 말은 이러했다. (…) 지난 경술년(혜공왕 6)에 신(김유신)의 자손이 아무런 죄

없이 죽임을 당했으니, 이는 군신들이 저의 공열을 생각해주지 않는 것입니다. (…) 혜공왕이 이 소식을 듣고 두려워서 대신 김경신을 보내어 사과하고….

경술년(770)에 김유신의 자손이 억울하게 죽임을 당했다고 한다. 이기백의 지적대로 그는(김유신의 자손) 반란죄로 처형당한 김융과 그 사건에 연루된 인물이었을 가능성이 있다. 위의 기록은 설화이지만 김유신의 자손이 770년 반란 혐의를 받아 억울하게 죽은 사실에 대한 당대인의 의식 일면이 반영된 것일 수도 있다. 다시 말해 김유신 후손의 처형에 대해 사람들은 무고한 처벌이 아닐까 의구심을 느꼈을 수도 있으며, 혹은 세월이 흐르면서 그 사건의 진상이 드러났던 것을 반영하는 것일 수도 있다. 하지만 이것은 어디까지나 추측에 불과하다. 아무튼 무덤에서 김유신의 소리가 들렸다는 소식을 들은 혜공왕은 대신 김경신을 능에 보내 사과했다.

혜공왕의 입장에서는 김융을 처형함으로써 혜성의 저주를 떨쳐버렸을 수도 있다. 그러나 하늘의 노여움은 계속되었다. 2년 후에 혜성이 또 나타났던 것이다. 물론 이 기록은 『삼국사기』에 없다. 하지만 혜성은 중국과 일본에서 동시에 관측되었다. 우선 『신당서』 권32, 천문지를 보자.

대력 7년(772, 혜공왕 8년) 12월 병인丙寅에 장성이 (오리온자리(ʒOri)

알니타) 참자리 아래에 있다. 그 꼬리가 하늘에 걸쳐 있어 장성長星이라. 혜와 이어져 참參, 당성唐星이라.

혜공왕 8년 12월에 장성이 오리온자리(5 Ori) 알니탁 참參 아래에 나타났다. 위의 기록을 보면 이 혜성이 하늘에 오래 떠 있지는 않았던 것으로 보인다. 하지만 『속일본기』를 보면 꼭 그렇지만은 않다.

혜성이 남방에 보이자 승려 100명에게 양매궁에서 제사를 지내게 했다彗星見南方. 屈僧一百口. 設齋於楊梅宮(『속일본기』 권32, 보구 3년 12월 기사 『이십삼廿三』).

위의 기록을 보면 772년 12월 기사에 혜성이 남방에 나타나자, 광인光仁천황(770~781)은 승려 100명을 동원하여 양매궁楊梅宮에서 설제設齋하게 했다고 한다. 물론 이는 혜성을 물리치기 위한 의식이다. 통치자란 백성들의 불안감을 최소화해줄 필요가 있다. 어떻든 이는 일본 고대의 혜성 출현에 대한 몇 개의 기록 중 하나이며, 혜성 출현을 의식한 의례적 행사도 극히 드물게 발견된다. 혜성의 출현으로 사람들이 불안감을 느끼고 있었고, 이로써 그 혜성의 규모가 작지 않았음을 알 수 있다.

1년 9개월 후 신라 조정에 중대한 인사가 있었다. 혜공왕 10년(774) 김양상이 귀족회의 의장 상대등上大等에 취임했던 것이다. 그가 바로 혜공왕을 이어 즉위한 선덕왕宣德王(재위 780~784)이다. 그는 혜공왕대에 일어난 정변의 최후 승리자였다.

「성덕대왕신종명」을 보면 김양상은 혜공왕 7년(771) 당시 사정기관의 장관 숙정대령肅正臺令이었다. 그가 숙정대령과 상대등을 겸직했는지는 알 수 없다. 숙정대는 꼭 감시기구라고는 할 수 없지만 중앙 관서에 대해 사정司正을 하는 기관이었다. 혼란기에 사정기구의 힘은 평상시보다 강했을 것이며, 사정기구의 장관 출신이 신라 최고위 관직인 상대등에 오르고 나아가 국왕에 취임한 것은 심상치 않은 일이다. 어떻든 혼란기의 정국을 이끌어가는 데 혜공왕이 고종사촌형인 김양상에게 상당히 의지했던 것으로 보인다. 물론 김양상이 왕위 찬탈을 노린 야심가였는지는 알 수 없다. 설령 그렇다 치더라도 세상에 자신이 의도한 대로 되는 일은 극히 드물다. 결과적으로 그는 왕위에 오르지만 그것은 운명처럼 다가온 것이다.

김양상이 상대등에 취임한 후에도 정치는 안정되지 못했다. 1년 후 두 차례의 반란이 일어났다. 『삼국사기』 권9, 혜공왕 11년(775)조를 보자. "6월 이찬 김은거가 반란을 일으켰다가 죽임을 당하였다. 가을 8월에 이찬 염상이 (전前) 시중 정문과 함께 반역을 꾀하다가 목 베여 죽임을 당했다"고 하여 775년 6월과 8월에 반란이 일어났거나 반란을 꾀하다가 적발되어 처형당했음을 알 수 있다. 이들은 모두 경덕왕대와 혜공왕대에 시중을 역임한 정계의 거물들이었다.

두 차례의 정변은 군사적 병란으로 확대되진 않은 듯하지만 그 파장은 적지 않았다. 이듬해인 혜공왕 12년(776) 정월에 동왕은 교서를 내려 경덕왕대에 개칭되었던 한식漢式 명칭을 모두 이전의 것으로 회복시켰다. 이어 혜공왕은 감은사에 거동하여 동해바다에 망제望祭를 지냈다. 이는 도교적 색채를 띠는 주술 행사였을 수도 있다. 『삼국유사』 권2 「기이」 하 경덕왕 표훈대덕 조를 보면 혜공왕이 도사들과 함께 친분을 가진 흔적이 보인다("與道流爲戱"). 하지만 염원과 숭배의 대상, 혹은 그 의식의 색채는 중요하지 않다. 지배자들이란 자신의 통치를 돕고 안위를 보장한다면 어떤 사상이나 종교도 수용할 수 있었다. 그들은 교의를 자신의 편의대로 이용하면 그뿐이었다. 불교와 도교는 교의상 상당히 근접해 있었다. 이미 중국 후한대부터 불교는 의도적으로 또는 무의식적으로 유교나 도교와 섞이면서 점점 그 교위의 진위나 시비가 구분되지 않았다.[13]

왕이 감은사로 순행하는 광경과 동해에 망제를 지내는 광경을 많은 왕경인들이 기대를 품고 바라보았으리라. 그러나 이는 아무런 효과가 없었다. 이듬해인 동왕 13년(777) 3월에 왕경에 지진이 일어났고 4월에 한 차례 더 발생했다. 상대등 김양상은 왕에게 글을 올려 시국의 정치를 극론했다. 그 내용이 무엇인지 알 수 없지만 천재지변과 관련하여 혜공왕에 대한 반성을 촉구한 것이 아니었을까.

김양상의 충고대로 혜공왕이 실천했다고 해도 자연은 그를 봐주지 않았다. 1년 후인 동왕 15년(779) 3월 왕경에 지진이 또다시 발생해 백성들의 집이 무너지고 사망자가 100명이나 속출했으며, 금성太白

이 달에 들어갔다. 사람들은 더 큰 재앙이 닥쳐올 수 있다고 생각했을 수밖에 없다. 그 이듬해인 혜공왕 16년(780)에는 정월부터 누런 안개가 끼었고, 2월에는 흙비가 쏟아지는 가운데 김지정이 반란을 일으켰다. 그는 사람들을 모아 왕궁을 포위했고, 이윽고 궐문을 부수고 들어가 궁궐을 장악했다. 반란군이 궁을 점령하고 있는 두 달 동안 어떤 일이 일어났는지 아무것도 알 수 없다.

『삼국사기』를 보면 같은 해 4월에 상대등 김양상이 이찬 김경신과 함께 군대를 끌고 와서 김지정의 반란군을 격파했을 때 혜공왕과 그 왕비는 이미 살해된 상태였다.

3

재앙의 사자 혜성의 실체
백 년의 평화를 깬 유혈 사태

과연 혜성과 병란은 실질적으로 어떤 관련이 있는 것일까. 이러한 의문을 풀기 위해서는 『삼국사기』에 보이는 사건과 당의 천문 기록을 검토해야 한다. 그 구체적인 방법은 『신당서』 권32, 천문지에서 혜성에 관한 자료를 뽑아 연대별로 나열하여 『삼국사기』의 사건들을 대입시켜보는 것이다. 범위는 혜공왕 이전의 통일신라기로 한정한다. 통일 전에는 지속된 전쟁으로 변별력이 현저히 떨어지고, 신라 하대의 성변은 혜공왕대의 사건에 영향을 주지 않았기 때문이다. 필자가 『신당서』 천문지에 보이는 여러 관측 기록 가운데 혜성 조를 택한 것에는 이유가 있다. 혜성의 출현은 세계에서 동시에 관측되기 때문이다.

경룡 원년(707, 성덕 6) 10월 임오에 혜성이 서방에 나타나, 11월 갑인에 사라졌다.

경룡 2년(708, 성덕 7) 7월 정유에 성패星孛가 위胃자리에 있어, 묘간昴間에서 호胡가 나뉘었다.

경룡 3년(709, 성덕 8) 8월 임진에 성패가 자궁紫宮에 보였다.

연화 원년(712, 성덕 11) 6월에 혜성이 헌원軒轅에서 태미太微로 옮겨가 대각大角에 이르러 없어졌다.

개원 18년(730, 성덕 29) 6월 갑자에, 혜성이 오거五車에 나타났고 계유癸酉에 성패가 필畢·묘昴에 있었다.

개원 26년(738, 효성 2) 3월 병자에 성패가 자궁원紫宮垣에 있다가 북부괴北門魁를 지났는데, 10여 일 후에 구름이 끼어 보이지 않았다.

건원 3년(760, 경덕왕 19) 4월 정사에 혜성이 동방에 루婁와 위胃 사이에 있었다. 색은 백색이었고, 길이는 4척, 동방으로 질행疾行하다가, 묘昴·필畢·자휴觜觿·참參·동정東井·여귀輿鬼·유柳·헌원軒轅 등을 지나 우집법서右執法西에 이르렀다. 무릇 50여 일간 보이지 않다가 윤월 신유 삭朔에 혜성이 서방에 나타났는데, 길이가 수 장이 되었고, 5월에 이르러 사라졌다.

성덕왕대 707년에서 730년 사이에 다섯 차례나 혜성이 출현했다. 그러나 아무런 일도 일어나지 않았다. 오히려 평화시대를 반영하는 듯 『삼국사기』는 성덕왕대 혜성 출현에 대해서는 철저히 침묵하고 있다. 물론 효성왕 2년 3월에 혜성이 출현하긴 했지만 큰 문제는 없었다. 다만 이로부터 2년 후에 효성왕이 총애하던 후궁의 부父인 파진찬 영종이 반란을 꾀하다가 처형된 사건이 있었다. 그렇더라도 그것은 왕비의 친정 집안의 횡포에 걸려든 느낌이 강하다.

경덕왕 19년(760)에도 핼리혜성이 76년 만에 어김없이 찾아왔다. 이 시기는 혜성에 관한 기록 중 가장 많은 부분을 차지하고 있다. 그만큼 대형급이었다.[14] 하지만 결과적으로 아무런 일도 일어나지 않았다. 다만 왕궁에서 단을 차리고, 월명사가 「도솔가」를 지어 재앙을 물리치는 국가적인 의례가 있었을 뿐이다. 사회가 안정되어 있고 건강하다면 혜성의 출현은 크게 문제될 것이 없다.

혜성에 대한 불안이 고조되었던 시대에 살았던 17세기의 폴란드에 루베이넹츠키라는 귀족이 있었다. 그는 어느 날 415회에 달하는 혜성의 출현과 그와 동시에 일어난 사건들을 시간별로 배열하기 시작했다. 그 결과 좋은 일과 나쁜 일이 치우침 없이 거의 고르게 일어난다는 사실을 밝혀냈다. 이로써 그는 인간의 역사에서 혜성과 재앙은 아무런 상관이 없음을 증명했던 것이다. 그러나 그의 이러한 노력의 성과는 사람들이 혜성에 대하여 갖는 두려움을 막을 수 없었다고 한다.[15] 너무나 의미심장한 지적이다.

혜성의 출현과 상관없이 병란도 일어나고 좋은 일도 생긴다. 하지만 여기서 혜성이 반란이나 불행한 사건과 무관하다는 사실이 중요한 것은 아니다. 그것이 출현하면 사람들이 불안과 두려움에 떤다는 사실이 더 중요하다. 국가가 건강하지 못하고 내분의 기미가 있을 때 혜성이 거듭 출현하고 성변이 계속 일어난다면 사회적 불안심리가 고조될 것이고 그것을 이용하려는 야심가들이 나올 수 있다. 혜성은 하나의 천체이기에 모든 사람이 볼 수 있어 보다 광범위하고 깊은 영향을 끼칠 수 있다. 시대가 불안하다면 그 효과는 배가된다. 일반 백성이라 해도 왕실 조정의 현실적 위기를 직감하는 경우는 많다.

평화기란 국가의 지배 구조가 견고하여 불만과 갈등이 단지 발산의 출로를 찾지 못하는 잠재 상태인지도 모른다. 혜공왕대에 거듭된 성변은 사람들을 불안에 떨게 했고, 이러한 상황을 이용하려는 야심가들은 불만과 갈등을 배출시킬 만한 출로를 터놓았다. 더욱이 혜성이 출현하고 뒤따라 이어진 가혹한 반란을 경험한 이들은 혜성과 병란을 너무나 당연하게 받아들였을 수도 있다. 혜공왕대에 최초로 일어난 대공의 반란은 이 점에서 향후에 지대한 영향을 주었을 것이다.

우리는 여기서 대공의 반란의 심각성에 대해서 좀더 검토할 필요가 있다. 혜공왕대의 혼란은 인재人災의 측면이 있기 때문이다. 혜공왕대의 성변과 지변은 심각한 가뭄이나 홍수를 야기하지 않았다. 가혹한 흉작이나 기근, 혹은 질병이 난무한 것도 아니었다. 다만 이와는 별개로 석불사·불국사·성덕대왕신종 등 국가적인 대불사가 있었고, 이러한 상황으로 인해 백성들이 중세重稅에 눌리고 있지는 않았나 하는 추측은 할 수 있다.

『삼국유사』 권2 「기이」 하를 보면 앞서 언급한 성변과 지변을 나열하고 그 결과 대공의 반란이 일어났다는 논리를 펴고 있다. 대공의 반란이 야기한 참상을 전하는 기록을 보자.

> 같은 해(768) 7월 3일에 각간 대공의 적도賊徒가 일어나고 서울과 5도 주군의 도합 96각간이 서로 싸워서 나라가 크게 어지러워졌다. 각간 대공의 집이 멸망하니 그 집의 재산과 보물, 비단 등을 왕궁으로 옮겼다.
> 신성의 장창長倉이 불에 타므로 사량, 모량 등의 마을 안에 있던 역적들의 보물과 곡식을 왕궁으로 실어 들였다. 병란은 세 달 만에 그쳤다. 상을 받은 사람도 많고 죽임을 당한 사람도 헤아릴 수가 없었으니….

"왕경과 5도 주군의 도합 96각간이 서로 싸웠다"는 것은 이 반란이 왕경에 제한된 것이 아니라 지방으로 확대된 암시마저 주고 있다. 때마침 신라를 방문한 당의 사신이 내란을 목격했다.『신당서』신라전을 보자.

> 마침 그 재상宰相들이 권력을 다투어 서로 쳐서 나라가 크게 어지러워졌는데, 3년 만에 평정되었다.

신라 재상들끼리의 내란이 3년간 지속되었다고 기록하고 있다. 대공의 반란이 신라사회로 넓게 확대되었고 장기간 지속되었음을 짐작할 수 있다. 이에 대해 이기백은 "혜공왕 즉위에는 귀족들 사이에 반대하는 어느 정도의 물의가 있었던 듯한 점이 주목을 끈다"라고 말한다. 나아가 대공의 반란은 "혜공왕과 그 일파를 축출하려는 운동이었다"라며 "혜공왕의 초년을 지배하고 있던 경덕왕에 의하여 표징되는 정치적 성격中代的의 부정을 의미한다"고 했다.[16] 그의 지적대로 중대가 전제왕권이었는지, 또 이러한 중대적인 것에 반대하여 귀족들이 반란을 일으켰는지의 여부는 불확실하다. 확실한 것은 이 사건으로 인해 참혹하게 피해를 입은 사람들이 많았고, 그것이 신라인들의 마음을 그늘지게 했다는 사실이다. 다른 곳이 아니라 신라 왕경 내에서 100년의 평화가 깨진 것 아닌가.

33일간 왕궁이 포위된 상황에서 국가의 재원을 대규모로 보관하던 신성한 장창이 불탄 것을 보면 반란군에 의한 약탈과 무정부 상태가 존재했음을 알 수 있다. 민가들도 무사하지 않았을 것이다. 물론 이러한 혼란의 과정에서 무고한 사람들 또한 목숨을 잃어갔을 것이다. "병란은 세 달 만에 그쳤다"라는 『삼국유사』의 표현에서 알 수 있듯이 무정부 상태는 상당 기간 지속되었다. 그것은 처음에 왕궁이 포위되었을 때 시작되어 반란이 진압된 후에도 혼란이 상당 기간 동안 계속된 것을 의미하는 것은 아닐까. "도둑이 벌떼처럼 일어나서 미처 막아낼 수 없었다"라고 하는 『삼국유사』 권2 「기이」 하 경덕왕 표훈대사의 표현은 이를 여실히 드러낸다.

"사량과 모량 마을의 역적들의 곡식과 보물을 왕궁으로 옮겼다"는 표현에 대해 생각해보자. 먼저 사량부와 모량부의 일부 유력자를 포함하여 그들 아래에 있던 적지 않은 사람이 대공의 반란군에 가담한 것을 알 수 있다. 왕궁을 33일간 포위할 정도였으니 그 규모는 상당했던 듯하다.

반란은 왕의 군대가 제압했다. 하지만 왕궁 수비대가 그렇게 한 것으로 보기는 어렵다. 누군가에 의해 외부에서 군대가 동원되었을 것이다. 반란이 진압된 후에 대공의 집안은 물론이고 그의 편에 가담한 자들의 집(모량 등의 마을)을 약탈한 것은 바로 그들의 소행으로 보인다. 대공의 반란이 종료된 이후에도 더한 살인과 약탈이 이어졌던 듯하다. "상을 받은 자도 많았고 죽은 자는 헤아릴 수가 없었다"고 하는 『삼국유사』의 표현은 이런 추정을 가능케 한다.

여기서 중요한 점은 신라인들이 전보다 성변과 병란이라는 인과성의 추구에 집착하게 되었고, 혜성을 다가올 유혈 사태의 전조로 더욱 확신하게 되었을 것이라는 데 있다. 신라 지배층은 물론이고 일반인들에게 성변이 병란으로 이어진다는 기존의 미신적인 믿음은 이로써 정당화되었을 것이다. 대공의 반란 후 혜성은 그저 천체의 일부일 뿐이며 불길한 사건에 대한 경고와는 아무런 상관이 없다고 치부해 버릴 수는 없었다. 다시 말해 대공의 반란을 경험한 신라인들은 혜성의 출현과 병란의 발발을 더욱 자명한 사실로 받아들이게 되었다. 이는 이후 이어지는 사건들에 실로 중대한 영향을 주었던 것으로 보인다. 물론 대공의 반란이 진압된 이후에도 성변은 계속되었고, 그때마다 사람들은 대공의 반란의 악몽을 떠올렸을 것이다.

『삼국유사』 권2 경덕왕 표훈대덕 조에서 혜공왕대의 혼란을 표현한 것 가운데 다음의 구절이 주목된다. "왕이 나이가 어렸으므로 태후가 섭정하니 정사가 다스려지지 않았다. 도둑이 벌떼처럼 일어나서 미처 막아낼 수 없었다. 표훈의 말은 그대로 들어맞았다." 여기서 표훈대덕의 우려는 바로 혜공왕대를 살았던 신라인들의 우려가 아닐까.

제5장

신라 말 왕위쟁탈전과 혜성:
장보고의 피살 사건

    836년 12월 흥덕왕이 후사를 남기지 못한 채 죽자 왕궁에서는 왕위 계승을 놓고 근친 간에 유혈투쟁이 벌어졌다. 사투의 당사자는 흥덕왕의 사촌인 김균정과 그의 조카 김제륭이었다. 양자가 사병을 동원하여 벌인 이 싸움에서 김제륭이 승리하여 왕위에 올랐고, 김균정은 살해되었다. 그러나 그것은 살인의 끝이 아닌 시작이었다. 피의 살육은 838년 정월과 839년 정월에 더욱 처참한 모습을 띠며 대규모로 재현된 것이다.

    정치란 한 치 앞이 칠흑의 어둠이다. 후세에 와서 돌이켜보면 역사적 사실들은 모두 명쾌해진다. 그러나 후세 사람이 보면 자명한 일도 당대인들에게는 조금도 짐작할 수 없는 일이다. 김우징 일파의 청해진 집결과 김명(민애왕)의 왕위 찬탈, 장보고 군대를 이용하여 민애왕 정권을 전복한 김우징의 죽음과 그 아들 문성왕의 장보고 암살로 이어지는 일련의 사건은 당시 한 치 앞도 예측할 수 없는 급격한 변화였다.

    한 명의 왕위 계승 후보자와 두 명의 왕이 죽는 사건이 단 3년 만에 일어났다. 무엇 때문에 그토록 쟁탈전이 격화되었단 말인가. 838년 1월 김명이 어떻게 희강왕을 살해하고 왕위 찬탈을 할 수 있었으며, 김우징은 어떻게 의지를 굽히지 않고 839년 1월 장보고를 끌어들여 민애왕 정권을 전복시킬 수 있었을까. 그리고 무엇보다 841년 장보고의 허망한 죽음은 어떻게 설명돼야만 할까. 일개 개인으로서 신라 정부의 힘을 압도한 장보고는 자신의 청사廳舍에서 단 한 자루의 칼에 죽었고, 청해진은 무력화되었다.

필자가 이 글에 착수하게 된 것은 837년과 841년 사이에 6개의 혜성이 출현했음을 알고 나서부터였다.[1] 836년 적판궁의 난투극 이후 불안한 정치 상황에서 연이은 혜성의 출현은 사람들의 마음을 뒤흔들어놓지 않을 수 없었을 것이다. 전근대인들은 국가 사이의 전쟁뿐 아니라 국왕과 관련된 일에는 혜성이 출현한다고 여겼다. 역사 기록에서 다른 어떤 천체보다 유독 혜성에 관한 기록이 오래전부터 남겨진 까닭이 여기에 있다.

물론 이 글을 쓰는 데 우려되는 점이 없었던 것은 아니다. 『삼국사기』 『삼국유사』는 물론이고 중국의 사서에서 보이는 천상계와 관련된 지상에서의 허다한 신이지사神異之事는 과연 어떻게 봐야 하는가의 문제가 남았다. 가장 비근한 예로 『삼국사기』 본기의 기록을 보면 왕의 등극과 붕어시에 으레 천계에서 이변이 먼저 발생하고 있다. 뿐만 아니라 왕의 재위 때에도 불상사가 일어나기에 앞서 천체의 변괴가 우선하고 있다. 이러한 공식화된 기록들은 어떤 관점에서 이해해야 옳겠는가. 한정된 우연의 일치를 제외하고는 고대인의 고착화된 천문관, 그 의식 세계를 강조하기 위한 작위적인 기술로 해석될 수도 있다.[2]

『삼국유사』권2「기이」하 혜공왕 조를 보면 성변星變과 지변地變을 나열하고 그 결과 대공의 반란이 일어났다는 논리를 펴고 있다. 반면 『신당서』권32, 천문지를 보면 성덕왕 재위 기간인 707년에서 730년 사이 다섯 차례나 혜성이 출현한 것이 확인되지만[3] 신라에는 아무런 문제가 일어나지 않았고, 오히려 평화시대를 반영하는 듯『삼국사기』는 혜성 출현에 대해 아무런 언급이 없다.『삼국사기』나『삼국유사』가 천인 상관설을 강조하기 위한 작위적인 기술을 했음을 부인할 수 없다.

사실 신라 성덕왕대의 경우 통치는 안정된 편이었다. 따라서 통치의 수준이 안정되고 만족스럽다고 느껴졌을 때는 상서롭지 못한 전조가 경시되었던 것은 아닐까. 634년에 100일 이상 혜성이 하늘에 떠 있었을 때 당 태종은 그것을 자신의 통치에 대한 결함을 두고 하늘이 경고하는 것이라 느꼈다. 그러나 우세남[4]은 당 태종이 통치에 주의를 빈틈없이 기울인다면 혜성의 출현조차 불안의 원인이 되지 못한다고 말했다. 위징도 여기에 동의했다. 전조는 있지만 재난은 없을 것이라는 얘기다.[5] 불행과 재난을 경고하는 전조도 국가가 건강한 상태에서는 한계가 있음을 고대의 위정자들도 인식하고 있었다.

하지만 반대의 경우, 즉 내분의 기미가 있을 때 혜성이 거듭 출현하고 성변이 일어난다면 사회적 불안심리는 고조될 것이고 그것은 광범위하고 깊은 영향을 줄 수 있다. 당대가 불안하다면 더욱 그러하다. 이 글은 중국의 천체 기록으로서 한국 고대사를 복원해보고자 하는 시도이다.

I

837년 핼리혜성,
희강왕을 자살로 내몰다

고대 중국인들은 혜성에 관한 방대하고 정확하며 상세한 자료를 모아 정리했다. 그들의 천문지에는 혜성의 출현 날짜와 종류, 처음 발견된 별자리, 그 이후의 운동, 색깔과 겉보기, 길이, 얼마나 오래 있다가 사라졌는지 등 많은 정보가 담겨 있다. 때로는 혜성 꼬리의 길이 변화를 날마다 기록하기도 했다. 837년에 온 핼리혜성에 관한 기록이 그 전형적인 예가 된다. 『신당서』권32 천문지를 보자. 여기 에는 혜성의 위치가 매일 기록되어 있어, 고대 핼리혜성 연구의 결정 적인 자료가 되고 있다. 이를 토대로 837년 핼리혜성의 출현부터 그 소멸까지의 과정을 보자.

개성開成 2년 2월 병오 2년(837) 2월, 혜성이 위危[6]에 나타났는데, 길이가 7여 척이었다. 서에서 남두南鬥 쪽을 가리켰다. 무신戊申에 위의 서남에 있다가 꼬리가 더욱 빛을 발했다. 계추癸醜에 허虛의 자리에 있었다; 신유辛酉에 길이가 1여 장丈이 되었다. 서西로 조금 가서 벼줄기 같은 꼬리가 남쪽을 가리켰다. 임술壬戌에 무여婺女[7]에 떠 있었는데 길이가 2장쯤이었고, 넓이가 3척이었다; 계해癸亥에 길이가 더 길어졌고 또 넓어졌다.

837년 3월 갑자甲子에 남두에 있었고, 을추乙醜에는 길이가 5장이 되었다. 이때 꼬리가 갈라졌는데, 그 하나는 저氐[8]를 향했고, 나머지 하나는 방房[9]을 향했다. 병인丙寅에 길이가 6장이었고, 꼬리 없이 북쪽을 가리켰고, 항亢의 7도 방향에 있었다. 정묘丁卯에 서북으로 가다가 동을 가리켰다; 기사己巳에 길이가 8여 장이었고, 장張 쪽에 있었다. 계미癸未에 길이가 3척이었고, 헌원軒轅의 우측에 있다가 보이지 않았다.[10]

혜성의 이동을 서양식 별자리로 해석하면 다음과 같다. 837년 2월 병오에 혜성이 북방 물병자리(α Aqr) 사달멜릭 위危에 나타났는데, 길이가 7척여에 달했다. 서에서 은하수 가운데 자리 잡은 궁수자리(Sgr) 남두 쪽을 가리켰다. 무신에 위危의 서남에 있다가 꼬리가 더욱 빛을 발했다. 계추에 허虛, 물병자리(Aqr) 사달수드에 있었다. 신유에 길이가 1장여가 되었다. 서쪽으로 조금 이동하여 벼줄기 같은 꼬리가 남쪽을 가리켰다. 임술에 허虛의 바로 옆 물병자리(ϵ Aqr) 알발리 무여婺女에 떠 있었는데, 길이가 2장여에 달했고, 넓이가 3척이었다. 계해에 길이가 더 길어졌고 또 넓어졌다.

3월 갑자에 은하수 가운데의 궁수자리(Sgr) 남두에 있었고, 을추에는 길이가 5장이 되었다. 이때 꼬리가 갈라졌는데 그 하나는 천칭자리(α Lib) 주벤엘게누비저氐를 향했고, 나머지 하나는 전갈자리(π Sco) 방房을 향했다. 병인에 길이가 6장이었고 꼬리 없이 북쪽을 가리켰으며, 처녀자리(κ Vir) 항亢의 7도 방향에 있었다. 정묘에 서북으로 가다가 동을 가리켰다. 기사에 길이가 8여 장이었고, 바다뱀자리(ν Hya) 장張 쪽에 있었다. 계미에 길이가 3척, 사자자리, 게자리 등에 걸쳐 있는 헌원의 우측에 있다가 보이지 않았다.

『삼국사기』 희강왕 2년(837) 조의 기록에는 혜성의 출현에 관한 어떠한 언급도 없다. 그렇다고 해서 수개월간 중국과 일본에서 목격된 핼리혜성이 신라에서는 목격되지 않았다고 할 수 있을까. 그럴 가능성은 없다.

837년의 핼리혜성의 모습은 그 어떤 회귀 때보다 이목을 끌었다. 이때 그것은 겨우 600만 킬로미터 간격을 두고 지구에 '대담'하게 접근했는데, 천문학에서 볼 때 이 정도면 거의 '스치는 만남'이었다. 당시 관찰자들에게 밝게 빛나며 창공 절반에 걸쳐 펼쳐져 있는 혜성의 꼬리는 놀라운 충격이었다. 아마 이보다 더 크고 밝은 인상적인 혜성은 9세기 내내 볼 수 없었을 것이다.[11] 당시 일본에 있던 엔인圓仁도 이 혜성을 목격했다. 그의 『입당구법순례기』 838년 10월 23일 조를 보자.

"작년(837) 3월에도 이 별(핼리혜성)이 나타났는데, 그 빛이 지극히 밝고 꼬리가 아주 길었습니다. 천자께서 괴이하게 생각하여 대전에 머무르지 않고 따로 비좌_{庇座}에 머물며 삼베옷을 입고, 오랫동안 재계육식을 하지 않음을 지키면서 죄수를 풀어주었는데 생각하건대 금년에도 그럴 것 같습니다."

그 말을 듣고 보니 내가 작년에 일본에 있었을 때 본 것과 주지스님이 말하던 것이 꼭 들어맞는다는 것을 알 수 있었다.[12]

위의 기록을 보면 세 가지를 알 수 있다. 837년의 핼리혜성의 빛은 지극히 밝고 꼬리가 아주 길었다. 그리고 당 문종(재위 826~840)이 재앙이 닥쳐올까 염려되어 삼베옷을 입고 비좌에 머물면서 반찬을 줄이고 근신했으며, 사면을 단행했다. 마지막으로 승려 엔인도 837년의 핼리혜성을 일본에서 목격했다. 물론 그것은 신라에서도 관측되었음이 확실하다. 그해 3월 고요하기만 하던 하늘에 갑자기 눈부신 빛줄기가 나타났을 때 신라인들은 어떤 생각을 했을까. 분명한 것은 신분의 귀천을 가리지 않고, 대궐에서부터 두메산골의 촌로에 이르기까지 모든 사람에게 무척이나 밝고 꼬리가 긴 이 혜성이 목격되었다는 점이다.

앞으로 닥쳐올 '재앙의 피뢰침'이 된 것은 837년 당시 신라 국왕이던 김제륭(희강왕)이 아니었을까. 그는 두 달 전(836년 12월)에 삼촌 김균정을 왕좌에서 시체로 끌어내리고 자위_{自位}한 근친 살해자였다. 혜성이 떠 있는 기간에 당 문종은 "대전大殿에 머무르지 않고 따로 비좌에 머물며 삼베옷을 입고, 오랫동안 육식을 하지 않고 죄수를 풀어주었다." 희강왕도 근신하면서 혜성이 사라지기만을 빌었을 가능성이 높다. 혜성의 출현은 희강왕에게 폐부를 찌르는 불안의 근원이었다. 혜성이 자꾸만 커지고 밝아지면서 재앙이 닥쳐올지도 모른다는 불안이 희강왕의 머리를 짓눌렀을 것이다.

공교롭게도 혜성이 지나간 직후인 837년 5월 희강왕의 반대파였던 사촌 김우징이 왕경에서 동왕과 김명을 원망하고 다녔다.[13] 김우징의 원망이란 다름 아닌 자신의 아버지를 죽이고 등장한 희강왕 정권의 부도덕함을 하늘이 말해준다는 토로였을 것이다. 김명과 이홍이 이를 불평하자 김우징과 그를 따르던 일당의 청해진 망명이 줄을 이었다. 5월에 김우징은 화가 미칠까 두려워 처자를 데리고 왕경을 탈출했다. 그들은 언양을 거쳐 양산 통도사 부근을 지나 낙동강 지류인 황산강의 포구에서 장보고의 청해진으로 가는 배를 탔다. 6월에 아찬 예징과 양순이 김우징을 따라갔다. 이듬해 2월 김양이 김우징을 따라갔다. 혜성의 출현은 김우징은 물론이고 그 수하들에게도 희강왕 정권을 전복해야 한다는 사실을 일깨워준 메시지였을 것이다.

한편 혜성의 출현은 야심가인 김명에게도 역시 암시를 주었을 가능성이 높다. 김명은 흥덕왕의 친동생 김충공의 아들이었다. 왕위 계승을 약속받은 아버지 김충공의 죽음은 김명에게 불운이었다.[14] 김충공은 왕자가 없었던 흥덕왕대에 차대의 후계자로 내정되어 있었다. 만일 김충공이 생존하여 왕위에 즉위했다면 당연히 김명은 태자가 되어 왕위 계승을 약속받았을 것이었다.

김명이 자형인 김제륭을 왕위에 추대한 것은 일단 오촌 당숙 김균정이 왕위에 오르는 것을 막기 위한 수단이었다. 『삼국사기』 권10, 희강왕 3년(838) 정월 조를 보자.

> 춘 정월에 (궁궐 내에서) 상대등 김명과 시중 이홍 등이 군사를 모아 반란을 일으켜 왕의 좌우 측근들을 살해하자 왕은 자신이 살아남지 못할 것을 알고 스스로 궁중에서 자살했다.

김명의 거사 때는 희강왕의 신뢰를 받는 근신들이 한자리에 모이는 날이었던 듯싶다. 신년 정월이라는 시기가 그랬을 가능성을 높여주고 있으며, 또한 그래야 한 번의 공격에 큰 효과를 거둘 수 있기 때문이다. 최초 희생자들은 희강왕의 좌우 측근들이었다. 김명의 왕위 찬탈은 희강왕이 삼촌인 김균정을 죽이고 정권을 잡은 것하고는 질적으로 다르다. 김균정은 왕이 아니었다. 신하가 왕을 죽이고 그 자리를 차지하는 것은 완전히 다른 문제다. 군신관계가 아무리 형식적이며 군주가 무능하다 해도 신하가 군주를 살해한다는 것은 엄청난 부담이 된다. 그 당사자가 현명하다면 자신도 언제든지 그렇게 될 수 있다는 계산이 가능하기 때문이다.

2

대혜성의 출현,
달구벌 전투와 민애왕의 처형

김우징과 그 일파가 청해진으로 망명했다고 하더라도 장보고가 그
들을 적극 지원해준다는 보장은 없었다. 장보고가 도와준다 해도 그
것이 성공하리라 장담할 수도 없었다. 하지만 김명의 왕위 찬탈을 계
기로 장보고가 움직였다. 『삼국사기』권10, 민애왕 원년(838) 2월 조
를 보자.

청해진에 머물고 있던 김우징이 장보고에게 말하였다. "김명은 임금
을 죽이고 자위自位했고, 이홍은 아버지를 죽인 자입니다. 같은 하늘
아래 살아갈 수 없는 자들이오. 원컨대 장군의 병력을 빌려주오. 왕

과 아버지의 원수를 갚겠소."

장보고가 말하기를 "예부터 의를 보고 행하지 않으면 용勇이 아니라고 했소. 비록 제가 용렬하지만 당신의 말을 따르겠소"라고 했다.

위의 기록을 보면 장보고는 김명이 희강왕을 살해하자 국왕을 죽인 신하를 타도하겠다는 명분으로 거병한 것을 알 수 있다. 하지만 장보고의 마음을 움직인 것은 왕실과의 혼인 약속이었다. 『삼국유사』 권2 「기이」 하를 보자.

제45대 신무대왕이 아직 왕이 되기 전에 왕은 협사 궁파(장보고)에게 말했다. "내겐 이 세상에서 같이 살아갈 수 없는 원수가 있소. 그대가 나를 위해 그를 없애주면 내가 왕위에 올랐을 때 그대의 딸을 왕비로 삼겠소." 궁파(장보고)는 이를 허락하고, 마음과 힘을 같이하여 군사를 일으켜 왕경으로 쳐들어가서 그 일을 성공시켰다.

왕실과의 혼인이란 비천한 장보고가 범접할 수도 없었던, 아니 결코 누구도 상상하지 못한 일이었다. 왕관에 다가설 수 있다는 그것은 무엇보다 강한 유혹이었다. 838년 3월 기회는 왔다. 하지만 일이 계획대로 된 것은 아니었다. 『삼국사기』 권44 김양전을 보자.

3월에 강한 군사 5000명으로 무주에 진격하여 성 아래에 이르니 주민이 모두 항복하였다. 다시 남원으로 진격하여 신라군과 만나 싸워 이겼으나, 군사들이 지쳐 청해진으로 회군하여 군사를 양성하고 말 馬을 먹였다.

838년 3월 김우징은 장보고의 군대를 이끌고 무주에 무혈입성했지만 남원에서 상당한 저항에 부딪혔던 것으로 보인다. 물론 남원에서 승리했다 해도 군사들은 이미 싸움에 지쳐버렸던 것이다. 이에 남원에서 지리산을 넘어야 하는데 그것은 무리였다고 여겼던 듯하다. 지리산의 고개인 운봉은 소수의 병력으로도 많은 군대를 막을 수 있는 요충지 아닌가.

지리산 운봉고개를 넘었다고 해서 왕경으로 가는 평지가 나오는 것도 아니다. 함양읍에서 안의로 가서 거창 마리로, 그곳에서 거창읍으로 들어가는 아주 좁은 협곡이 있고, 그 위에 거열산성이라는 요새가 버티고 서 있다. 거창읍에서 가조로 가는 고개도 만만치 않다. 가조면에서 합천의 숭산으로 가는 고개는 더 험악하다. 당시 장보고 군대의 주력은 기병(5000명 중 3000명)인데 남원에서 대구로 향하는 고개마다 저항을 받는다면 신라의 주력군과 싸우기도 전에 지칠 것이 확실했다. 이로써 장보고 군대의 재진격은 무기한 연기되었던 것은 아닐까. 물론 병사들을 배양하고 말을 먹이는 휴식은 후일을 위한 것이라고 할 수 있지만 그것이 장보고 군대의 재진격을 보장해주지는 못했을 수도 있다. 그러나 극적으로 838년 10월 대혜성이 나타났다. 남원에서 철수한 지 7개월 만의 일이었다. 『삼국사기』 권44 김양전을 보자.

> 겨울에 혜성이 사방에서 나타났는데, 광채 나는 꼬리가 동쪽을 가리
> 키니 군사들이 하례하며 말하기를 "이것은 옛것을 제거하고 새것을
> 펴며, 원수를 갚고 수치를 씻을 상서이다"라고 하였다. 김양을 평동
> 장군이라 일컫고 12월에 다시 출동했다.[15]

위의 기록에서 알 수 있듯이 혜성의 출현으로 장보고 군대의 사기
가 올라갔고, 이들 군대가 왕경을 향해 다시 출동하는 강력한 동기가
되었다. 혜성이 야심가들에게 왕위 찬탈의 동기를 유발시키는 것은
그 휘하의 군사들이 그것을 보고 고무되기 때문인지도 모른다.

838년 10월에 나타난 혜성은 『신당서』 권32, 천문지에서 알 수 있
듯이 그 이듬해 2월에 가서야 사라졌다. 당의 양주에서 이 혜성을 목
격한 일본 승려 엔인의 『입당구법순례행기』를 보자.

> 838년 10월 22일 이른 아침에 혜성을 보았다. 그 길이는 1심尋 남짓
> 했는데 동남쪽에서는 구름이 가려 오래 보지 못했다. 주지인 영징令
> 徵은 다음과 같이 말했다. "이 별은 검광劒光입니다. 그저께, 어제 그
> 리고 오늘밤까지 세 번이나 나타났습니다. 매일 밤 상공은 이를 괴
> 이하게 여겨 일곱 명의 승려로 하여금 7일 동안 『열반경』 『반야경』
> 을 외우도록 했습니다. 다른 절에서도 그렇게 했습니다."

엔인이 목격한 혜성의 길이는 1심 남짓했다. 1심은 8척에 해당되는 단위로, 규모가 그렇게 크진 않지만 기상이 좋지 않아 볼 수 없었을 수도 있다. 엔인도 구름에 가려 그 혜성을 오래 볼 수 없었다. 그가 머물렀던 양주의 한 사찰의 주지가 이것을 최초로 목격한 것은 10월 20일이었다. 그는 이 혜성을 검광劍光이라고 표현하고 있다.

같은 표현이 성서에도 나온다. 서기 66년 로마에게 점령당했던 유대인들은 반란을 일으켰다. 이때 나타났던 혜성의 형태는 성서에 "다비드가 눈을 들어 보니 주님의 사신이 땅과 하늘 사이에 서서 손에 칼을 빼들고 예루살렘 위에 뻗치고 있어…"라고 한 구절처럼 천사의 손에 잡힌 칼날의 모양을 하고 있었다고 한다.[16] 종교와 시공간을 초월하여 혜성을 보고 느끼는 것은 같다. 엔인의 『입당구법순례행기』를 보자.

838년 10월 23일에 심변沈弁이 와서 다음과 같이 말하였다. "혜성이 나타나면 국가가 크게 쇠퇴하거나 병란이 일어납니다. 동해의 왕인 곤鯤과 고래鯨 두 마리가 죽었다고 하고, 점괘가 크게 괴이하여 피가 흘러 나루를 이룰 것이라 하니 이는 난리가 나서 천하를 정복하게 될 것이라는 뜻입니다. 그곳은 양주가 아니면 도성이 될 것입니다. 지난 원화元和(806~820) 9년 3월 23일 밤에도 동쪽에서 혜성이 나타나더니 10월에 재상의 반란이 일어났고, 상공相公인 왕씨 이상(하) 많은 사람이 음모를 꾸며 재상과 대관 등 20명이 죽은 것을 포함하여 이 난리에 모두 1만 명 이상이 죽었습니다."[17]

승려들이나 살고 있는 절간에서야 비록 자세히 알지 못하는 일이지만 뒷날을 위하여 적어둔다. 밤이 되고 동이 틀 때까지 방을 나와 동남쪽에 있는 그 별(혜성)을 바라보니, 꼬리는 서쪽을 향하였고 빛은 몹시 밝아 멀리서도 바라볼 수 있었다. 빛의 길이는 모두 10장丈이 넘었다. 모든 사람이 입을 모아 "병란이 일어날 조짐이다"라고 말했다.

838년 10월 청해진의 사람들도 목격한 이 혜성에 대한 양주 승려들의 우려는 너무나 생생하게 나와 있다. 엔인은 이 기록을 뒷날을 위해 적어둔다고 하면서 혜성의 꼬리가 10장이 넘었다고 명기하고 있다. 빛은 몹시 밝아 멀리서도 볼 수 있었다. 하지만 전날에는 구름이 끼어 이 혜성을 보기 힘들었을 뿐만 아니라 크기도 작게 보일 수밖에 없었다.

심변의 우려처럼 당에서 병란이 발생한 것 같지는 않다. 그렇더라도 전란의 불길은 바다 건너 동쪽의 신라에서 맹렬하게 타오르고 있었다. 물론 신라에 일어난 전란의 소식을 당에서 접하는 데에는 시간이 얼마 걸리지 않은 듯하다. 『입당구법순례행기』를 또다시 보자.

839년 4월 2일 두 번째 배의 나가미네노 스쿠네가 말했다. "생각건대 대주산은 신라의 정正서쪽에 있는데 만약 우리가 그곳에 이르렀다가 일본으로 돌아가다가는 그 재난이 이루 헤아릴 수 없을 것입니다. 더구나 신라는 장보고가 난을 일으켜 내란에 빠져 있는데 서풍이나 서북풍을 만나는 날이면 우리는 반드시 적의 땅에 다다를 것입니다."

장보고가 일으킨 전란은 곧바로 당과 신라 사이를 오가는 상선들에 의해 중국에 전해졌다. 839년 4월 당에서 일본으로 귀국하는 일본 사절단은 신라의 전란에 대해서 정확히 알고 있는 것이다. 그들이 신라에 표착하는 날에는 재난을 헤아릴 수 없다고 하는 스쿠네의 언급은 의미심장하다. 당에서 그 혜성을 목격한 그에게 신라의 전란은 이미 하늘이 예고했듯이 몹시도 참혹하고 무서운 것으로 느껴졌을 수도 있기 때문이다. 그 전란의 현장을 가보자. 838년 12월에 장보고 군대는 왕경을 향해 다시 진군했다. 『삼국사기』권44, 김양전을 보자.

김양을 평동장군이라 하고 12월에 다시 출동하니 김양순이 무주의 군사를 데리고 와서 합치고, 우징은 날래고 용맹한 염장閻長·장변·정년鄭年·낙금駱金·장건영·이순행 등 여섯 장수를 보내 병사를 통솔케 하니 군대의 위용이 대단히 성하였다.

김양순이 무주의 군사를 데리고 와서 합쳤다. 837년의 경우에서 보았듯이 사람들은 민애왕의 실각을 확신하고 있었던 듯하다. 장보고 입장에서 보면 명분도 있고 모든 사람이 다 목격한 하늘의 계시도 있었으니 자신에 찬 전쟁이었으리라 짐작된다. 군대의 위용이 대단히 성했던 것처럼 병사들의 사기도 높았다. 북을 치며 행군하던 장보고 군대가 나주 북천에 왔을 때 민애왕의 군대가 막아섰다.

북을 치며 행진하여 무주 철야현 북천에 이르니 신라의 대감 김민주가 군사를 이끌고 역습하였다. 장군 낙금 · 이순행이 기병 3000으로 저쪽 군중을 돌격해들어 거의가 살상하였다(『삼국사기』 권44, 김양전).

대감 김민주가 군사를 이끌고 왔다. 그러나 신라 정부군은 장보고 기병 3000에 의해 단번에 전멸당했다. 거의 평지인 나주에서 기병을 상대로 싸운다는 것은 불리한 일이다. 하지만 신라 정부군이 모두 보병이었다고 해도 그들이 자신의 자리를 이탈하지 않고 대열을 유지하고 있었다면 그렇게 쉽게 전멸하지는 않았을 것이다. 정부군은 달려드는 장보고 기병의 기세에 눌려 흩어졌을 가능성이 매우 높다. 정부군의 사기가 땅에 떨어져 있었다고 볼 수도 있다. 정부군 10만이 20분의 1에 불과한 장보고 군대 5000명에게 궤멸된 대구에서의 전투는 이를 충분히 짐작케 한다. 『삼국사기』 권10, 민애왕 2년 윤 정월 조를 보자.

839년 윤 정월에 밤낮 없이 행군하여 19일에 달벌대구 언덕에 이르렀다. 민애왕은 장보고의 군사가 이르렀다는 말을 듣고 이찬 대흔과 대아찬 윤린·억훈 등에게 명하여 군사를 거느리고 이를 막도록 했다. 또 한 번 싸움에 크게 이기니, 민애왕의 군사는 죽은 자가 절반이 넘었다. 이때 민애왕은 서쪽 교외 큰 나무 밑에 있었는데, 좌우 측근들이 모두 흩어지고 혼자 남아 어찌할 바를 모르다가 월유택月遊宅으로 달려 들어갔으나 장보고의 군사들이 찾아내 죽였다.

장보고의 군대가 839년 12월 청해진을 출발하여 나주에서 정부군을 격파한 후 대구에 도착하는 데는 12월, 이듬해 정월, 윤 정월 19일에 이르기까지 두 달 이상이 소요되었던 듯하다. 서부 경남의 여러 고개와 협곡을 제외하고라도 정부군은 지리산 중턱의 운봉과 고령-대구 사이의 낙동강에서 장보고 군대를 저지할 수도 있었다. 하지만 남원에서 대구까지 행군하는 데는 저항을 받은 어떤 흔적도 찾아볼 수 없다. 위의 기록에서 알 수 있듯이 민애왕은 대구를 결전 장소로 선택했던 듯하다. 그 대신 병력 10만을 대구에 집결시켰다.[18] 물론 숫자로 볼 때 그들은 잘 훈련된 정규군이 아니라 농민들로 구성된 잡졸이 대부분이었을 것이다. 그런데 징집된 농민들이 대구에 집결하는 와중에도 혜성이 하늘에 떠 있었다. 『신당서』 권32, 천문지를 보자.

개성 3년(838) 10월 을사, 혜성이 진괴에 있었다. 길이는 2장여였는데 점점 길어졌고 서쪽을 가리켰다. 11월 을묘에 혜성이 동방에 있어 미尾와 기箕로 옮겨가면서 동서의 하늘에 걸쳐 있었다. 12월 임진에는 보이지 않았다. 개성 4년(839) 정월 계유에 혜성이 우림에 있었고, 윤월 병신 혜성이 권설卷舌 서북에 있었다. 2월 기묘에 사라졌다.

838년 10월 혜성이 까마귀자리(γ Crv) 기에나흐 진괴軫魁에 나타났다. 길이는 2장쯤이었는데 점점 길어졌고 서쪽을 가리켰다. 11월 을묘에 다시 동방에 나타났다. 전갈자리(μ Sco) 미尾와 궁수자리(γ Sgr) 알나시로 기箕 동서의 하늘에 걸쳐 있었다. 12월 임진에는 보이지 않았다. 이듬해 839년 정월 계유에 혜성이 천군天軍을 주관하는 큰 별인 우림에 나타났고, 윤 정월 병신에는 지혜와 꾀를 주관하는 은하수 안에 여섯 개의 주홍색 별 권설卷舌 서북에 있었다. 이후 2월 기묘에 사라졌다.

혜성은 같은 해 11월 을묘까지 꼬리를 내고 동방에 떠 있다가 12월 임진에 사라졌다. 그러다가 이듬해인 839년 정월 계유에 그 혜성이 다시 나타났고,[19] 정부군이 집결하고 있거나 그것을 완료한 윤 정월 병오에 권설의 서북에 떠 있었으며, 민애왕이 피살당하고 모든 상황이 종료된 2월 기묘에 가서야 사라졌다.[20]

결전의 전야인 839년 윤 정월 18일에 정부군은 하늘에 떠 있는 혜성을 보았을 것이다. 그들은 한 해 전인 837년 혜성의 출현과 희강왕의 몰락을 너무나 생생히 기억하고 있던 터라 하늘의 움직임에 대해 주시하고 있었을 것이다. 민애왕은 839년 10월의 혜성이 김우징·장보고 일당의 패배 전조라고 애써 선전했을 수도 있다. 적어도 왕경의 주요 사찰에서 승려들이 혜성을 물리치는 주문을 외며, 그 당시 어느 누구도 의심하지 않았던 하늘의 노여움을 김우징과 장보고 군대에게 돌리고 있었는지도 모른다. 하지만 그 자신이 혜성의 출현을 보고 희강왕의 왕위를 찬탈한 당사자가 아니던가.

정부군 10만과 장보고 군대 5000명이 대구의 벌판에서 대진했다. 병력 숫자로 보면 너무 차이가 났다. 하지만 반란군은 훈련을 잘 받은 기병 위주의 병력이었고 하늘이 자신들의 편이라고 믿고 있었다. 소수였지만 정예 병력이며 심리적으로 우위에 있었던 것이다. 혜성이 그들의 머리 위에 걸려 있는 상태에서 싸움은 한 번의 결전으로 끝이 났다. 여기서 정부군 과반수가 죽었다. 장보고 기병의 급습에 정부군은 그 자리에서 순식간에 흩어졌다. 기병에게 흩어진 보병이란 학살 대상에 불과하다. 정부군은 싸우려는 기색은 없고 도망갈 생각뿐이었다. 그들은 아마도 양떼처럼 우왕좌왕하다가 공황 상태에서 서로를 짓밟아 압사했으리라.

이 광경을 서쪽 교외의 큰 나무 밑에서 목격한 민애왕이 주변을 돌아보았을 때 측근들은 다 도망가고 없는 상태였다. 누구 하나 왕의 신변을 지키기 위해 싸우려는 자가 없었다. 민애왕은 본능적으로 도망쳐 월유택에 숨었지만, 장보고의 병사들이 그를 찾아냈고 그 자리서 즉시 처형되었다.

3

841년 11월의 혜성,
자객 염장의 칼에 살해된 장보고

이 단락에 들어가기에 앞서 장보고가 암살된 시기에 대해서 살펴보자. 장보고의 사망 연대에 대해서는 국내 자료와 일본 측 자료 사이에 4~5년의 차이가 나기 때문이다. 『삼국사기』에는 그가 846년 봄에 암살당했다고 한 데 비하여 일본 측 기록에는 841년(문성왕 3) 11월 중에 암살됐다고 되어 있다. 『속일본후기』권11, 승화 9년(842) 정월 을사乙巳 조를 보자.

그후 어여계於呂系 등이 귀화해와서 "우리는 장보고가 다스리던 섬의 백성입니다. 장보고가 작년(841) 11월 중에 죽었으므로 평안하게 살 수 없었던 까닭에 당신 나라에 온 것입니다'라고 하였다.

어여계 등은 장보고 사후 신라 정부의 탄압을 피해 일본으로 망명한 완도 사람들이다. 엔인의 『입당구법순례행기』의 여러 기록을 고려하고 『삼국사기』 문성왕 4년 3월에 김양의 딸을 왕비로 들였다는 기록을 염두에 둔다면, 장보고의 사망 연대는 841년 11월이 확실하다.[21]

『삼국사기』의 연대상에는 문제가 있다. 그렇다고 해서 장보고 여납비에 대한 조정 내의 반대 분위기를 담고 있는 기록과 『삼국사기』 권11 문성왕 7년(845) 3월 조, 그리고 장보고의 반란을 다루고 있는 기록 『삼국사기』 권11 문성왕 8년 봄 조의 내용을 결코 버릴 수는 없다. 문성왕 즉위 이후부터 장보고가 사망하기까지의 과정을 복원하기 위해 841년 11월을 기준으로 그 내용을 재구성할 필요가 있다.

먼저 염두에 두어야 할 것은 전자의 기록과 후자의 기록이 거의 1년 차가 난다는 점이다. 좀더 정확히 말해 전자는 3월의 일이고 후자는 1년 후 봄의 일이다. 그렇다면 문성왕이 장보고의 딸을 차비로 맞이할 것을 제안하고 이것이 신하들의 반대로 무산된 지 거의 1년이 지난 후 장보고가 청해진을 근거로 삼아 반란을 일으켰고, 그해 11월 신라 조정이 보낸 염장이란 자객에 의해 장보고가 암살된 셈이다. 그렇다면 장보고가 신라 조정에 대해 반란의 의지를 표출한 것은 841년 봄이 된다. 이와 관련하여 주목할 만한 것이 일길찬 홍필弘弼의 반란이다. 『삼국사기』권11 문성왕 3년(841) 봄 조를 보자.

> 841년 봄 일길찬一吉飡 홍필이 모반하다가 일이 발각되어 해도海島로 도망갔는데, 잡으려고 하여도 잡지 못하였다.

일길찬 홍필이 누구이고, 그가 왜 모반했는지는 알 수 없다. 다만 문성왕 정부는 장보고의 군사적 후원 아래 만들어진 정권이기에 신료들 가운데 청해진과 긴밀한 관계를 맺었던 사람이 있을 수 있다. 홍필이 해도로 도망했는데 잡지 못했다는 사실은 그와 청해진 사이의 관계를 어느 정도 암시하고 있는 것은 아닐까. 물론 단정할 수는 없다.

장보고의 사망 시기를 기준으로 한다면 840년(문성왕 2) 3월에 장보고 여의 납비 문제에 관한 논의가 있었고, 이것이 무산된 것이 확실해지자 1년 후인 841년 봄에 장보고가 청해진을 근거로 반란을 일으켰다고 추측해볼 수도 있다. 그러나 이는 추측일 뿐이다. 기존의 지적대로 납비 문제의 제기와 무산, 장보고의 반란 그리고 신라 조정의 자객 파견과 장보고의 암살로 이어지는 일련의 사건은 충분히 인정할 만하다. 확실한 것은 이 모든 사건이 841년 11월 이전에 일어났다는 점이다. 이제 신무왕의 즉위 시점으로 돌아가 본론을 재구성해보자.

839년 1월 대구 결전에서 승리한 김우징은 민애왕 정부를 전복했지만 곧장 즉위하지는 않았다. 김우징은 자신이 전왕을 왕좌에서 시체로 끌어내리고 즉위했다는 인상을 주지 않기 위해 애를 썼다. 여기에는 예禮를 갖췄다는 의식과 그 절차라는 포장이 필요했다. 먼저 피살된 민애왕을 고왕古王의 예로 후히 장사 지냈다. 기록에는 없지만 왕경의 백성들이 보는 가운데 장엄한 애도의 의식이 진행되었으리라. 자신의 즉위식도 절차와 형식을 지켰던 것 같다. 『삼국사기』권 10 신무왕 원년 조를 보면 "희강왕의 종제 예징 등이 이미 궁궐을 확청廓清한 후 예를 갖추어 왕을 즉위하게 했다"는 기록이 있다. 김우징이 즉위한 그때가 839년 4월이었다.[22]

즉위 후 신무왕은 아들 경응을 태자로 책봉했고, 자신을 왕위에 옹립한 청해진대사 장보고를 감의군사로 봉하는 동시에 식읍 2000호를 내려주었다. 하지만 이것으로 장보고에 대한 채무가 해결되었다고 볼 수 없다. 장보고 딸과의 혼인이란 빚이 여전히 남아 있었다. 그러나 혼인의 당사자였던 신무왕은 즉위 3개월 만(839년 7월 23일)에 사망했다. 신무왕을 뒤이어 즉위한 문성왕의 왕좌 앞에는 장보고가 서 있었다. 장보고의 힘을 빌려 민애왕 정권을 전복하고 들어선 정권은 확실히 허술하게 지탱되고 있었다. 문성왕은 이를 너무나 잘 알고 있었다. 『삼국사기』권11, 문성왕 원년 8월 조를 보자.

왕이 교서를 내리기를 청해진대사 궁복은 일찍이 병력으로서 성고

(신무왕 김우징)를 도와 선조(조부 김균정)의 거적(민애왕 김명)을 멸하였으니 그 공열을 어찌 잊을 수 있으랴 하고 이에 그(장보고)를 배하여 진해장군으로 삼고 겸하여 장복을 내렸다.

문성왕은 즉위 직후인 839년 8월에 장보고에게 진해장군의 칭호와 장복을 하사했다. 이미 즉위했다 해도 장보고의 도움이 없었다면 조부의 원수도 갚지 못했을 것이고, 자신도 이(국왕) 자리에 있지 못했을 것이며, 아버지 문성왕대와 변함없는 고마움의 마음을 품고 있다고 재삼 확인하고 있는 것이다. 하지만 장보고와 신라 조정 사이의 평온한 관계는 오래가지 못했다. 문성왕은 장보고의 딸을 차비로 맞이하려다 장보고의 태생적 신분이 미천하다 하여 불가하다는 신하들의 반대에 부딪혔다.[23] 물론 문성왕이 먼저 장보고의 딸을 차비로 받아들이려고 한 것은 장보고의 군사력에 대한 공포심 때문이었으리라.

하지만 문성왕은 조정의 중론을 거부할 수 없는 입장이었다. 만일 그걸 무시하고 장보고의 딸을 차비로 받아들인다면 귀족들로부터 고립될 처지였고, 나아가 내분을 또다시 부를 수도 있었다. 물론 납비를 거부한다면 장보고가 가만있지 않을 것이 확실했다. 그렇다 해도 문성왕은 장보고의 무력적 외압보다는 내분이 더 무섭다는 것을 너무나 잘 알고 있었다. 이와 관련하여 『삼국사기』 권11, 문성왕 19년(856) 9월 가을 조에 문성왕이 남긴 유언은 주목할 만하다.

"과인은 보잘것없는 자질로 높은 지위에 있어, 위로는 하늘로부터 죄를 얻을까 두렵고 아래로는 사람들 마음으로부터 신망을 잃을까 염려스러워 이른 아침부터 늦은 밤까지 삼가고 두려워하여 마치 깊은 못과 얇은 얼음을 건너는 것과 같았다. 공경대부와 여러 신하가 좌우에서 도와준 데 힘입어 왕위를 떨어뜨리지 않았다…."

이 유언은 결코 형식적으로 볼 만한 것이 아니다. 문성왕에게 있어 통치 행위는 끊임없이 긴장하고 노력해야 하는 일이었다. 그는 세상의 위험을 두려워하는 법을 일찍이 터득한 터였다. 이는 그의 인생역정이 이를 알려준다.

문성왕은 애초에 왕이 될 수 있는 처지가 아니었다. 그의 조부 김균정은 흥덕왕과 사촌일 따름이었다. 836년 궐내에서 그의 조부가 살해된 후 그가 왕위에 오를 확률은 거의 없었다. 흥덕왕 사망 후 이어진 왕위 계승 쟁탈전에서 패하여 그의 조부는 피살되고 아버지 김우징은 지명수배자가 되었다. 이제 그는 자신의 의지와는 상관없이 모든 것을 잃고 목숨을 부지하기 위해 쫓기는 망명객의 아들로 전락했다. 837년 5월 엉겁결에 아버지를 따라 청해진으로 간 그는 낯선 그곳에서 2년에 걸친 망명생활을 했다.

그동안에도 신성한 왕족의 피가 궁궐 바닥을 적셨고 그 피는 그후에도 마르지 않았다. 마르기 전에 왕족들의 새로운 피가 계속해서 흘렀기 때문이다. 숙부인 김균정을 죽인 희강왕 자신도 838년 정월에 그곳에서 죽임을 당해야 했으며, 희강왕을 죽인 민애왕 또한 839년 정월에 김우징이 끌고 온 장보고 군대가 휘두른 칼에 맞고 비명에 죽었다. 아버지 신무왕에게 왕위를 물려받은 것도 자신의 의지와는 상관없는 짐이었다. 그 왕좌는 여러 사람의 죽음 위에 서 있는 저주받은 자리였다. 시련이란 가장 허약한 인간에게도 냉정함을 만들어낸다. 이러한 일련의 사건을 듣거나 목격하고 경험한 문성왕은 철저히 현실주의적인 본성을 지니게 되었으리라.

문성왕은 왕좌에서 단두대까지는 불과 한 걸음 떨어져 있을 뿐이며, 궁궐이 자신의 피로 적셔질 수도 있는 죽음의 앞뜰이라는 사실을 일찍이 깨달았다. 그리하여 그는 권력이란 흐르는 것임을 알고, 모든 불확실한 것 속에서도 위험을 볼 줄 알았다. 왕관이 유리로 만들어져 아무 때라도 자신의 손길을 빠져나가 깨지기라도 할 것처럼 그는 그것을 조심스럽게 움켜쥐었다.

장보고는 용기와 결단력이라는 측면에서는 문성왕을 능가했다. 그러나 문성왕은 혼자서 장보고와 맞서는 것이 아니었다. "공경대부公卿大夫와 여러 신하가 좌우에서 도와준 데 힘입어 왕위를 떨어뜨리지 않았다"라는 기록에서 보듯 문성왕의 참모부는 그를 돕는 지지대 역할을 했다. 문성왕은 불확실성을 알고 있었기에 적절한 시기에 조용하고 통찰력 있는 김양과 김의정 등을 불러 모아 자신의 위치를 확고하게 만들었다. 그가 이미 예상했듯이 841년 어느 시기에 장보고가 청해진을 근거로 삼아 반기를 들었다. 『삼국사기』는 이 사건에 대해 다음과 같이 기록하고 있다.

> 청해진대사 궁복弓福(장보고)이, 왕이 자기의 딸을 비妃로 들이지 아니한 것을 원망하여 진鎭(청해진)에 거하여 반기를 들었다. 조정에서는 그를 치자니 불측의 환患이 있을지 모르고 또 그대로 내버려두자니 그 죄는 용서할 수 없으므로 우려에 싸여 어찌할 바를 알지 못하던 중, 그때 용장勇壯의 사士로 세상에 저문저명된 무주武州(지금의 광주光州) 사람 염장閻長이란 자가 와서 고하기를, "조정에서 만일 자기의 말을 들어준다면 자기는 한 명의 병졸도 수고롭게 하지 않고 맨주먹을 가지고 궁복의 목을 베어 바치겠다"고 하였다. 왕은 이에 따랐다.

위의 기록에서 "장보고를 치자니 불측의 환이 있을지도 모르고"라고 한 데서 알 수 있듯이 현실적으로 신라 정부는 장보고 군대와 정면 대결을 하기에는 역부족이었던 듯하다. 기병이 주력이던 장보고 군대의 위력은 불과 몇 년 전 달구벌 전투에서 증명된 바 있다.

장보고가 반기를 들었다는 소식이 왕경에 전해지자 그것은 신라 왕경을 공포의 도가니로 몰아넣기에 충분했다. "우려에 싸여 어찌할 바를 몰랐다"는 표현은 이를 단적으로 말해준다. 어쨌든 그 와중에 염장이란 자객이 나타나 장보고를 제거할 수 있다고 주장했다. 그가 어느 시기에 청해진에 들어간 것인지는 확실치 않지만 장보고가 살해된 841년 11월쯤으로 추측된다. 이어지는 『삼국사기』 기록을 보자.

> 염장이 거짓으로 나라를 배반한 척하고 청해진에 투항하니 궁복은 원래 장사를 사랑하였으므로 아무 시의猜疑(시기하고 의심함)하는 바 없이 그를 맞아 상객을 삼고 술을 먹으며 환락歡樂을 다하였다. 궁복이 취하자 염장은 그의 칼을 빼어 목을 벤 후….

장보고의 화려한 등장과 활약에 비해 취중 피살로 생을 마감한 그의 죽음은 너무나 허망한 것이었다. 그것도 청해진에 있는 자신의 청사廳舍에서 일어난 일이었고, 자신의 칼에 당했다. 무엇보다 자객과 술을 먹다가 일어난 일이라 어처구니가 없었고, 그 결과 청해진은 한순간에 완전히 무력화되었다. 여기서 제기되는 의문이 있다. 장보고는 왜 무척 기뻐하며 술에 대취했는가? 무엇이 장보고로 하여금 대취하여 쓰러질 정도로 그를 기분 좋게 했단 말인가. 『삼국사기』의 기록대로 염장은 용감하고 군세기로 소문난 장사壯士였다. 장보고는 장사를 사랑했으며, 자신의 휘하에 그런 출중한 인물을 두게 된 것을 기뻐했을 것이다.

필자는 염장의 투항 때문이라기보다는 당시 장보고는 누가 봐도 인정할 수 있는 어떠한 확신에 차 있었음에 틀림없다고 본다. 염장의 투항을 쉽게 받아준 것은 장보고 자신의 희망이 이루어질 수 있다는 자신감에 넘쳐 있었기 때문이리라. 역으로 신라 조정이 염장이란 자객을 파견한 것은 그야말로 그들이 할 수 있는 최후의 수단이었다. 신라 조정은 염장이란 자객이 청해진에 들어갈 수 있다고 장담하지 못했고, 그 삼엄한 경비 속에서 장보고를 암살할 수 있다는 확신도 못 했다. 어떻게 일개 지방 관리의 말을 믿고 그에게 국가의 중대사를 맡긴단 말인가. 그것이 실패하고 염장이 체포되어 고문에 못 이겨 신라 조정이 사주한 암살 계획을 누설한다면, 장보고가 관련자들을 청해진으로 소환하라는 압력을 넣어 중앙에 수모를 줄 수도 있었다. 나아가 그것은 청해진의 군대가 김양 등의 역적을 토벌한다는 명분으로 왕경에 다시 진격할 확실한 구실이 된다. 자객의 파견도 신라 정부 입장에서는 매우 부담이 되는 일이었으리라.

사실 자객 염장이 청해진에 파견된 841년 11월에 혜성이 떠 있었다. 『신당서』 권32, 천문지를 보자.

> 회창會昌 원년(841) 11월 임인壬寅에, 혜성이 북락사문자리(남쪽 물고기자리)에 보였다. 영실(페가수스자리)에 옮겨 있다가 자미원으로 들어가 12월 신묘에 보이지 않았다.

841년 11월 임인에 남쪽의 북락사문자리, 즉 물고기자리에 혜성이 나타났다.[24] 혜성은 페가수스자리(α Peg) 마르카브로 가서 큰곰자리인 자미원[25]으로 들어가 12월 신묘에 사라졌다. 841년 11월 임인부터 12월 신묘까지 혜성이 하늘에 떠 있었다. 『구당서』 본기 18 상은 이보다 더 자세한 기록을 남겼다.

> 무종 회창 원년(841) 장랑 11월 정유 초하루. 임인의 밤에 큰 별이 동북으로 흘러갔다. 그 빛은 대지를 환하게 했고, 우레와 같은 소리가 있어 산이 붕괴되고 돌이 무너지는 것 같았다. 그 혜성의 꼬리는 실쉬(페가수스자리 마르카브)로 내달았고, 무릇 55일 만에 사라졌다.

혜성의 빛은 밝았다. 출현한 것은 841년 11월 초하루이며 55여 일 동안 하늘에 떠 있었다. 엔인의 일기와 정확히 일치하고 있다. 이 혜성을 엔인이 중국에서 육안으로 목격했다는 것은 그만큼 규모가 컸음을 말해준다. 『입당구법순례행기』 841년 11월 조를 보자.

> (841년) 11월 1일 오늘은 동지冬至이다. 혜성이 나타나더니 며칠이 지나자 점점 더 커졌다. 관청에서는 여러 절로 하여금 불경을 외우도록 부탁하였다.
> 12월 3일 서원西院으로 옮겼다.
> 12월 4일 달과 태백성이 서로 가까이 한곳에 모여 운행했다.
> 12월 8일 오늘은 나라의 제삿날이다. 이 절에도 관청이 재를 마련하였다. 성안의 여러 절에서 목욕을 했다. 혜성이 점차 사라졌다.

위의 기록은 11월 1일에 나타난 혜성이 며칠이 지나자 점점 더 커졌다고 하고 있다. 그것은 12월 8일에 가서 작아지기 시작했고, 『구당서』의 기록대로 56일간 하늘에 떠 있었다면 12월 26일에 가서 완전히 사라진 게 된다. 다시 말해 이 혜성은 841년 11월 1일 나타나 12월 26일경에 가서야 사라졌다. 이것은 매우 중요한 사안이다. 장보고가 혜성이 떠 있는 가운데 사망했음이 확실하기 때문이다.

11월 1일에 앞으로 닥쳐올 수도 있는 전란을 예고하듯이 맑은 겨울 하늘에 칼이 떠 있었다. 동북 방향에서 나타난 혜성은 그 빛이 밝아 대지를 밝혔고, 산이 무너지는 것과 같은 엄청난 소리를 냈다. 혜성의 꼬리는 페가수스자리(α Peg) 마르카브로 내달았다. 신라 백성들이 모두 지켜보는 가운데 왕경에 있는 진골귀족들의 마음도 무거웠으리라. 평온한 상태에서도 혜성이 나타나면 전란이 일어난다고 사람들은 겁을 먹었을 터인데 지금은 납비 문제를 놓고 청해진과 팽팽한 긴장이 오가는 상황 아닌가. 혜성은 날이 갈수록 점점 커졌다. 그것이 커지는 만큼 장보고의 기쁨도 커졌다. 심리적으로 위축돼 있던 신라 조정은 내부 분열의 낌새마저 있었을 수도 있다. 이러한 염려되는 시점에 자객 염장의 청해진 파견이 결정되었다.

장보고에게 염장이 청해진으로 투항해온 것은 신라 조정이 분열되고 있다는 뚜렷한 증거로 보였을 것이다. 올 것이 온 것이며, 앞으로 이러한 투항은 더 있을 터였다. 장보고가 염장과 술자리에 앉아 있을 때도 혜성은 하늘에 떠 있었다. 장보고에게 앞으로의 상황은 너무나 낙관적으로 보였고, 자신이 곧 왕이라도 된 듯 느꼈을 것이다. 이러한 분위기에서 장보고는 염장에 대하여 의심의 끈을 풀었다. 술에 취한 장보고는 문성왕이 보낸 자객에 의해 허망한 죽음을 맞이했다.

『삼국사기』권11, 문성왕 8년 조를 보면 "궁복이 취하자 염장이 그의 칼을 빼어 목을 벤 후 그의 무리들(장보고의 부하들)을 불러놓고 설유說諭하니 그들은 땅에 엎드려 감히 움직이지도 못하였다"고 한다. 장보고의 베인 머리를 본 부하들은 분노했던 것이 아니다. 놀라 얼이 빠져 있었다기보다 841년 11월 혜성의 출현이 신라 국왕이 아니라 상업 영주의 죽음을 예언한 전조였다고 먼저 직감했을 것이다. 그들이 땅에 엎드려 감히 움직이지 못한 것은 바로 이 때문이었다.

장보고의 부하들은 거대한 천체를 인간사와 관련짓고, 그것을 차후에 일어날 어떤 사건의 전조로 보고 있었다. 그들의 심정은 천체의 일종인 혜성을 인격화하고 주체와 객체가 구분되지 않는 상호 침투적인 상태에 있었다. 하늘에도 일어나고 있는 것이 인간 세상에도 일어나며 인간 세계에 일어날 일은 하늘이 보여준다고 생각하고 있었던 것이다. 그들에게 혜성의 출현과 장보고의 죽음이란 사건은 너무나 자명한 사실로 받아들여지고 있었다.

혜성은 패배자의 것

836년 12월 희강왕은 왕좌에서 삼촌을 시체로 끌어내리고 즉위했다. 그 직후인 837년(개성 2) 2월 병오에 혜성이 북방에 나타났다. 그것은 희강왕에게 폐부를 찌르는 불안의 근원이었다. 그것이 자꾸만 커지고 밝아지면서 재앙이 닥쳐올지도 모른다는 생각이 희강왕의 마음을 사정없이 억압했다. 혜성이 떠 있는 기간에 희강왕은 외출을 삼가고 아내나 후궁들과 잠자리를 같이하지 않으며, 반찬을 줄여가며 근신한 채 혜성이 사라지기만을 빌었을 것이다.

혜성이 지나간 후 희강왕에게 일차적으로 의심을 받았던 이들은 삼촌 김균정의 아들 김우징과 그 일당들이었을 것이다. 아니나 다를까, 혜성의 출현을 본 김우징이 왕경에서 희강왕 자신과 김명을 원망하고 다닌다는 소식이 들렸다. 그의 원망이란 아비를 살해하고 권력을 잡은 정권의 부도덕함을 하늘이 말해준다는 토로였다. 김명과 이홍이 이를 불평하자 신변에 불안을 느낀 김우징과 그 일당의 망명이 줄을 이었다.

한편 야심가인 김명에게도 혜성의 출현은 암시를 주었다. 김명이 자형인 김제륭을 왕위에 추대한 것은 적어도 존경심에서 나온 것은 아니었다. 희강왕이 누리고 있는 왕위는 그가 안겨준 것으로 생각했을 수도 있다. 희강왕에게는 그의 존재 자체가 부담스러웠다.

그런데 희강왕이 즉위하자 하늘에 칼이 수개월 동안 떠 있었다. 혜성의 출현은 모든 사람에게 희강왕의 즉위가 부당하다고 확신을 주기에 충분했다. 상대등 김명은 이를 정치적으로 이용했다. 그후 왕위 찬탈을 위한 준비를 차분히 해갔고, 거사를 치를 날짜는 838년 1월로 잡혔다. 김명의 왕위 찬탈은 신하가 왕을 목숨을 짓밟는다는 데서 실로 엄청난 것이었다.

한편 김우징과 그 일파가 청해진으로 망명했다고 하더라도 장보고의 도움을 장담할 순 없었다. 그래도 김명의 왕위 찬탈을 계기로 하여 장보고가 군대를 움직였다. 하지만 여기서 장보고가 이해타산에 밝은 상인집단의 수장이라는 사실을 상기할 필요가 있다. 장보고는 한·중·일의 삼각무역을 주도한 국제적인 인물이었다. 중앙의 요직에 있었던 김우징이 장보고 앞에 나타났을 때는 그 당당함이 온데간데없이 사라진 초라한 모습이었다. 청해진에 망명해온 김우징은 장보고를 자신의 발판으로 삼아 재기하고 싶은 마음에 떨었다. 그러나 어떻게 그를 잡을 것인가. 어떻게 이 비범하고 속박되지 않는 상업 영주를 자기편으로 끌어들일 것인가. 좀더 냉정하게 말해 하늘로부터 버림받은 희강왕은 이미 왕좌에서 시체로 끌어내려졌고 김명이 그 자리를 차지했다. 선수를 쳐 높은 왕좌에 있는 민애왕(김명)을 김우징은 바라보고만 있는 신세 아닌가. 김우징이 청해진 망명 후 장보고에게 10개월 동안 아무런 확답도 듣지 못했던 것은 바로 이 때문인 듯하다.

단 한 가지 보상만이 타산에 빠른 이 상업 영주를 유혹할 수 있었다. 그것은 왕실과의 혼인이었다. 왕관에 다가설 수 있다는 그것은 무엇보다 강한 유혹이었다. 장보고 딸의 피와 김우징의 피가 합쳐져 새로운 왕손을 잉태하기 위해서는 현 국왕의 피를 보아야만 했다. 838년 3월 장보고의 군대는 남원까지 진격했다.

하지만 일이 계획대로 되지는 않았다. 남원에서 상당한 저항에 부딪혔고 군사들이 싸움에서 지쳐버렸던 것이다. 민애왕의 방어체제는 생각보다 견고했다. 이로써 장보고 군대의 재진격은 무기한 연기되었다.

838년 10월 대혜성이 또다시 나타나자 상황은 바뀌었다. 혜성의 재출현으로 장보고 군대의 사기가 치솟았고, 그들이 왕경을 향해 다시 출동하는 강력한 동기가 되었다. 엔인은 그 혜성의 꼬리가 10장이 넘었다고 명기하고 있다. 그 관측이 정확한 것이라면 이 혜성은 8장이 최대 길이였던 837년의 핼리혜성보다 더 크다. 838년 12월 장보고는 김양을 평동대장군에 임명하고 왕경을 향해 군대를 출동시킨다. 837년의 경우에서 경험했듯이 사람들은 민애왕의 실각을 확신하고 있었던 듯하다. 반면 정부군의 사기는 땅에 떨어져 있었다. 나주의 전투에서 정부군은 순식간에 전멸당했다.

대구를 결전 장소로 택한 민애왕은 10만 대군을 그곳에 집결시켰다. 물론 그들은 잡졸이 대부분이었으리라. 그런데 그 와중에 혜성이 하늘에 떠 있었다. 그들은 한 해 전인 837년 혜성의 출현과 희강왕의 몰락을 채 잊지 못했던 터라 하늘에 대한 관심이 지대했다.

민애왕은 839년 10월의 혜성이 김우징, 장보고 일당의 패배와 몰락을 예언한 전조라고 애써 선전했을 수도 있다. 적어도 왕경의 주요 사찰에서 승려들이 혜성을 물리치는 주문을 외며, 혹 하늘의 노여움을 김우징과 장보고 군대에게 돌리고 있었는지도 모른다. 그러나 정부군 10만이 장보고 군대 5000에게 한 번에 궤멸되었고, 민애왕도 목숨을 부지하지 못했다. 왕경에 입성한 김우징은 대사면을 단행하고 왕위에 즉위했다. 그러나 장보고의 딸과 혼인을 약속한 신무왕은 즉위 직후 사망하고 태자인 경응이 문성왕으로 즉위한다.

문성왕 즉위 후 신라 조정은 약속된 장보고 딸과의 혼인을 거부한다. 이로써 신라 조정과 청해진 사이에 틈이 벌어졌다. 신라 조정이 이미 예상했던 것처럼 841년 어느 시기에 장보고가 청해진을 근거로 하여 반기를 들었다.

현실적으로 신라 정부는 장보고의 군대와 정면대결 하기에는 역부족이었다. 어떻든 그 와중에 염장이란 자객이 나타나 장보고를 제거할 수 있다고 주장했다. 그가 어느 시기에 청해진에 들어간 것인지는 확실치 않지만, 장보고는 841년 11월 중 그 자객에 의해 어처구니없이 살해된다.

장보고가 살해된 그 순간에 하늘에 혜성이 떠 있었다. 혜성을 신라 백성들이 모두 보고 있는 가운데 왕경에 있는 진골귀족들의 마음도 무거워졌을 것이다. 평온한 상태에서도 혜성이 나타나면 전란이 일어난다고 사람들은 겁을 먹을 터인데 지금은 청해진과 팽팽한 긴장이 오가는 상황이 아닌가.

혜성은 날이 지날수록 점점 커졌다. 그것이 커지는 만큼이나 장보고의 기쁨도 커졌다. 심리적으로 위축되고 있는 와중에 신라 조정은 염장의 청해진 파견을 더는 늦출 수가 없었다. 혜성으로 인해 조정의 내부 분열마저 염려되는 시점에 염장이 장보고에게 투항해왔다.

장보고에게 앞으로의 상황은 너무나 낙관적으로 보였고, 자신이 곧 왕이라도 된 듯하여 염장이 자객이라는 의심은 추호도 못 했다. 술에 취한 장보고는 문성왕이 보낸 자객에 의해 허망한 죽음을 맞이했다.

한 인간의 생의 비밀은 언제나 죽음의 순간에 가서 밝혀지는 법이다. 장보고는 과업의 짐만 짊어졌을 뿐 운명은 그가 마지막 성공을 기뻐하는 것을 허용치 않았다. 운명은 그를 부역을 위해 불러냈고, 일에 대한 대가도 주지 않은 채 날품팔이처럼 쫓아냈다. 다른 사람이 그가 이루어놓은 업적을 거두어들였고, 다른 이들이 이윤을 챙겼으며 축제를 벌였다. 냉혹한 운명은 이 상업 영주를 짓밟아놓았던 것이다.

그가 자기 영혼을 다해 원했던 단 하나만이 그에게 허용되었다. 그것은 서남해안의 해적을 퇴치하고 해상에 영원한 평화를 가져오기 위해 청해진을 설치한 것이었다. 그러나 왕실과의 결혼이라는 복된

부분은 허용되지 않았다. 단지 바라만 보고 만져보기만 할 뿐 자신의 머리 위에 거의 씌워졌던 왕의 장인國舅이라는 속세의 명성은 끝내 거부되었다. 오히려 머리가 잘린 그의 시체는 완도의 어느 해변가에서 썩어갔을 것이고, 그의 머리는 소금에 절여진 채 왕도 경주로 옮겨가 만인의 구경거리가 되었을 수도 있다.

물론 문성왕에게 시집보내려고 했던 그의 딸도 목숨을 부지하지 못했을 것이고, 그가 남긴 모든 혈육도 그의 딸처럼 되거나 노비 신세를 면치 못했을 것이다. 그가 벌어놓은 상당량의 부는 신라 국가에 귀속되었을 것이다. 물론 해외에 남아 있던 그의 재산도 신라 조정은 가만두지 않았다. 신라는 일본에 사람을 보내 그것을 되돌려받는 데 혈안이 되어 있었다.

장보고는 자신을 힘껏 도와주거나 절친했던 친구들도 모두 자기 자신의 어두운 운명 속으로 데려갔다. 예전에 중국에서 군대생활을 같이했던 고향 친구 정년도 영원히 기록에서 사라진 것으로 보아 목숨을 부지하지 못했던 것 같고, 장보고에게 충성을 다했던 청해진 병마사 최훈崔暈은 중국 초주의 연수로 망명했다. 물론 그를 받들던 완도의 주민들은 살아남은 죄로 철저히 탄압받았고, 그들 중 상당수는 모든 것을 잃고 일본이나 중국으로 떠나갔다. 단지 그를 배신한 살인자 염장만이 신의를 지키면서 죽어간 모든 사람의 영광과 이윤을 독차지했다.

838년 대혜성이 신라 국왕이 아닌 장보고의 죽음을 예견한 전조였다고 직감한 그의 부하들은 분노하지 않았고, 기죽은 개처럼 땅에 엎드려 감히 움직이지 않았다. 그들의 의식 속에 혜성은 언제나 패배자의 것이었다.

기원전 49년 1월, 카이사르는 루비콘 강을 건너서 로마로 침입하였다. 이때 전쟁의 북새통에 나타났던 혜성은 불안과 공포에 떠는 로마 시민들의 눈에 마치 재난을 알려주는 하늘의 계시처럼 불길하게 비쳤다. 기원전 44년에 또 하나의 큰 혜성이 나타났다. 이때 보컬레니우스라는 점성술사는 "새로운 시대가 시작될 것이다"라고 예언했다. 공교롭게도 그해 3월 15일 카이사르는 암살되고 정권은 바뀌고 말았다.

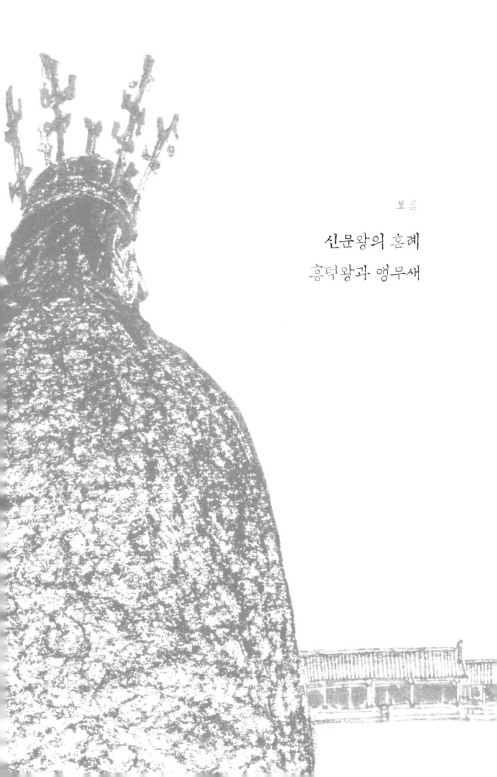

신문왕의 혼례
흥덕왕과 앵무새

I

신문왕의 혼례
분노를 잠재우고 지배 논리를 세우다

『삼국사기』신라본기 원년 조와 『삼국유사』왕력에는 국왕의 혼인
관계를 전하는 기록이 보인다. 여기에는 누락된 게 거의 없으며 충실
한 편이다. 엉성한 고대사의 기록 가운데 단편적인 신라 왕실의 혼인
관계 기록이 적지 않게 보이고 있는 것이다. 그러나 정작 신라 왕의
혼례의식을 전하는 기록은 매우 드물다. 단 683년 신문왕의 재혼의
식이 유일하다.

　이 장은 신문왕의 혼례의식을 복원하는 데 일차적인 목적이 있다.
이를 위해 의례 형식과 절차가 자세히 기록된 『고려사』권66, 예지의
왕태자납비의王太子納妃儀 조에 주목했다. 의례란 구체적인 형식을 통

해서만 구현되기 때문이다. 신문왕은 태자로서가 아니라 왕으로서 재혼을 했다.『고려사』에서 국왕의 혼례에 대하여 따로 언급하지 않은 것은 대개 태자 시절에 혼례를 치르는 관행 때문일 것이다.

납채納采 · 택일擇日 · 기일 통지나 신부 집에서 왕궁으로 들어가는 의식은『삼국사기』와『고려사』의 그것이 유사한 점이 많다. 오히려 납채 부분과 신부 집에서 신랑이 사는 왕궁으로 이어지는 행진은 압축적이지만『삼국사기』에 더 상세하게 나와 있다. 어쨌든 전체적으로 봐서는『고려사』의 기록이 양이 많고 의식 절차가 더 상세하다. 양자의 기록은 어느 정도 상호보완이 가능하다.

먼저『삼국사기』에 나오는 신문왕의 혼례 택일과 납채를『고려사』를 참고하여 복원해보고, 이어서『고려사』를 바탕으로 왕궁 내에서 이루어진 혼인의식을 복원해볼 것이다. 마지막으로 신문왕비(신목왕후)가 친정에서 왕궁으로 향하는 혼례 행렬에 대해 살펴볼 것이다.

1. 혼례의 택일과 납채

『삼국사기』권8, 신문왕 3년(683) 2월 조와 5월 7일 조를 보자.

일길찬 김흠운金欽運의 소녀小女를 맞아들여 부인夫人으로 삼았다. 2월에 먼저 이찬 문영과 파진찬 삼광三光을 보내 기일을 정하고, 대아찬 지상을 보내 납채하게 하였는데, 예물로 보내는 비단이 15수레이고 쌀·술·기름·꿀·간장·된장·포·젓갈이 135수레였으며, 조租가 150수레였다.

5월 7일에 이찬 문영文穎과 개원愷元을 그 집에 보내 책봉하여 부인으로 삼았다.

그날 묘시卯時에 파진찬 대상·손문, 아찬 좌야·길숙 등을 보내 각각 그들의 아내와 양부梁部 및 사량부沙梁部 두 부의 여자 각 30명과 함께 부인을 맞아오게 하였다. 부인이 탄 수레 좌우에는 시종하는 관원과 부녀자가 많았는데, 왕궁의 북문에 이르러 수레에서 내려 대궐로 들어갔다.

첫 번째 나오는 장면은 683년 2월에 행해진 것이다. 그것은 요즘 하는 말로 흔히 신랑의 친구들이 신부 집에 함을 지고 가는 것이다. 이날 혼례 날짜가 공식적으로 정해진다. 이는 이찬 문영과 파진찬 삼광을 보내 기일을 정했다는 것에서 알 수 있다. 납채한다는 것은 먼저 매개자로 하여금 신부 집에 혼인 의사를 전달한 후 예물을 보내 채택採擇의 예를 행하는 것이다. 즉 신랑 집에서 신부 집에 혼인을 청하는 의례다. 엄청난 규모의 예물이 신부 집으로 옮겨지고 있다. 『고려사』 권66, 예지의 왕태자납비의 조(이하 『고려사』로 생략)를 보면 여기에 해당하는 짧막한 기록이 있다.

"납채 · 택일 · 기일 통지 등과 함께 왕이 지시를 내려 (신부 집에) 사신을 보내는 것은 전례와 같고 태묘太廟에 고유하는 것도 보통 절차와 같다."

이 기록은 너무나 압축되어 있지만 중요한 골자는 다 나와 있다. 이는 『삼국사기』와의 비교를 통해서 확인할 수 있다. 신부 집에 납채와 택일 그리고 기일 통지가 먼저 이루어지고 있다. 그후 왕이 신부 집에 사신을 보내고, 태묘에 고유告諭한다. 전자는 이찬 문영과 파진찬 삼광三光을 보내 기일을 정하고, 대아찬 지상을 보내 납채하게 했다는 것과 일치한다. 그후 왕이 신부 집에 사신을 보냈다는 후자는 위의 두 번째 기록과 일치한다. 이찬 문영과 개원이 신부 집에 파견되어 신부(신목왕후)를 책봉하여 부인으로 삼았던 것이다.

신부 집에 택일을 통보하고 채납을 한 것은 683년 2월이고 문영과 개원 등 사신이 왕궁에서 파견된 것은 같은 해 5월 7일 혼례 당일 날이다. 그날 혼인 날짜를 잡고 바로 결혼할 수는 없다. 기일을 통보하고 채납을 한 후 혼인 당일까지 2~3개월의 기간을 갖는 것은 너무나 자연스럽다. 두세 달의 공백은 결혼을 준비하기 위한 시간도 되겠지만 동시에 신부가 수업을 받는 기간이기도 하다. 결혼식 날의 의식도 문제가 되겠지만 국모가 되어 궁중에서 치러야 할 복잡한 예법과 그 절차를 생각해보라. 그것을 제대로 파악하고 행하기 위해서는 궁중에서 파견된 노련한 상궁에게 집중적인 교육을 받지 않으면 안 된다. 왕비로 간택된 신부의 교육에 왕실이 관심을 가지는 것 또한 지극히 당연한 일이다.

한편 위의 『고려사』 기록에는 있지만 『삼국사기』에는 실리지 않은 의례 절차가 있다. 왕이 "태묘에 고유하는" 의식이 그것이다. 『삼국사기』에 기록이 없으므로 신문왕이 자신의 혼례가 이루어지기 전에 조묘祖廟에 고유를 하지 않았다고 봐도 좋을까. 필자는 감히 아니라고 말하고 싶다. 새로운 왕손을 잉태할 안주인을 맞이하는 것은 조묘와 관련하여 중요한 대사이다. 왕비가 잉태한 아들이 바로 왕위를 계승하고 조묘에 제사를 주관하는 제사장이 될 것이기 때문이다. 신문왕은 동왕 7년(687) 4월 대신을 조묘에 보내 제사를 올린 바 있다. 『삼국사기』 권8, 신문왕 7년 4월 조를 보자.

> "왕 애무개는 머리 숙여 재배하고 삼가 태조대왕, 진지대왕, 문흥태왕(용춘) 문무대왕 영전에 아룁니다. 저는 재주와 덕이 없이 숭고한 유업을 계승하여 지킴에 자나 깨나 걱정하고 애쓰느라 편안하게 재낼 겨를이 없습니다. (…) 요즘 임금으로서 할 바 도道를 잃고 의리가 하늘의 뜻에 어그러졌음인지, 별의 형상에 괴변이 나타나고 해는 빛을 잃고 침침해지니 몸이 벌벌 떨려 마치 깊은 못과 골짜기에 떨어지는 것만 같습니다…"

신문왕은 불길한 마음을 조상신에게 토로하고 있다. 『삼국사기』 신문왕 7년 2월 조를 보면 "원자元子가 태어났다. 이날 날씨가 음침하고 어두컴컴하였으며 천둥과 번개가 심하였다"라고 하고 있다. 원자가 태어난 날 불운을 예고하듯이 캄캄하게 구름이 몰려오고 뇌우가 번쩍이더니 무시무시한 소나기가 퍼부어댔던 것이다. 그날 원자의 탄생이 공포되었다면 그 일을 축하하기 위해 몰려나왔던 왕경의 백성들은 동요를 일으키며 제 집으로 되몰려갔을 것이고, 폭우에 함빡 젖은 그들은 오한에 떨었으리라. 신문왕은 이런 불길한 징조를 조상신(오묘)에게 대신을 시켜 고하고 앞으로 사철의 기후를 순조롭게 하고 오사五事가 잘되기를 빌고 있다.

국왕이 오묘에서 조상신을 만나는 것에는 복잡한 형식과 절차가 수반되었을 것이다. 위의 기록을 염두에 둔다면 제사장인 왕은 오묘에 모신 조상신을 살아 있는 사람과 같이 대했으리라. 한편 『고려사』를 보면 혼인을 앞둔 태자가 초례식 전에 부왕으로부터 훈계를 받는 의례가 있다. 여기에는 복잡한 절차와 형식이 따른다. 우선 부왕이 내린 훈계의 내용을 보자.

"···왕태자는 자리로 가서 음식을 마치고 층계에서 내려 북쪽으로 향하여 다시 재배한다. 근신은 왕태자를 인도하여 동편 층계를 거쳐 왕의 좌석 앞으로 가서 북쪽으로 향하여 끓어앉으면 왕이 명령하기를 '가서 너의 배필을 맞아들이라. 너희(부부)는 서로 우리의 종사宗

事를 잇고 힘써 겸손한 태도로 그를 영도하라' 고 한다. 여기에 대하여 왕태자는 '제가 삼가 하교를 봉행奉懷하겠습니다' 라고 대답한다. 근신이 왕태자를 인도하여 층계에서 내려 북쪽으로 향하여 재배하고 밖으로 나아간다."

그러나 신문왕은 부왕인 문무왕이 이 세상 사람이 아니기에 훈계해줄 이가 없었다. 만일 초례식 전에 그가 훈계받는 의례 절차를 수행했다면, 그것은 그가 부왕을 모신 사당에 가서 자신이 배필을 맞이하여 종사를 잇겠노라고 고하는 식으로 이뤄졌을 것이다. 이와 관련하여 『고려사』 공주의 혼인의식公主下嫁儀 조를 보자. 공주 혼인의식은 그녀를 맞이하는 신랑 집에서 시작된다. 그것은 다음과 같다. 혼례 당일 날 이른 새벽에 신랑의 부친이 공주를 며느리로 맞이한다고 부모에게 고한다. 만일 신랑 아버지의 부모가 없는 경우라면 청사廳事에 부모의 신위를 마련하고 "국가의 은덕으로 공주를 아무개 아내로 주었으므로 아무개를 보내어 친영하게 하는 것을 알립니다"라고 고하고 재배한다.

다음으로 위의 두 번째 글에서 보이는 신부를 부인으로 책봉한 기사에 대하여 다시 생각해보자. 결혼식 당일 날 부인 책봉은 무엇을 의미하는가? 이는 왕실의 사람이 되는 의례적 책봉이다.[1] 그렇다면 그녀는 이보다 앞서 친정과의 연을 끊는 의식을 행했을 것이다. 결혼이란 그녀를 자기 아버지의 가족으로부터 완전히 떼어놓으며, 그것은 바로 친정의 조상신과 관계를 끊는다는 것을 의미한다.

한편 세 번째 글을 보면 결혼 의례를 진행하기 위해 683년 5월 7일 오전 6~7시(묘시) 신부 집에 파진찬 대상·손문, 아찬 좌야·길숙 등의 각 아내와 양부 및 사량부 두부의 여자 각 30명을 파견했다. 신부가 남편의 집인 왕궁으로 이동하는 행진을 그들이 인도한다. 수레가 왕궁의 북문에 다다르자 신부는 수레에서 내려 안으로 걸어 들어갔다. 이와 같은 내용은 『고려사』의 왕태자비가 궁으로 들어가는 의식妃入內에 그대로 나온다.

> "그날(혼례식 날) 담당 기관에서 왕태자비의 임시 휴게소를 여정궁 합문 안閤內에 정한다. 왕은 이미 여러 가지 지시를 내리고 근신을 태자비 집으로 보내 그녀를 맞이하게 한다. (…) 비妃가 수레穩輿에 오르자 빗장을 지르고 저택(비의 친정)에서 나와 여정궁으로 가서 중문 앞에 이르러 빗장을 내리고 비는 수레에서 나온다. 이때 의장대와 위병들은 문밖에 머문다."

왕이 근신을 신부 집에 보내 그녀를 맞이하는 것은 신문왕이 683년 5월 7일 묘시 신부 집에 파진찬 대상·손문, 아찬 좌야·길숙 등을 보내 그녀를 왕궁으로 수행하게 한 것과 일치한다. 위의 기록에서 왕비가 수레를 타고 가다가 왕궁(여정궁) 앞에서 빗장을 풀고 내렸다는 것도 마찬가지다. 세 번째 글에서 신문왕비가 수많은 관인과 여인들의 수행하에 왕궁에 이르고 있는데, 위의 기록에서 고려 태자비의 행렬에도 상당수의 의장대와 위병이 함께했다는 것을 알 수 있다.

택일과 채납·기일을 알리고 결혼 당일 날 사신을 보내는 의식은 물론, 신부 집에서 신랑이 기다리는 왕궁에 이르는 행렬 등은 『삼국사기』와 『고려사』가 흡사하다. 그러나 『삼국사기』에서 알 수 있는 것은 여기까지다. 그래도 왕궁에서 새로운 혼인의식이 기다리고 있었다는 것은 충분히 짐작할 수 있다. 왕의 결혼식이라는 대사에 더욱 본질적인 의례적인 의식이 빠질 수 없다.

2. 궁내에서의 혼례의식 복원

『고려사』를 보면 왕태자비가 궁으로 들어가는 것 외에도 이어지는 의식이 있다. 태자와 비가 합방하는 의식, 혼례를 치른 지 사흘째 되는 날 태자 부부가 머물고 있는 여정궁에 부왕이 사신을 보내는 의식, 백관들이 참석한 가운데 태자비가 배알하는 의식 등이 그것이다. 여기서는 신방에서 행해지는 의식에 국한해 다뤄보려 한다. 먼저 왕태자비가 궁으로 들어가는 의식을 준비하는 과정에서 가장 먼저 하는 일은 왕실의 담당 기관에서 여정궁 합내閤內에 천막을 세우는 일이다. 그곳은 그녀가 궁궐에 들어왔을 때 최초로 들르는 곳이다. 『고려사』를 보면 다음과 같이 나와 있다.

"(비가 왕궁으로 들어오자) 사규司閨(宮中女官)가 태자비를 인도하여 천막에 들어간다. 이때에 부채와 촛불을 든 사람들이 따라 들어간다. 조금 지난 후 왕태자가 전정에서 나오고 사규는 태자비를 인도하여 천막에서 나온다."

태자비와 촛불의 관계는 무엇이며, 천막 안에서는 무엇이 행해질까. 사료에는 말이 없다. 확실한 것은 촛불이 태자비가 궁궐에 들어오는 순간 가장 먼저 만나는 대상이며, 신방에서 의식을 행할 때도 촛불이 그녀 곁에 있다는 사실이다. 천막 안에서는 물론이고, 신방에서 세수의식을 거행할 때에도, 부부가 술과 안주를 나눌 때에도 촛불은 항상 켜져 있다. 촛불이 의미하는 것은 무엇일까.

『고려사』 공주혼인의식 조에도 촛불은 등장한다. 공주의 신랑이 될 사람은 부모에게 공주를 맞이하라는 하교를 받는 의식을 치른 후 저녁에 말을 타고 대궐로 향한다.

"저녁나절에 신랑이 말을 타고 대궐문 밖에 이르러 말에서 내리자 집례는 그를 (내전의 동문 밖에 있는) 천막으로 인도한다. 해당 기관에서 공주의 노부鹵簿(왕의 거둥 때 따르는 의장)와 의장대 의병을 내전 동문 밖에 정렬시킨다. 공주는 수레를 타기 전에 가마를 대용한다. 집례는 신랑을 인도하여 천막에서 나와 내전의 동문 밖에 서서 허리를 구부린다. 공주가 수레에 오른 후 신랑은 대궐을 향하여 재배하고 먼저 본가로 돌아와 말에서 내려 기다린다. 공주가 도착하자 신랑이 공주를 향하여 머리를 숙이면 공주는 답례한다. 신랑은 일어나 그와 함께 침문으로 들어가 층계 위로 오른다. 이때 부채와 촛불을 들게 된 사람들만 따라 들어가서 앞뒤에 늘어선다. 여상자女相者가 공주를 인도하여 방 안으로 들어간다.”

　먼저 이 기록에서 알 수 있는 것은 공주를 맞이하는 신랑이 대궐에서 촛불을 대면하지 않았다는 점이다. 공주는 신랑 집에 차려진 신방에서 촛불을 만날 뿐이다. 물론 공주도 신랑 집의 신방에서 세수를 하고 주안을 나누는 의식을 치르며, 여기에도 어김없이 촛불을 든 사람들이 있었다. 앞서 태자의 혼례에서 있던 촛불이 왕가의 그것이라면 공주의 혼례에서는 신랑 집의 것이다. 왕가의 촛불과 공주 시댁의 촛불은 확연히 구분되며, 이 불들은 신성을 갖춘 그 무엇이었을 것이다. 다시 말해 태자비가 대궐에 들어왔을 때 제일 처음 만난 것은 자신과 평생을 같이할 신랑(태자)도 아니고 시아버지(국왕)도 아니었다. 태자비는 가장 먼저 불 앞에 인도되었다.
　그 불은 물질적인 자연의 불이었을까. 데우거나 태우는, 물체를 변화시키는, 금속을 녹이는 등 인간사에 필요한 강한 도구를 만드는, 순수한 물리적인 불이었을까. 아닐 것이다. 그것은 왕실의 불이요, 왕실의 조상신들을 표징하는 불이었으리라. 가문의 대가 완전히 끊긴 후에야 제단 위의 불도 꺼진다는 말이 있다. 꺼진 불과 대가 끊어진 가문은 같은 표현이다. 제단 위에 항상 불을 피워놓는 관습은 동서고금을 막론하고 보편적인 것이다. 그 불은 조상신들을 모신 제단에 타오르는 불이었을 것이다. 결혼의식을 위해 촛불에 점화되어 신부가 왕궁에 들어와 첫 번째로 머무는 천막으로 옮겨지고, 다시 신방으로 옮겨진 것으로 보인다.

그녀가 왕궁에 들어온 직후 천막에서 왕실의 불을 만나 어떠한 의식을 행했는지는 기록에 없다. 이는 그 의식이 비밀스러운 것이었음을 말해준다. 어디까지나 왕실의 사적인 의식이었고, 공개적인 것이 아니었다. 의식이 외부인의 눈에 띄면 단 한 번의 눈길에 의해서도 혼란스럽고 불순해진다. 공개되지 않은 신방에서의 의식에서 불이 있었다는 것은 이를 단적으로 말해준다. 『고려사』에서 보이는 침실 안에서 행해지는 의식의 요점은 다음과 같다.

신방은 다음과 같이 꾸며진다. 세수하는 곳을 방의 남쪽과 북쪽에 놓고 방 한복판에 태자와 비가 함께할 상을 차린다. 부채와 촛불을 잡은 사람들이 앞뒤에서 늘어선 가운데 태자와 비가 세수를 한다. 세수하는 의식이 끝나면 태자와 비는 주안상에 함께 앉아 술과 안주를 먹는 것을 세 차례 반복한다. 물론 술을 따르고 안주를 집어주는 것은 시종이 행한다. 주안이 끝나면 왕태자와 비는 다 같이 일어나 재배再拜한다. 그후 시종들이 꿇어앉아 예식이 끝났음을 알리고 술상을 치운 후 물러난다.

그야말로 예법이 신방까지 스며들어 있다. 그들은 의식을 통해서 이미 부부로 맺어졌다. 마침내 조신들이 이 내밀한 공간을 떠나고 왕태자와 비만 남았다. 이제 왕태자는 다른 모든 남편과 마찬가지로 의무를 다하는 것이다.

의식 가운데 가장 중요하고 본질적인 부분이 은밀한 공간(신방)의 성스러운 불(촛불) 앞에서 이뤄지고 있다. 신부와 신랑에게 정화수가 부어지며 그들은 손과 얼굴을 씻는다. 그러고는 술과 안주를 함께 먹는다. 정화수로 시작하여 재배로 끝나는 이 가벼운 식사, 불 앞에서 나누는 이 식사는 신랑과 신부 두 사람을 종교적으로 결합시켜준다. 이제 신부가 신랑의 조상신을 모실 수 있는 왕실의 가족이 된 것이다.

태자비는 궁궐에 들어오자 가장 먼저 왕실의 조상신들을 만났다. 그녀의 결혼은 친정아버지의 불을 떠나 남편의 불에게 기도를 드리러 간다는 것, 불(조상신)을 바꾸는 것, 어린 시절의 조상신을 떠나 자신이 알지 못하는 왕실의 조상신의 힘에 몸을 맡기는 것을 의미했다. 신부는 남편의 종교 속으로 들어와 제2의 탄생을 한 것이다. 동일한 조상신을 모신다는 관념은 부부를 강력한 끈으로 맺어준다.

앞서 살펴본 바와 같이 신문왕의 혼인의식은 3막으로 구성되어 있다. 제1막은 신랑 집에서 신부 집에 혼인을 청하는 의례다. 제3막은 신부가 궁궐에 들어가 행하는 의식이다. 여기에 대해서『삼국사기』는 침묵하고 있어 전혀 알 수 없다. 그래도 가장 중요한 신부와 왕실의 조상신이 맺어지는 의식 그리고 신방의 신성한 불 앞에서 신부가 신랑과 함께 정화수와 주안을 나누는 의식은 빠지지 않았을 것이다. 또 2막은 신부가 친정에서 왕실이 보낸 사신으로부터 부인 책봉을 받고, 많은 관인과 여인에 둘러싸여 왕궁으로 향하는 혼인 행진이다.

위의 글을 보면 문영과 개원이 대행하는 부인 책봉의식을 마치고 신부가 친정집 밖을 나왔을 때 장엄하고 화려한 행렬이 대기하고 있었다. 그녀에게 친정집에서의 자유로운 생활은 이제 끝이 나려 한다. 마지막 순간이었는데 조금도 지체할 수 없다. 신랑이 될 국왕이 궁궐에서 기다리고 있는데 조금이라도 지체한다면 허물이 될 것이다. 신부는 여자들의 부축을 받고 수레에 올라탔다.

부인이 탄 수레의 좌우에는 시종하는 관원들과 부녀자가 많았다. 왕비를 궁궐로 모셔가는 수레는 결혼의식을 위해 제작된 화려한 의장이었을 것이며, 그 좌우에서 시종하는 많은 관원과 부녀자들의 옷도 마찬가지였을 것이다. 그것은 대단한 구경거리였다. 왕비가 화려한 수레에 앉아 왕궁으로 향하는 이 행렬을 보기 위해 헤아릴 수 없을 만큼 많은 군중이 왕경 곳곳에서 쏟아져 나왔을 것이다. 고위 귀족들과 부인들, 양부와 사량부에서 선발된 아름다운 여자들, 왕실의 악대와 의장대를 볼 수 있는 기회가 아닌가.

백성들은 중세重稅에 짓눌리고 있었으나 눈은 경외심에 가득 차 있었고, 신부를 애정 어린 눈으로 바라보았을 것이다. 그들의 마음은 새로운 국모를 맞이한다는 그 어떤 아련한 기쁨에 가득 차 있었으리라. 신문왕의 결혼은 전쟁으로 축제 분위기를 까마득하게 잊고 있었던 신라인들에게 놓칠 수 없는 행사였다. 수레가 왕궁의 북문에 이르자 신부는 안으로 걸어 들어갔다. 사료상 알 수 있는 것은 여기까지다. 그러나 앞서 언급한 바와 같이 왕궁에서 새로운 혼인의식이 기다리고 있었다는 것은 충분히 짐작할 수 있다.

행진의식이 끝나자 백성들에게도 왕실의 축제를 함께 기뻐할 은혜가 베풀어졌을 것이다. 신문왕은 자신이 새로운 왕비를 맞이한다는 사실을 온 백성들에게 알릴 필요가 있었다. 전前 왕비는 반란의 수괴 김흠돌의 딸이다.

결혼식이 있기 2~3개월 전에 신부 집에 보낸 엄청난 음식 재료(쌀·술·기름·꿀·간장·된장·포·젓갈 135수레, 조租 150수레)에서 이미 예견된 것인지도 모른다. 거대한 양의 음식 재료가 백성들에게 베풀어졌을 것이다. 당시 중대 왕실의 재정은 그러한 여유와 능력이 충분했다. 이는 신문왕의 아들인 성덕왕대에 흉년이 들자 곡식을 대규모로 풀어 적극적으로 대처한 것에서도 알 수 있다. 성덕왕 6년(707) 정초부터 7월 말까지 7개월 동안 한 사람에게 속粟 3승升씩을 주어 도합 30만 500석을 방출한 바 있다.[2]

어둠이 내리자 집집마다 불을 밝혔고 음식을 만들기 위해 불을 지피는 연기가 온 왕경을 뒤덮었으리라. 백성의 무리가 밤늦게까지 왕경의 거리를 걸어다녔고, 어디서나 음악 소리가 흥청거리고 가는 곳마다 처녀 총각들이 어울렸으리라. 결혼 축제는 분노로 들끓고 있던 신라 백성들의 마음을 희망으로 부풀어 오르게 했을 것이다.

　백성들은 신라가 장기간에 걸친 국가보위 전쟁과 삼국통일 전쟁을 수행하는 과정에서 이미 너무 많이 희생되었거나 사회적으로 몰락했다. 국가의 가혹한 역역力役 징발과 중세重稅의 하중을 오랜 기간 떠받쳐왔던 그들이다. 그들 가운데 상당수는 날품팔이로 생계를 이어나가는 이른바 용작傭作 노동자였을 것이다. 이는 통일기에 대규모의 전장田莊을 소유하고 있었던 귀족층이 무전無田 농민들에게 농지를 빌려주고 지대를 징수하는 경영 방식을 채택함으로써 수입의 안정성을 확보하는 한편 농민들은 자유민의 신분이면서도 그 지배 아래 들어가 생을 유지해갈 수밖에 없는 형편에서 기인한 것으로 보인다.[3] 그야말로 신문왕은 그의 재혼식을 장엄한 형태로 행하고자 국가적 총력을 들여 준비한 듯하다. 그것은 내부 반란을 완전히 청산하고 새 신부를 맞이하여 이전과 다른 세상을 열어보겠다는 의지의 표명이었다.

　그의 결혼 축제에 의해 사회 불안의 표면은 일시적으로 잠식되었고, 왕국은 화려한 예복을 입었다. 큰 도로에는 혼인 행진을 보고자 온갖 사람이 떠들썩하게 채워져 있다. 드디어 왕비를 태운 수레의 퍼레이드가 행해진다. 모였던 군중은 열광하여 자신을 잊는다. 고귀한 왕비의 혼례 행진에 아찔해진 백성들은 현실에 대해 품었던 분노를

까맣게 잊어버리고, 지배자의 논리에 다시 타협한다. 가장 고귀한 여자를 실은 행렬이 지나가자 백성들은 저택 처마 아래서 굶주림에 날갯짓하는 것에도 신경쓰지 않는다. 신문왕 혼례의 화려한 그늘 아래 정치적 파동과 경제적 파산, 사회의 모순과 민중생활의 비참함은 은폐되었다. 혼례에 허비되는 막대한 소비는 모순을 은폐할 만큼 효과가 있었다. 냉정하게 계산한다면 불합리한 탕진임에 틀림없다. 의례란 소비만 있지 생산은 없고, 비합리와 결합한 행위다.

그러나 그것은 필요한 탕진이며, 사람들이 모순도 비참함도 초월하여 열광하며 도취하는 대상이다. 그리고 인간 사회는 이 비합리를 계속 추구하고 있다.

Ⅱ

흥덕왕과 앵무새
근친 왕족에 의한 최초의 국왕 살해

부인을 잃은 흥덕왕의 슬픔이 『삼국유사』 권2에 흥덕왕과 앵무새 이야기로 전해지고 있다.

"42대 흥덕대왕은 보력 2년 병오(826)에 즉위하자 얼마 못 되어 당나라에 사신으로 갔던 사람이 앵무새 한 쌍을 가지고 왔다. 오래지 않아 암놈은 죽고 홀로된 수놈이 늘 구슬프게 울었다. 왕이 사람을 시켜 거울을 그 앞에 걸도록 했더니 새가 거울 속에서 제 그림자를 보고 제 짝을 만난 줄 알았다가 그만 그 거울을 쪼아보고는 그것이 그림자인 줄 알고 슬프게 울다가 죽었다. 왕이 노래를 지었다 하나 사실을 알 수 없다."

홍덕왕의 슬픔이 같은 처지의 앵무새에 이입되어 있다. 이별의 아픔은 재위 기간 내내 홍덕왕의 마음을 지배했다. 그것은 사랑이라기보다는 죄책감이었다. 홍덕왕은 자신의 작은형 언승(헌덕왕, 809~825)과 함께 어린 조카 애장왕(800~809)을 죽여 왕좌에서 끌어내린 전력이 있었다.

809년 7월 몹시도 가물었던 어느 날 김언승(헌덕왕)과 김수종(홍덕왕, 재위 825~836)이 장형의 아들인 애장왕을 살해했다. 근친 살해에 의한 왕위 찬탈은 일찍이 신라 정치사에서 찾아보기 힘든 새로운 사태였다. 사건은 이후 왕위를 바라보는 근친 왕족들의 시선에 심대한 영향을 주었다. "우리도 힘만 있다면 왕이 될 수 있다." 809년의 왕위 찬탈은 836년에서 839년까지 자행된 왕위 계승 쟁탈전의 서막이었다.

홍덕왕의 비는 바로 애장왕의 누이 장화부인章和夫人이었다. 홍덕왕은 장형 소성왕의 아들 애장왕과 숙질 간이면서 처남 매부 사이였다. 형인 헌덕왕의 왕위를 물려받은 홍덕왕의 왕좌는 이미 피로 얼룩진 것이었다.[4]

원성왕계의 근친혼은 왕족 사이의 유혈 사태에서 오는 심적 갈등을 한층 더 복잡하게 만들었고, 그것은 어찌할 줄 모르고 방황하는 여인들을 낳았다. 자신의 남자 형제를 죽인 남편을 대해야 했던 장화부인의 눈물은 기록으로 남겨지지 않았다. 그러나 그것은 인간의 마음을 가진 자라면 누구나 짐작할 수 있다. 장화부인은 자신의 남동생을 죽인 남편(흥덕왕)을 18년 동안 바라보며 살아야 했다.[5]

이 글은 왕족의 근친 살해라는 어둠의 서막을 수필처럼 써내려간 것이다. 인간의 심리란 복잡하고 너무나 불완전하기에 논문 형식을 취한다면 그것을 표현해내기가 어렵다. 서로를 죽이던 신라 하대 왕실 구성원들의 인간적인 고뇌에 다가서고 싶었기에 이런 글쓰기 형식을 취했다. 또 극적인 상황을 연출하기 위해 대화체 방식을 쓰기도 했다. 그렇지만 상상력이 원전 사료를 벗어나진 않는다. 단지 다른 것은 글쓰기 방식뿐이다. 사료에서 사건을 끌어내 인간 내면으로 파고 들어가는 갱도를 만들고자 했다.

1. 짝 잃은 앵무새

836년 12월 신라의 왕궁에서는 흥덕왕(재위 826~835)이 임종의 침상에 누워 있었다. 그의 나이 60세였다.[6] 당시 고령이었던 나이만큼이나 그는 삶에 물리고, 왕 노릇에 신물이 나고 끝없는 고난의 역정에 지쳐 있었다. 그는 죽음에 직면해서 어떤 생각을 했을까. 자신과 피를 나눈 여러 사람의 모습이 눈앞을 스쳐 지나갔을 것이다. 젊은 나이에 태자로서 세상을 떠난 아버지 그리고 과부가 되어 궁을 나갔다가 태후가 되어 돌아온 어머니, 작은형 김언승과 함께 칼을 들고 궁으로 들어가 살해한 조카 애장왕, 자신의 부인이자 애장왕의 누이였던 장화부인…. 후사가 없던 흥덕왕은 임종시 자기 부인과의 합장만을 유언으로 남겼다. 그는 왕위 계승 후보자에 대한 지명은 하지 않았고, 죽어서 부인과 함께하고 싶다는 욕망만 보였다. 그것은 왕으로서가 아니라 죽음에 직면해서 한 인간으로서 내보인 자신의 과거에 대한 회한이었다.

흥덕왕은 826년 즉위한 직후 왕비인 장화부인이 죽자 재혼을 단념했다. 『삼국사기』를 보면 신하들이 재혼을 청하자 "외짝 새도 자기 짝을 잃은 슬픔을 가지거늘, 하물며 훌륭한 배필을 잃었는데 어떻게 차마 무정하게도 금방 장가를 든단 말인가?"라고 했다. 그는 끝내 신하들의 청을 받아들이지 않았으며, 시녀들까지 가까이하는 것을 꺼렸다.

자신의 남동생들을 죽인 남편을 장화부인은 어떤 눈으로 바라보았으며, 둘 사이에 어떠한 대화가 오갔을까. 한번 그려보자.

> **흥덕왕**: 아 부인, 죽은 애장왕과 당신은 나의 형님 소성왕께서 낳으신 자녀이니 나와 같은 혈통의 사람들이오. 부인의 비탄을 듣지 않아도 나는 그것을 알 수 있소.
>
> **장화부인**: 당신의 피는 늙어서 애정이 살아 있는 불을 갖고 있지 않습니까. 당신은 예영태자의 아들 중의 한 분이십니다. 이미 돌아가

신 저의 아버님 소성왕과 김언승(헌덕왕) 숙부님 그리고 당신 김수종(흥덕왕) 숙부님, 김충공 숙부님, 네 분의 왕자는 하나의 뿌리에서 성장한 네 줄기나 다름없습니다. 당신의 형님이자 저의 아버님 소성왕의 귀한 피를 받은 제 동생 애장왕은 당신의 철퇴에 무참히 맞아 그 고귀한 피를 쏟아버리고 말았으니….

아 나의 동생의 피는 곧 당신의 피가 아니겠습니까! 당신을 만든 그 자리가, 그 동일한 틀이, 나의 동생 애장왕을 만든 것입니다. 당신이 애장왕을 살해한 것은 자신을 살해한 것이나 다름없습니다. 아, 나의 부군이신 당신이 나의 동생을 죽인 살인자인데 하소연을 누구에게 할 수 있을까요….

흥덕왕 자신도 조카 애장왕을 죽였다는 죄책감에 시달렸고, 그것은 가슴에 지워지지 않는 상흔이 되었다. 그는 자신이 저지른 근친 살해가 혈육들에 의해 재현될 수도 있음을 짐작했던 것일까. 흥덕왕은 결코 재혼을 하지 않았다.

그는 재위할 당시 50세였지만 새로 젊은 부인을 얻는다면 후사를 볼 수도 있었고 만일 아들을 본다면 왕위를 계승할 가능성이 없었던 것도 아니다. 하지만 재위 당시 오십 고령에 장수할 가능성이 있다 해도 그것은 하나의 바람일 뿐이었다. 그가 새장가를 들어 늦둥이 아들을 보고 그 아들이 왕위에 오른다 해도 잘하면 열 살을 넘기는 정도였을 것이다. 그가 생각하기에 자신의 아들이 자기 동생이나 조카의 손에 목숨을 잃고 왕위를 찬탈당하지 않는다는 보장은 없었다.

홍덕왕은 형 헌덕왕이 826년 10월에 죽자 즉위했다. 그 이듬해인 827년 정월에 공식적인 대관식이 신궁神宮에서 행해질 예정이었다.[7] 이제 장화부인은 자신의 동생들(애장왕, 김체명)의 피로 더럽혀진 왕좌에 살인자 남편과 나란히 앉아야 할 때가 온 것이다. 그것을 끝내 거부할 마음이었던가? 그녀는 826년 12월에 한 많은 세상을 뜨고 만다. 동생들의 죽음은 장화부인의 영혼을 평생 동안 짓눌렀다.

『삼국사기』권10, 신라본기는 "왕이 왕비를 잊지 못해 슬픔에 싸여 있다"고 하여 부인의 죽음 앞에 선 홍덕왕의 모습을 기록하고 있다. 장화부인은 정목황후로 추봉되었고, 홍덕왕보다 10년 앞서 경주시 안강의 나지막한 동산에 묻혔다. 나이 육십 줄에 들어선 홍덕왕은 이 세상을 살면서도 죽어서 부인과 영원히 함께하리라는 소망을 버리지 않았다. 836년 12월 임종의 사경을 헤매는 상황 속에서 그 말만을 되풀이했다. 장화부인과 함께 묻어달라고 말이다.[8]

2. 어머니 성목태후

홍덕왕이 장화부인과 20세의 나이에 결혼했다면 그해는 796년이 된다. 800년 조카 애장왕이 즉위할 당시 13세였던 것을 감안하면, 결혼할 당시 그 누이 장화부인은 십대 중반을 넘지 못했을 것이다.[9]

여자에게 결혼의식이란 친정아버지가 모시던 조상신과 결별하고 남편이 모시는 조상신과의 결합을 뜻한다. 삼촌과 근친혼을 한 장화부인의 경우 친정의 조상신과 결별할 필요가 없었고, 지참금을 가지고 갈 일도 없었다. 왕궁에 있는 아버지의 거처에서 삼촌의 집으로 옮겨갔을 뿐이었다. 결혼생활이 무르익을 무렵 왕궁에는 두 차례의 큰 변화가 찾아왔다. 원성왕과 소성왕의 연이은 사망이 그것이다. 798년 12월 29일 흥덕왕의 조부인 원성왕이 죽고 큰형인 소성왕이 즉위했다. 그리고 장화부인은 왕의 증손에서 공주로 위치가 바뀌었다.

장화부인의 아버지 소성왕 김준옹은 인겸태자의 아들이었다. 인겸은 785년 원성왕의 장남으로 동왕의 즉위와 동시에 태자로 책봉되었으나 791년에 사망했다. 그후 준옹은 조부인 원성왕의 슬하에서 성장한다. 그는 아버지 인겸이 생존해 있을 시기인 789년 당에 사신으로 다녀와 대아찬의 관등을 수여받았으며, 이듬해 파진찬으로 진급하여 재상에 임명되었다. 소성왕은 그의 아버지 인겸태자가 사망할 당시 집사성 시중이 되어 조부를 보필하는 막중한 자리에 있었으며, 그 이듬해인 792년 지금의 국방부 장관이라 할 만한 병부령에 취임했다. 이보다 앞서 791년 인겸태자 사망 후 태자에 책봉된 것은 준옹이 아니라 아버지 인겸의 동생 의영義旻이었다. 그러나 준옹의 삼촌인 의영태자도 794년 2월에 사망함으로써 그 이듬해 1월 준옹이 태자에 책봉되었고 799년에는 조부 원성왕을 이어 소성왕으로 즉위했다.

소성왕은 즉위 원년에 지금의 거제도를 녹읍으로 삼아 국학 하는 학생들을 위한 일종의 장학재단을 설립해 실질적인 경제 기반을 만드는 등 인재 양성에 관심이 컸다. 그러나 소성왕은 장수하지 못했다. 즉위 2년 만인 800년 6월에 그의 아들 청명(애장왕)을 태자로 책봉한 후 사망하고 말았다. 소성왕을 책봉하기 위해 장안을 출발했던 당 사신은 운주에서 그 소식을 듣고 되돌아갔다고 한다. 소성왕의 단명은 확실히 하대 왕실의 불운이었다.

800년 장화부인의 남동생 청명이 13세에 애장왕으로 즉위했다. 큰삼촌인 김언승의 섭정이 시작되었다. 병부령으로서 섭정한 김언승은 궁내성의 일개 관서에 불과했던 어룡성을 독립·격상시켜 일종의 섭정부를 만들고 스스로 초대 장관에 취임하였으며, 곧이어 진골귀족회의 의장인 상대등에 올라 정치 실권을 완전히 장악했다. 애장왕대에 이루어진 대부분의 정책은 바로 각간 김언승이 주도했다. 그러나 그의 독주를 견제할 만한 인물이 없었던 것도 아니다. 그럴 수 있었던 인물은 바로 애장왕의 조모이며 섭정 김언승의 어머니인 성목태후聖穆太后였다.

성목태후는 인겸태자의 비妃로서 슬하에 준옹·언승·수종·충공 등 네 명의 아들을 두었다. 손자인 애장왕이 즉위한 후 아들 언승·수종·충공 3인이 신라 조정에서 주요 관직을 장악하고 있었다. 당시 왕실 최고의 어른으로 군림했던 것이다. 그러나 여기서 해결해야 할 문헌적인 문제가 있다. 『삼국사기』 권10 소성왕 원년(799) 8월 조를 보면 "어머니 김씨를 추봉하여 성목태후로 삼았다"고 한 기록이 보이기 때문이다. 『삼국사기』에 따른다면 성목태후는 원성왕대나 소성왕 원년 8월 이전에 이미 사망한 것으로 볼 수 있다. 그러나 『동문선』 권64에 실려 있는 다음의 기록을 보면 애장왕대에 성목태후가 생존해 있었음이 확인된다. 「해인사 선안주원벽기」를 보자.

> 정원 18년(802) 10월 16일에 동지를 데리고 여기에 건물을 세웠다. 이때에 성목태후께서 우리나라의 국모로서 군림하시어 이 불교도들을 아들처럼 육성하셨다. 소문을 듣고 기뻐하시어 날짜를 정하여 부처님께 귀의하시고 좋은 음식을 내리고 예물까지 곁들여주셨다. 이것은 하늘에서 도움을 받은 것이지만 사실은 땅에 의하여 인연을 얻은 것이다.

위의 기록에 의하면 성목태후가 802년 당시 해인사를 창건하는 데 전폭적으로 지원했음을 알 수 있다. 물론 그는 당시 최고의 국모國母로 군림하고 있었다. 손자인 애장왕, 섭정 정부를 구성하고 운영하던 세 명의 아들 위에 그녀가 버티고 서 있었다. 『삼국사기』에도 애장왕 3년(802) 8월 가야산에 해인사가 창건되었다는 기록이 있어 위의 기록과 거의 일치하며, 무엇보다 위의 기록은 고려시대에 편찬된 『삼국사기』보다 300년 앞선 것이다. 기록을 남긴 최치원은 말년에 해인사에 은둔한 경험이 있다. 따라서 그는 해인사에 대하여 누구보다 잘 알고 있었을 것이다.

이렇듯 그녀는 애장왕 재위시에 생존해 있었을 가능성이 높다.[10] 위의 「해인사 선안주원벽기」에서 "이때에 성목태후께서 우리나라의 국모로 군림하시어 이 불교도들을 아들처럼 육성하셨다"라는 표현에서 알 수 있듯이 성목태후는 불심이 깊은 사람이었고 불교도에 대한 당대 최고의 후원자였다. 해인사의 규모나 그것이 보유한 광대한 토지를 고려한다면 성목태후가 희사한 규모가 얼마나 거대했는지 짐작할 만하다.

802년에 완성된 해인사는 왕실의 적극적인 지원을 받은 것이 확실하다. 그녀가 사망했다면 해인사 창건은 불가능했다. 해인사의 규모로 보아 그것이 완성되기까지는 상당한 시간과 지속적인 자금 투입을 필요로 했기 때문이다. 791년 왕위를 약속받은 남편 인겸태자가 죽자 성목태후는 적잖은 심적 타격을 받았으리라. 인겸은 네 명의 아들을 남기고 세상을 등졌고 그 이듬해에 시동생인 의영義英이 태자에 책봉되어 왕위를 약속받았다. 그녀는 동궁을 떠날 수밖에 없었다.

그녀는 아마도 이 시기부터 불심에 마음을 두었을 가능성이 높다. 그전부터 불심이 있었다 해도 남편의 사망 후 그것은 더욱 깊어졌을 터이다. 나중에 해인사의 주지가 된 의상계 화엄종 승려인 순응順應과의 인연도 이 시기에 맺어졌을 것으로 보인다.[11] 궁중에서 나온 과부 성목태후에게 사찰은 마음의 안식처였다.

성목태후: 스님! 남편의 죽음은 저에게 가혹한 것이었습니다. 그를 잃고 모든 것을 잃었습니다. 왕위는 시동생인 의영에게 돌아갈 것이고, 우리 아이들의 미래도 불투명합니다.

순응: 마마, 인생이란 공평한 것입니다. 마마께서 왕위를 약속받은 남편을 잃었다고 하나 부처님과 더욱 가까워졌고, 궁중에서 나왔다고 하나 자유를 얻었습니다. 저세상으로 보낸 남편을 마음에 붙들어 잡지 마시고 이제 놓아주세요.

성목태후: 그것이 힘드네요. 황태자비일 때는 모든 사람이 저를 경이롭게 바라보았습니다. 하지만 한순간에 모든 것이 바뀌었고, 그들은 저를 만나려고 하지도 않아요. 시동생인 의영태자 부부에게 모든 시선이 쏠려 있습니다.

순응: 잠시뿐일 것입니다. 지금 의영에게는 자식이 없지 않습니까. 결국 장손인 그대 남편의 자식들 중 누군가에게 왕위가 돌아갈 것입니다. 더욱이 최근 의영의 건강이 좋지 않다는 이야기가 나오고 있습니다. 나무관세음보살….

  그녀가 남편의 극락왕생을 빌기 위해 열심히 불공을 드리는 동안 기적 같은 일이 일어났다. 794년 2월 시동생인 의영태자가 돌연히 세상을 떠난 것이다. 갑작스런 시동생의 죽음에 숙연해질 수밖에 없었지만 그러나 현실적으로 그것은 그녀에게 기회였다. 자신의 장남인 준옹이 태자에 책봉될 기회였기 때문이다. 그녀가 생각하기에 부처는 확실히 자신을 도와주는 원력을 발휘했다.

798년 시아버지인 원성왕이 사망하고 그 이듬해에 그녀의 장남인 준옹이 소성왕으로 즉위했다. 그녀는 남편을 잃은 과부로서 왕궁을 떠났지만 태후가 되어 다시 돌아왔다. 그러나 운명은 그녀를 또다시 속였다. 그녀의 아들 소성왕은 즉위한 지 2년 만에 사망했다. 국왕인 아들의 죽음을 눈앞에서 지켜봐야 했던 그녀는 울 수도 없었다. 그녀에게는 할 일이 남아 있었다. 준옹이 남기고 간 어린 자식(애장왕)이 있었기 때문이다. 그녀의 슬하에는 경험 많은 아들이 있었고, 그들의 보필로 애장왕대의 국정이 수행되었다. 하지만 그녀의 차남인 언승(후에 헌덕왕)은 패기 있고 정력적인 야심가였다.

3. 작은형 헌덕왕

흥덕왕 김수종에게 처음부터 왕위가 약속된 것은 아니었다. 형인 헌덕왕에게는 기록상 확인되는 아들이 있었기 때문이다. 『삼국사기』권10, 헌덕왕 14년(822) 3월에 "각간 충공의 딸 정교貞嬌를 맞아 태자비로 삼았다"고 하여 헌덕왕에게 태자가 있었음을 말해준다. 상황이 이러함에도 불구하고 흥덕왕이 형의 뒤를 이어 즉위할 수 있었던 것에는 모종의 음모가 있을 것으로 추측되었다. 민영규는 흥덕왕릉 단석斷石 명문銘文 중에 보이는 '기지세책己之歲冊'을 기지해(825)

의 태자 책봉으로 해석했다. 그에 의하면 왕위 계승의 약속을 받으려면 부군副君으로서는 부족하고 태자로서의 책봉이 필요했다는 것이다. 그리하여 이해에 흥덕왕이 다른 모든 경쟁자를 물리치고 태자로 책봉됨으로써 왕위 계승권을 확보해 공작에 결정타를 친 것이 아닐까 추측했다.[12]

민영규의 지적대로 흥덕왕 김수종이 825년에 형인 헌덕왕에 의해 태자에 책봉되었다고 본다면, 822년 3월 김충공의 딸 장교부인과 결혼한 헌덕왕의 태자는 그 직후 어느 시기에 사망했다고 볼 수 있다. 이는 『삼국사기』 권45, 녹진전을 보면 알 수 있다. "14년에 국왕(헌덕왕)에게 왕위를 이을 아들이 없었으므로 동모제同母弟 김수종을 태자로 삼아 월지궁에 들게 했다"라고 하여 헌덕왕의 왕위를 계승할 아들이 없었음을 명기하고 있다.

그러나 헌덕왕의 또다른 아들인 심지는 863년(경문왕 3)까지 살아 있었다. 『삼국유사』 권4, 심지계조心地繼祖 조를 보면 "중僧 심지는 진한(신라) 41대 임금 헌덕대왕의 아들이다"라고 하는 기록이 보이고 또한 1966년 대구 동화사 비로암 삼층석탑에서 나온 사리함의 명문에 전지대덕專知大德 심지心智로 나타난다. 이는 심지가 공산 동화사에 주석했다는 『삼국유사』의 기록과 정확히 일치한다. 『삼국유사』에 따르면 심지는 15세에 출가했다고 하는데, 그 연도가 정확하게 언제인지는 알 수 없고 또 그 외에 다른 형제가 있어 태자에 책봉되었는지도 알 수 없다. 하지만 혹 헌덕왕에게 아들이 있었다고 해도 그가 부왕의 뒤를 이어 왕위를 계승하는 데에는 현실적으로 어려운 점이 많았다. 그것은 두 명의 숙부가 버티고 있었기 때문이다.[13] 애장왕의 죽음은 살인 당사자들(헌덕왕, 흥덕왕)에게도 깊은 그늘을 드리우게 했다.

작은형 언승(헌덕왕)은 아버지 인겸태자가 살아 있을 때인 790년에 이미 대아찬에 올랐고, 아버지가 운명하던 해인 791년 정월에 전前 시중 이찬 제공이 반란을 일으키자 몸소 군대를 지휘하여 그것을 진압했다. 왕의 손자로서 대담한 모험을 감행할 수 있는 자였다. 그는 이 공을 인정받아 파진찬으로 진급했으며, 그후 794년 2월에 시중으로 임명되었다가 큰형 준옹이 태자로 책봉되던 해에 이찬으로 재상이 되고, 곧이어 796년 4월에 병부령에 올랐다.

수종은 애장왕 5년(804) 1월에 28세의 젊은 나이로 집사부 시중이 되어 807년 1월까지 3년간 재임했다. 『삼국사기』 신라본기에는 804년 1월 이전에 김수종의 관직 보임 사실이 보이지 않으나, 제1급의 근친 왕족이었던 그가 관례에 따라 재상이나 내성(사신)을 역임했을 가능성은 충분히 있다. 바로 아래 동생 충공도 그러했을 것이다.

앞서 언급한 바와 같이 장성한 숙부들이 조정의 주요 자리에 포진해 있는 상황에서 열세 살의 애장왕이 즉위할 수 있었던 것은 그가 태자 책봉을 받은 이유도 있지만 왕실의 어른 성목태후가 생존해 있던 것도 한 요인이 되었다. 그녀는 애장왕 재위시 어느 시기에 사망한 듯 보인다. 애장왕에게 있어 조모 성목태후의 죽음은 확실히 그의 행로에 그림자를 드리웠다. 그의 숙부들을 제어할 조모의 부재는 그에게 힘겨운 상황이 닥쳤음을 의미했다. 그가 나이가 들어 성년이 되었을 때에도 이는 변함없는 사실이다. 성년이 된 그가 어느 정도 힘을 보유하게 된다면 그것은 상황을 호전시키는 것이 아니라 오히려 숙부들과의 충돌 가능성을 높일 뿐이다.

성목태후의 사망 시기를 직접적으로 알려주는 기록은 없다. 그러나 애장왕 7년(806) 『삼국사기』에 보이는 다음과 같은 조치는 그것을 암시하고 있다.

"절을 새로 짓는 것은 금하되, 다만 수리하는 것은 허락한다. 또 수놓은 비단을 불교 행사에 사용하는 것과 금과 은으로 만든 그릇의 사용을 금한다. 마땅히 담당 관청으로 하여금 이를 널리 알려 시행하도록 하라."

「해인사 선안주원벽기」에서 알 수 있듯이 성목태후는 국모로서 불교도들을 아들처럼 육성하는 후원자였다. 그런데 위의 기록은 해인사와 같은 거대한 사찰을 창건한 것과 완전히 배치된다. 이 조치는 당시 과열되었던 불사를 규제하는 조치로서, 섭정 김언승이 집행한 것이리라.

성목태후를 중심으로 일어났던 불사 분위기에는 이로 말미암아 서리가 내려 앉았다. 성목태후는 애장왕 7년을 전후하여 병상에 누워 거동을 못 하는 상태였거나 사망했을 가능성이 높다. 성목태후가 사망할 시기에 애장왕은 장성하여 20세의 나이가 되었다. 이제 숙부 김언승이 섭정할 명분이 사라졌다. 애장왕은 먼저 일본국의 사신을 직접 접견하고 당에 사신을 보내 아버지 소성왕의 책봉서를 받아오는 등 외교에 정열을 쏟았다.

800년 당나라 책봉사가 애장왕의 부왕인 소성왕을 책봉하기 위해 신라로 향했는데 도중에 왕이 죽었다는 소식을 듣고 되돌아왔다. 그 후 당 황제의 소성왕 책봉서는 당나라 중서성中書省에 보관되어 있었는데 애장왕이 사신을 파견하여 그것을 받아오게 했던 것이다. 이는 당 황제에게 임명받은 신라 소성왕의 아들로서 애장왕 자신의 위치를 그의 숙부들에게 확인시켜주려는 시도로 보인다. 이는 『삼국사기』의 기록에서도 알 수 있다.

"애장왕 9년(808) ··· 왕의 숙부 언승과 그 아우 충공 등에게 문극門戟을 주되 본국의 예에 따라 주도록 했다."

애장왕은 본국의 예에 따라서 숙부 언승과 충공 등에게 문극門戟을 주었다. 이는 국왕인 애장왕 자신과 숙부들 사이에 군신관계를 확인하려는 시도로 풀이된다. 그동안 왕의 친동생 체명體明도 성장하여 측근에서 왕을 보필하고 있었다.

수종이 언승에게 말했다.

수종: 형, 조카 애장왕이 다 성장했습니다. 이제 우리가 제어하는 것을 싫어합니다.

언승: 그래! 조카가 불만의 눈빛을 가지고 우리를 바라보고 있어.

수종: 저도 그런 것을 느꼈습니다.

언승: 섭정인 내가 물러나야 한다는 말도 나오고 있어!

수종: 아마도 조카의 측근들이 그러한 말을 흘린 것 같습니다.

언승: 그래, 지금 작은 조카가(왕의 동생 체명이) 경호실(시위부)을 장악하고 세력을 규합하고 있다는 정보가 있어.

수종: 이렇게 가다간 우리 형제가 정부의 핵심 요직에서 밀려나는 것은 시간문제입니다. 우리의 권력 상실은 과연 무엇을 의미하겠습니까?

김언승 · 김수종 · 김충공 형제는 조카들의 성장에 불안감을 느꼈다. 애장왕도 그들의 조종을 받는 허수아비 역할을 하지 않았다. 언승과 수종은 몹시도 가물었던 809년 7월 9일[14]을 거사의 날로 잡았다. 그날 그들은 군사를 모집하여 궁궐로 쳐들어갔다. 『삼국사기』 권 10, 애장왕 10년 7월 조를 보자.

"크게 가물었다. 왕의 숙부 언승 및 그 아우 이찬 제옹(悌邕)[15]이 군사를 거느리고 궁궐로 들어가 난을 일으켜 왕을 죽였다. 왕의 아우 체명體明이 왕을 시위侍衛하다가 함께 죽임을 당했다."

그것은 너무나 순식간에 일어난 일이어서 애장왕 측에서는 평소 시위하던 경호원들로만 그것을 막아내야 했다. 왕의 친동생 체명이 지휘하는 병사들이 이를 막아보려 했지만 역부족이었다. 예기치도 못한 급습에 당황한 그들은 순식간에 밀려드는 반군의 칼에 희생되었고, 살아남은 경호원들도 자리를 이탈했을 것이다.

애장왕 곁에 마지막까지 남은 사람은 친동생 체명밖에 없었다. 이 세상에서의 마지막 순간이었다. 애장왕과 체명은 당장 숙부들의 칼에 도륙당했다. 그것은 근친 왕족에 의한 최초의 국왕 살해였다. 판도라의 상자가 열렸다.

왕실의 어른인 숙부들이 신성한 권위를 지닌 국왕을 죽이고 그 자리를 차지했다는 것은 그후 신라 왕좌를 바라보는 인식에 심대한 영향을 끼쳤다. 그것은 살인의 끝이 아니라 시작이었다. 809년 근친 왕족 간의 피의 살육은 27년이 지난 836~839년에 더욱 처참한 대규모의 사건으로 재현되었다. 두 명의 왕(희강왕과 민애왕)이 피살되고, 유력한 왕위 계승 후보자(김균정)가 살해되었다.

왕위쟁탈전 전야에 온 일본 사신

홍덕왕이 사망하기 직전 신라 조정의 분위기를 전해주는 직접적인
기록은 없다. 다만 당시 상황을 간접적으로 반영하는 자료가 일본 측
에 보인다. 그것은 바로 신라에서 일본 태정관太政官에게 보낸「집사
성첩執事省牒」이다. 이 문서는『속일본후기』권5, 인명천황 승화 3년
12월 을미 조에 있다. 문서의 발급 관인과 그 서명 부분이 생략되긴
했지만, 문서의 서두부터 결말까지 완벽하게 남아 있다. 이 문서가
작성될 당시(836년 10월) 왕위 계승 쟁탈전의 주인공 김명金明은 집
사성 시중侍中 직에 있었다.[16]

834년 정월에 일본은 당에 파견할 사절단을 임명하였고,[17] 836년 7
월 2일에 그들을 태운 배遣唐船 4척이 규슈의 후쿠오카 항을 출발했
다.[18] 그런데 그보다 앞서 836년 윤5월 13일에 일본 조정에서는 혹
견당선이 신라로 표류하지나 않을까 걱정되어 무장국武藏國의 권대
연權大掾・기삼진紀三津을 신라에 파견하고, 그 편에 "견당선이 신라
에 혹시 표착하면 지체시키거나 막지 말아달라"는 취지의 일본의 태
정관첩太政官牒을 신라 집사성에 보낸다.[19]

기삼진은 귀국하여 그해(836) 겨울 10월 26일에 후쿠오카 내륙으
로 돌아갔고, 12월 3일에 천황에게 복명했다. 집사성 시중 김명이 보

낸 서류가 천황에게 당도한 것이 바로 그때였으리라. 김명이 작성한
신라 「집사성첩」을 보자.[20]

"신라국 집사성이 일본국 태정관에게 첩문을 보냅니다. 기삼진이 거
짓으로 조빙사라 칭하고 예물을 가지고 왔으나 그 문서公牒를 살펴
보니 거짓이고 사실이 아닙니다.

아뢰옵니다. 삼진 등의 문서書狀를 받았는데 이르기를 '본국(일본)의
왕명을 받들어 오로지 우호를 통하러 왔다'고 했으나 첩을 보니 단
지 '당에 교빙하러 감에 만일 사절의 배가 그곳 국경에 도착하면 도
와서 보내고, 막지 말아주시오'라고만 했습니다. 이에 주사主司(담당
관서인 신라 영객부領客府)가 재차 관리를 보내어 거듭 물어보았으나
삼진의 말과 태정관의 첩이 서로 어긋나서 허실을 구분할 수 없습니
다. 교린을 위한 사절이 아니라면 진정에서 우러나온 선물이 아닐
것이며, 일도 실제에 합당하지 않으니 어찌 함부로 받을 수 있겠습
니까! 또 태정관인의 전적篆跡은 분명하지만, 소야황小野篁(일본의 견
당遣唐 정사)이 탄 배가 이미 멀리 떠났으므로 삼진三津을 거듭 당나
라에 초빙하도록 보낼 필요는 없습니다. 섬 사람들이 동서로 이익을
엿보다 관인을 모조하는 방법을 배워 가짜로 공첩을 만들어 척후斥
候의 어려움에 대비하면서 멋대로 중국의 앞 바다를 돌아다니려 한
것인지도 모릅니다. 그런데 양국이 교통함에는 반드시 속임이 없어
야 하며, 사신이 전대專對할 만한 자(직급이 높은 자)가 아니라면 신

뢰할 수 없는 것입니다. 소사所司(신라 예부禮部)에서는 형장刑章을 바르게 써서 그들을 처벌함으로써 간사한 무리를 막자고 재삼 청하였고, 주사에서는 대체大體를 보존하는 데 힘쓰며 허물을 용서하고 공을 격려하여 소인小人의 거친 죄를 용서하여 대국(신라)의 너그러운 아량을 펴자고 했습니다. 바야흐로 지금은 시대가 평화롭고 바다에 큰 파도가 없으나 만일 우호를 회복하고자 한다면 피차 무엇이 방해가 되겠습니까. 더욱이 정관貞觀(627~649) 중에 고표인高表仁이 그곳에 도착한 후에 중국과 교통함이 우리를 의지하여 입술과 이齒처럼 서로 필요하게 된 것이 오래되었습니다. 이 일을 태정관에 첩하며, 아울러 청주靑州(경남 진주)에도 첩하여, 일을 헤아려 바다를 건너는 일과에 맞게 양식을 지급하여 본국(일본)으로 되돌려 보내려 합니다. 처분을 청합니다. 판判을 받들어 상狀에 준하여 태정관에 첩하니, 자세히 살피기를 청함."[21]

시간을 계산하면 교토에서 규슈 대제부까지 37일이 소요된다. 이것을 역산하면 그가 대제부에 도착한 것은 6월 20일경이고, 신라의 진주에 도착한 것은 일본의 견당선 네 척이 규슈 후쿠오카 항을 출발한 863년 7월 2일 이전이었을 것으로 추정된다. 기삼진은 당시 신라 대일교역의 정식 창구였던 진주에 머물고 있다가[22] 그해 10월 말에 추방되었다. 그는 신라의 진주 관하에 있는 관리들에게 감금되어 문초를 당하다시피 했으며, 그것도 수차례 조사를 받았다.

위의 문서를 받은 일본 측에서는 신라의 그러한 처사를 두고 '속임수에 가까운 짓近于誣罔'이라며 분개하고 있다. 당시 일본은 신라와 새로운 교류를 희망하고 기삼진을 파견했다. 신라가 그 뜻을 분명히 알면서도 온갖 이유를 붙여 사절을 추방했다고 일본 측은 생각하고 있는 것이다. 사실 신라는 기삼진이 거짓 사신이 아님을 알고 있었다. 이는 기삼진이 지참하고 온 태정관문서의 관인의 전적이 분명하다고 하는 데서도 알 수 있다. 신라는 기삼진을 소인으로 몰고 신라를 대국으로 칭했다. 나아가 일본 태정관의 관인이 모조됐을 가능성이 있다고 노골적으로 말하고 있다.

기삼진에 대한 조사는 여러번 이뤄졌다. 그는 836년 7월 2일 이전에 현재 진주로 입국하여 같은 해 10월 20일경에 추방되었다. 3개월 이상을 진주에 머물러 있었다. 그가 신라의 주장대로 거짓 사신이라면 처벌을 받거나 바로 추방되었을 것이다. 그가 진주에 상당 기간 체류한 사실은 그의 입경을 결정하는 신라 중앙 조정의 고민을 반영하고 있는 것은 아닐까. 기삼진에 대해 조사하는 시간이 경과할수록, 왕경에서 진주로 성사星使가 수차례 와서 조사하고 그 결과를 진주에서 왕경 경주로 파발을 뛰어 새롭게 보고 할 때마다, 기삼진이 거짓 사신이 아니라는 사실이 더욱 확실해졌을 것이다. 그의 부당한 추방은 일본과의 관계 악화를 초래할 것이 확실하며, 부담이 될 일이었다.

홍덕왕은 836년 12월 어느 시기에 사망했고, 일본 사신 기삼진은 이보다 앞서 836년 10월 26일에 추방되었다. 당시 60세의 고령 홍덕왕은 붕崩을 앞두고 있었다. 처음에는 조사를 하다가 시간이 지나갔고 나중에는 기삼진의 왕도 입경을 미루다가 흥덕왕이 병석에서 일어나지 못할 것이 확실해지자 그를 추방했던 것이다.

신라 측에서는 기삼진이 상대할 자가 못 된다고 하고 있다. 이는 그의 관직이 낮다는 뜻이다.[23] 하긴 이보다 24년 앞서 804년에 파견된 일본의 견신라사는 병부소승兵部小丞 정육위상正六位上 대반숙녜잡만리大伴宿禰㟧萬里로 비교적 고위직 인사였고,[24] 신라 왕경에 들어와 애장왕을 알현하고 황금 300냥을 증여한 바 있다.[25] 그들은 기삼진과 같이 신라와 교빙결호交聘結好하고자 했고, 그 임무를 원활히 수행했다.

그렇다면 836년 일본 측이 고위 관리를 파견했다면 신라가 그를 입경시켰을까? 사실 당시 신라 조정에서는 기삼진이 관위가 높든 낮든, 혹은 가짜이든 아니든 그것이 문제는 아니었다. 신라 조정은 왕위 계승 문제를 놓고 근친 왕족 사이의 긴장감이 감도는 와중에 일본의 사신을 신라 왕경으로 들어오게 할 순 없었다. 그것은 성가신 일이었다. 신라는 곪아터지기 직전에 있는 냄새 나는 자신의 속을 일본에게 보여주고 싶지 않았던 것이다.

위의 기록을 보면 신라 집사성에서 "바야흐로 지금은 시대가 평화롭고 바다에 큰 파도가 없으니 만일 우호를 회복하고자 한다면 피차 무엇이 방해가 되겠습니까"라고 하고 있다. 하지만 이는 기만적인 내용이다. 당시 신라 조정 내부는 결코 평화롭지 못했다. 흥덕왕은 늙어가는데 정해진 후계자는 없었다. 왕이 몸져눕기라도 한다면 그 야말로 신라의 조야는 술렁거렸다. 동왕 11년(836) 6월에 붕崩의 전 조로 살별妖孛이 동쪽에 나타나고, 기삼진이 진주에 도착한 7월에 금 성太白이 달을 침범했다. 후사가 없던 흥덕왕이 돌아가기 직전인 이 시기에 신라 조정은 이미 상대등 김균정파와 집사성 시중 김명이 주 도적으로 밀고 있는 김제륭(희강왕)파로 양분되어 있었다. 김명의 측근 이홍利弘은 이렇게 물어보았을 수 있다.

이홍: 김명 시중 각하. 왜 직접 왕위에 나아가시지 않고 김제륭을 내
세우십니까?

김명: 나의 6촌이자 자형인 김제륭을 왕위에 추대하려는 것은 존경
심에서 우러나온 것이 아니오. 그와 내가 처남 매부라는 관계라 그
렇게 한 것은 더더욱 아니지.

이홍: 그러시면 무엇이…

김명: 내가 직접 5촌 당숙인 김균정과 왕위를 놓고 경쟁한다고 생각
해보시오. 그러면 어떻게 되겠소? 6촌인 김제륭은 김균정의 친형 김
헌정의 아들이오. 숙질(3촌 관계)인 둘이 단합하여 나를 견제한다면
어떻게 되겠느냐 말이오? 나는 둘을 감당해낼 힘이 없어!

이홍: 예, 제가 생각이 짧았습니다.

김명: 우리가 이렇게 고생하고 있는 것은 왕위 계승을 약속받은 나의
아버지 김충공(흥덕왕의 동생)님의 때 이른 죽음 때문이오! 그것은 내

인생의 불운이었지. 만일 아버지가 생존하여 상대등으로 왕위에 즉위했다면 당연히 나는 태자가 되어 왕위 계승을 약속받았을 것이오.[26]

이홍: 김명님의 말씀을 듣고 보니 그렇군요. 그러니까 지금 우리는 김제륭을 추대하여 일단 왕위에 올려놓고 실권을 장악하면…

김명: 경쟁자 김균정과 결판이 나지 않았으니 더 말하지는 마오!

이홍: 예.

김명이 김제륭을 추대한 것은 당숙 김균정이 왕위에 오르는 최악의 사태를 막기 위한 수단이었다. 만만한 약자와 연합하여 강자를 타도하기 위한 몸부림이었다. 장성한 아들(김우징)이 있는 김균정이 왕위에 오른다면 김명에게는 영원히 기회가 사라진다. 쇠사슬은 가장 약한 연결 부위의 강도가 전체의 장력이다.

실제로 김명과 이홍은 김균정을 죽이고 왕위에 김제륭을 옹립한 지 2년 후(838년 1월) 희강왕 김제륭을 죽였다. 김명은 민애왕이 되었고, 이홍은 상대등 자리에 올랐다.

836년 말 당시 상대등 김균정과 경쟁을 하던 집사성 시중 김명에게 일본과의 외교는 부차적인 문제였다. 그는 어떠한 이유를 붙여서라도 진주에 있는 일본 사신을 추방하라는 명령을 내렸는지도 모른다. "기삼진이 거짓으로 조빙사를 칭하고 있다"고 하는 「집사성첩」의 첫 문장에는 김명의 의지가 반영되어 있다.

1장

1 이는 크게 두 가지로 나뉜다. 「혜성가」를 단을 열고 작계作曘하여 부른 주사呪詞로 보는 견해가 있고(양주동·김동욱·최성호·김열규·이재선), 화랑의 공덕을 칭송한 노래로 보는 경우도 있다(김선기·최철·김승찬). 윤영옥은 실축적 기원가로, 박노준은 주가呪歌, 치리가治理歌이면서 화랑 찬모가의 요소를 내포하고 있다고 분석한다.

2 최시한, 「향가 해석의 한 국면」, 『삼국유사와 한국문학』, 1983, 123~132쪽.

3 김현, 『한국문학의 위상』, 문학과지성사, 1977, 96~100쪽. 「혜성가」에서 '일본병日本兵'이란 명사가 등장한다. 진평왕대 사람들은 일본이라는 국호를 몰랐다. 일연에 의해 「혜성가」가 기록으로 정착된 고려시대의 상황이 반영되어 있다. 김현의 지적은 일면 타당성을 지니고 있다.

4 어윤적은 그의 『동사년표東史年表』1959년판 623년 조에서 "融天下大師作彗星歌鄉歌之伝始此"라 하여, 623년에 「혜성가」가 지어졌다고 했다. 오카야마 젠이치로岡山善一郎이 이미 지적한 것처럼 어씨는 이 연대에 대해 아무런 근거를 제시하지 않았다. 하지만 『일본서기』 권22, 추고천황 31년에 "…(왜가) 수많은 군을 이끌고 신라를 정벌하게 하였다. (…) 장군들만이 임나에 도착하자 상의하여 신라를 습격하려 하였으나, 신라국의 주(진평왕)는 많은 군세가 왔다는 말을 듣고 싸우기도 전에 겁이 나서 항복하였다. 장군들은 협의하여 상주하였던바, 천황도 이를 허하였다"는 왜의 신라 침공 기록이 보인다.

5 이십팔수二十八宿 천구天球에 황도黃道에 따라 스물여덟로 등분한 구획, 또는 그 구획의 별자리. 동쪽에는 각角·항亢·저氐·방房·심心·미尾·기箕, 북쪽에는 두斗·우牛·여女·허虛·위危·실室·벽壁, 서쪽에는 규奎·누婁·위胃·묘昴·필畢·자觜·삼參, 남쪽에는 정井·귀鬼·유柳·성星·장張·익翼·진軫이 있다.

6 조동일, 「「혜성가」의 창작 연대」, 『한국시가문학연구』, 신구문화사, 1982. 조동일의 연구에 대해서는 본문에서 보다 상세히 고찰할 것이다.

7 岡山善一郎, 「鄉歌 [彗星歌] と歷史記述」, 『朝鮮學報』 187, 2003, 100쪽.

8 『일본서기』 권22, 추고천황 10년 조.

9 岡山善一郎, 「鄉歌 [彗星歌] と歷史記述」, 『朝鮮學報』 187, 2003, 98~99쪽.

10 '일본병 환국'을 바라보는 기존의 시각은 다음과 같은 윤영옥의 지적에서 잘 드러난다. "기록상으로 볼 때, 倭寇는 신라초기부터 신라의 변경, 특히 '東邊'을, 심할 때는 '金城'까지 침입해 와서 掠奪해갔다. 왜구의 이러한 행위는 조선조까지도 계속되었던 것이다. 그들의 침략 규모

는 작게는 '犯邊'에서 크게는 '擧兵將船百艘'에 '軍士萬餘名'에 이르기도 했으며, 그들 왜 측의 기록을 통해 볼 때, 침입의 목적이 약탈만이 아니고 隣國을 구제한다는 명분을 내걸었던 것 같다. 그리고 이 왜구들이 신라에 도착한 시기는 대체로 夏四月을 전후한 것임을 알 수 있다. 이러한 왜구의 擄掠은 신라로서는 큰 우환이 아닐 수 없었다. 그래서 여러 가지 방법과 수단을 강구하여 그들의 침입을 방비, 擊破했던 것이다."(윤영옥, 『신라시가의 연구』, 형설, 1980, 30~31쪽)

11 조상호, 『혜성 관측가이드』, 가람기획, 1997, 57쪽.

12 岡山善一郎, 「鄕歌 [彗星歌] と歷史記述」, 『朝鮮學報』 187, 2003, 98~100쪽.

13 신라가 한강 유역을 장악하자 고구려가 평양에 장안성을 축조하기 시작했다는 것은 의미심장한 지적이다(武田幸男, 「朝鮮三國の動亂」, 『週刊朝日百科 日本の歷史』 45, 1987. 田中俊明, 「朝鮮古代の王都を訪れる 第四回 平壤 2」, 『NHKラジオ안녕하십니까?ハングル』 7月號, 日本放送出版協會, 1989). 앞서 다나카 도시아키田中俊明는 고구려가 장안성에 천도했다는 사실을 고증한 바 있다. 그는 장안성이 552년부터 593년까지 42년에 걸쳐 축조되었으며, 천도는 축조 완료 전인 586년에 이루어졌음을 실증했다(田中俊明, 「高句麗長安城の位置と遷都の有無」, 『土林』 67-4, 京都大, 1984. 田中俊明, 「高句麗長安城城壁石刻の基礎的硏究」, 『土林』 68-4, 1985). 위의 글들은 李成市, 「高句麗와 日隋外交」, 『이우성정년기념논총』, 1990. 141쪽 주 19와 142쪽 주 21에서 재인용했다.

14 이성시, 「高句麗와 日隋外交」, 『이우성정년기념논총』, 1990.

15 이에 대해서는 노태돈의 논고(『고구려사 연구』, 사계절, 1999, 408~429쪽)가 있으므로 본고에서는 상세히 언급하지 않겠다.

16 수의 통일과정에 대해서는 정재훈의 다음 글을 전적으로 참고했다. 丁載勳, 「隋文帝581~604의 統一指向과 對外政策—西北民族에 대한 對策을 중심으로—」, 中國史硏究 13, 2001, 78~84쪽.

17 『자치통감』 권175, 진기 9 선제 태건 14년(582), 5456쪽.

18 『책부원귀』 권990, 외신부 備禦 조, 1631쪽.

19 『수서』 권84, 돌궐전 1866쪽.

20 『수서』 권84, 돌궐전 1866쪽.

21 『수서』 권84, 돌궐전 1866쪽.

22 『수서』 권84, 돌궐전 1866쪽.

23 『삼국사기』 권4, 진평왕 16년 조.

24 『삼국사기』 권4, 진평왕 30년 조.

25 『삼국사기』 권4, 진평왕 33년 조.

26 坂元義種, 「推古朝の外交-とくに隋との關係を中心に」, 歷史と人物 100, 1979(李成市, 「高句麗와 日隋外交」, 『이우성정년기념논총』, 1990, 138쪽 재인용).

27 岡山善一郎, 「鄕歌 [彗星歌] と歷史記述」, 『朝鮮學報』 187, 2003, 98~99쪽 참조.

28 『일본서기』 권22, 추고천황 3년(595) 가을 7월 조 "숭준崇峻 4년(591)에 파견된 기노오마로紀男

麻呂가 츠쿠시筑紫에서 도착했다."

29 660년 이후 왜가 백제를 지원하고 신라를 공격하는 것에도 고구려가 연루되어 있다. 나당연합군에 의해 백제가 멸망하자 연개소문의 사신들이 일본 열도를 오가는 모습이 사료에 보인다. 『일본서기』 권27, 천지천황 원년(662) 3월 조를 보자.
"이달에 唐인과 신라인이 고려를 공격하였다. 고려가 우리(왜)에게 구원을 요청하였으므로 장군을 파견하여 소유성疏留城에 거하게 하였다. 이 때문에 당인은 고려의 남쪽 경계를 침략하지 못하고 신라도 고려 서방의 성루를 함락시키지 못했다"라고 하여 고구려가 원조를 요청하자 왜는 백제에 병력을 파병한다.
고구려의 이러한 조치는 위력을 발휘한다. 한반도 남부에 주둔해 있던 당군과 신라군이 고구려의 남서쪽 국경을 공격하는 데 발목을 잡았던 것이다. 사실 660년부터 663년까지 나당연합군은 백제부흥군과 전투를 하는 데 여념이 없었다(『삼국사기』 권6, 문무왕 1년·2년·3년 조).
백제부흥군의 저항은 왜의 군사적 원조 없이는 불가능했기 때문에 고구려 남쪽 국경에서 나당연합군의 압박은 상당히 완화되었다. 고구려와 왜의 군사협력 관계는 실로 긴밀했다. 이는 "12월에 고려는 '이해 12월 고려국에서는 유독 혹한이었다. 패貝(대동강)가 동결되었다. 이 때문에…'라고 보고하였다"라는 『일본서기』 권27, 천지천황 즉위년(661) 12월 조를 보면 다시 확인할 수 있다.
고구려가 왜에게 전황을 알렸던 것과 마찬가지로 왜도 한반도에서 감행될 군사작전 계획을 고구려에 미리 알렸다. "계축 삭朔에 견상군은 고려에 급행하여 출병의 일을 고하고 돌아왔다"는 『일본서기』 권27, 천지천황 2년 여름 5월 조를 보면 알 수 있다. 왜는 이보다 2개월 앞서 천지천황 2년(663) 3월에 한반도에 2만7000의 병력을 출병시킨 바 있으며, 그해 가을 8월에 나당연합군과 백촌강에서 대회전을 벌인다. 이처럼 일본의 기록에서 고구려가 왜와 긴밀하게 연락하며 전투에 임했음을 확인할 수 있다. 서영교, 「고구려의 對唐전쟁과 내륙아시아 제민족」, 군사 49, 2003.

30 『수서』 권2, 제기 2 고조 개황 8년(588) "冬十月己亥, 太白出西方. 己未, 置淮南行臺省於壽春, 以晉王廣爲書令. 辛酉, 陳遣兼散騎常侍王琬, 兼通直散騎常侍許善心來聘, 拘留不遣. 甲子, 將伐陳, 有事於太廟. 命晉王廣, 秦王俊, 淸河公楊素並爲行軍元師, 以伐陳. 於是晉王廣出六合, 秦王俊出襄陽, 淸河公楊素出信州, 荊州刺史劉仁恩出江陵, 宜陽公王世積出蘄春, 新義公韓擒虎出廬江, 襄邑公賀若弼出吳州, 落叢公燕榮出東海, 合總管九十, 兵五十一萬八千, 皆受晉王節度. 東接滄海, 西拒巴, 蜀, 旌旗舟楫, 橫數千裏. 曲赦陳國. 有星孛於牽牛." 牛는 북쪽에서 성패가 보였음을 의미한다.

31 室은 북방을 가리킨다.

32 胃 昴는 서방이다.

33 조동일 「彗星歌의 창작 연대」, 『韓國詩歌文學硏究』, 신구, 1983, 59~66쪽.

34 조동일 「彗星歌의 창작 연대」, 『韓國詩歌文學硏究』, 신구, 1983, 63쪽.

35 조동일, 『국문학연구의 방향과 과제』, 새문사, 1983, 174쪽.

36 596년(추고 4) 이전에도 왜가 츠쿠시에 병력을 배치한 일이 있음을 필자도 알고 있다. 『일본서기』 권21, 숭준천황 4년(591) 11월 기묘 조를 보면 왜가 "2만여 병력을 축자에 주둔시키고 길사吉士 김金을 신라에 보내고, 또 길사 목련자木蓮子를 임나에 보내어 임나의 일을 물었다"는 기록이 나온다.

37 물론 이것은 조동일이 1의 기록(『삼국사기』 권27, 백제본기 위덕왕 26년(579) "겨울 10월 長星이 竟天했으나 20일 후에 없어졌다")을 염두에 두고 한 언급이다(조동일, 「彗星歌의 창작 연대」, 『韓國詩歌文學硏究』, 신구, 1983, 62쪽).

38 이는 혜성이 나타나자 융천사가 「혜성가」를 지어 그것을 물리쳤다는 『삼국유사』의 기록과 관련하여 중요한 암시를 준다. 진평왕도 신라 왕경의 어느 사찰(황룡사로 추정)이나 왕궁에서 융천사를 필두로 하는 상당수의 승려를 동원하여 대대적인 설제設齊를 행하게 했을 가능성이 높다. 그 행사를 수행하기 위해 지어진 것이 「혜성가」였던 것으로 추정된다.

39 『수서』 권20, 천문 중 요성 조 "…孛星, 彗之屬也. 偏指曰彗, 芒氣四出曰孛. 孛者, 2然非常, 惡氣之所生也. 內不有大亂, 則外有大兵, 天下合謀, 暗蔽不明, 有所傷害. 晏子曰 : "君若不改, 孛星將出, 彗星何懼乎孛"由是言之, 災甚於彗."

40 이 점은 조동일에 의해 이미 지적되었다. 조동일은 "혜성이 출현한 방향이 「혜성가」에서 말한 혜성의 경우와 다르다. 혜성이 처음에 '奎'에서 나타났다 했는데, 이 별은 이십팔수의 하나로 서방에 있는 별이다. 다음에는 '文昌'을 쓸었다고 했는데, 이 별은 '북두칠성' 중 첫째 별에 해당된다. 혜성이 서쪽에서 나타나서 북쪽으로 자리를 옮겨갔음을 알 수 있다. 다음에는 '大陵'을 거쳤다고 했는데, 이 별자리는 서방에 있는 이십팔수의 하나인 '胃'의 북쪽에 있다. '五車'는 북극성 서쪽에 있는 별자리이며, 그중 하나가 일등성 카펠라Capella이다. '北河'는 쌍둥이좌에 해당되는 별자리이며, 북극성 서쪽에 있다. 그 세 별자리를 거쳐서 다음에는 '大微'에 들어갔다 했는데, 이것도 서북쪽 별자리로서 사자좌 서쪽 별 열 개이다. 끝으로 '帝坐'를 휩쓸었다 했는데, 이것 또한 서북쪽의 별자리다. 요컨대 607년의 혜성은 서쪽에서 처음 보여서 서북쪽으로 자리를 옮겨갔으니, 「혜성가」에서의 혜성이 동쪽에서 출현했던 것과 일치하지 않는다."(조동일, 「「혜성가」의 창작연대」, 『한국시가문학연구』, 64쪽)

41 1985년 겨울에 나타나 그 이듬해에 사라진 핼리혜성도 처음에 관측된 후 사라졌다가 다시 나타났다. 밝은 태양에 혜성이 다가갈 때 그것은 관측되지 않는다. 玄源福 篇, 『백만인의 핼리혜성』(과학세기사, 1986, 88~89쪽)에 있는 핼리혜성 일문일답의 일부를 보면, "(문) 핼리혜성은 어째서 지구와 두 번 접근하는지요? 답) 핼리혜성은 태양에 접근할 때 지구의 궤도를 가로질러 혜성의 궤도 근처까지 갑니다. 그래서 갈 때와 돌아올 때 합쳐서 두 번 지구와 접근하게 되는 것입니다. 첫 번째 접근은 1985년 11월 27일이었으며, 두 번째는 86년 4월 11일입니다"라 하여 참고가 된다.

42 Mark Littmann, Donald K. Yeomans, COMET HALLEY-Once in a Lifetime, *American Chemical*

Society, Washington, D.C. 1985. p.143. 음력과 양력 날짜 환산은 韓甫植 編著, 『韓國年曆大典』, 嶺南大學校出版部, 1987, 607쪽에 의거했다.

43 羅逸星, 『핼리혜성』, 정음사, 1985.

44 핼리혜성의 궤도를 고려한다면 그것이 태양을 돌아 지나가는 어느 시점에 한 번 정도는 지구와 태양 사이에 나란히 서 있게 되는데, 이때 지구에서 관측되지 않는다. 처음 출현 후 사라졌다가 다시 나타나는 것은 이 시점에서이다. 물론 태양을 중심으로 볼 때 지구의 궤도와 핼리혜성의 궤도는 18도 정도 차이가 있다(Mark Littmann, Donald K. Yeomans, COMET HALLEY-Once in a Lifetime, p. 87). 그래서 3개의 천체가 완전히 일직선상에 놓이지는 않는다. 그것은 어디까지나 상대적이다.

45 물론 혜성의 근일점에서 태양·지구·혜성이 나란히 일직선으로 놓여 있는 것은 아니며, 그러한 경우는 오히려 많지 않다. 혜성이 근일점에 위치할 때 상대적으로 위의 3개 천체의 위치가 얼마나 굽어 있느냐에 따라 혜성 관측 규모가 좌우된다. 근일점을 통과하기 이전부터 관측된 607년의 핼리혜성의 경우 여기에 해당된다. 그해 음력 2월 12일 날(양력 3월 15일) 근일점을 통과한 이 혜성은 이보다 이틀 앞선 음력 2월 10일부터 다시 관측되었다. 그렇기 때문에 그 규모도 컸고 오랫동안 관측되었다.

46 안드레아스 포 레퇴, 『혜성의 신비』, 박병덕·배정희 옮김, 다섯수레, 1997 참조.

47 이와 관련하여 760년에 출현한 핼리혜성은 참고가 된다. 『신당서』 권32, 천문지를 보자. "乾元三年760년 四月丁巳(경덕왕 19년), 有彗星於東方, 在婁, 胃間, 色白, 長四尺, 東方疾行, 曆昴, 畢, 觜觿, 參, 東井, 輿鬼, 柳, 軒轅至右執法西, 凡五旬餘不見. 閏月辛酉朔, 有彗星於西方, 長數丈, 至五月乃滅. 婁爲魯, 胃, 昴, 畢爲趙, 觜觿 參爲唐, 東井, 輿鬼爲京師分, 柳其半爲周分. 二彗仍見者, 薦禍也. 又婁, 胃間, 天倉"라 하여 혜성은 760년 4월 정사에 출현했고, 그 방향은 동방이었다. 색깔은 백색이었고 길이는 4척이었다. 혜성이 여러 별자리를 거쳐 동방으로 질행하다가 軒轅에 이르렀고 右執法西로 향했다. 그리고 50여 일 동안 보이지 않다가 윤월 신유 초하루에 서방에 다시 나타났다. 길이는 수 장丈이 되었다.

48 조동일은 처음에 『삼국유사』 융천사의 「혜성가」를 607년의 핼리혜성으로 보았다. 하지만 그것을 철회했다. 그의 논문 「혜성가」의 창작연대」(『한국시가문학연구』, 64쪽 주 11)를 보면 "필자는 이 논문을 준비하면서 한때 607년의 혜성이 「혜성가」에서 말한 혜성이라 착각해서, 이 말을 몇 사람에게 한 적도 있다. 『마당』에 연재 중인 「다시 쓰는 한국문학사」 2회, 1981년 10월호 219쪽에서 '7세기 초 융천사의 「혜성가」'라고 한 것도 그런 착각에 근거를 두고 한 말이다. 한동안 잘못 짚었던 것을 부끄럽게 생각하며, 이 기회에 잘못이 시정되기를 바란다"라고 하고 있다. 조동일은 607년 2월의 기록(『수서』 권3, 양제 대업 3년(607) "봄 정월 丙子에 長星이 竟天하여, 東壁에 보였다가 二旬 후에 止했다")을 고려했겠지만, 長星은 혜성이 아니라고 생각했기에 논의 대상에서 제외했던 것으로 추측된다. 나아가 조동일은 혜성과 태양 그리고 지구의 상대적 위치에 대해서도 고려하지 않았다.

49 岡山善一郎, 「鄕歌 [彗星歌] と歷史記述」, 『朝鮮學報』 187, 2003. 101~103쪽.

50 『삼국사기』 권4, 진평왕 24~33년 조.

51 『자치통감』 권181, 대업 7년 4월 조.

52 『자치통감』 권182, 수기 6 양제 대업 9년 4월 · 6월 조.

53 『삼국사기』 권4, 진평왕 35(613)년 조.

54 『삼국사기』 권4, 진평왕 35(613) "봄에 가물고 여름 4월에 서리가 내렸다. 가을 7월에 수나라 사신 王世儀가 도착했다. 황룡사에서 설백고좌하는데, 요와 원광 등의 법사들이 설경했다"; 당시 수나라와 고구려 사이의 전쟁이 시작되었다. 이때 신라는 고구려의 남쪽을 공격하는 등 수나라를 자청해서 도왔다. 그러나 수는 고구려에 패했고, 신라는 백제에게 밀리고 있는 상황이었다.

55 『삼국사기』 권5, 선덕여왕 5년(636) "3월 왕이 병이 들어 의술을 사용하고 기도도 해보았으나 아무런 효과가 없었다. 그래서 황룡사에서 백고좌회를 열어 승려들을 모아놓고 『인왕경』을 강의했으며, 승려 100명을 출가하게 허락했다"; 『속일본기』 권19, 천평 승보 5년(753) 3월 경오 조에도 東大寺에서 백고좌를 설했는데 『인왕경』을 강했다고 한다.

56 『일본서기』 권26, 제명천황 6년(660) 5월, 有司奉勅造一百高座. 一百衲袈裟. 設仁王般若之會. (…) 國老言. 百濟國失所之相乎.

57 서영교, 「고구려의 對唐전쟁과 내륙아시아 제민족」, 군사 49, 2003.

2장

1 황소자리Taurus는 황도십이궁의 하나(제2궁)로, 페르세우스자리, 마차부자리, 오리온자리 등에 둘러싸여 있다. 대략적인 위치는 적경 4h 30m, 적위 18°. 가장 밝은 알데바란은 1.1등으로 붉은색 저온별인데, 실제 지름은 태양의 45배나 된다. ζ성 근처에는 1054년에 나타난 초신성의 잔해인 게성운이 있다. 또한 황소자리에는 플레이아데스, 히아데스 등 유명한 산개성단散開星團이 있다. 한국과 중국에서 묘성昴星이라 부르는 플레이아데스는 맨눈으로 6개 정도의 별을 볼 수 있으며 망원경으로는 100개 이상이 보인다. 그 대부분은 질량이 큰 푸른 별들로 비교적 젊은 편에 속한다. 알데바란 근처에 있는 히아데스도 맨눈으로 볼 수 있는 3·4등 별들의 집단이다(두산백과사전 EnCyber & EnCyber.com).

2 『삼국사기』 권22, 고구려본기 보장왕 27년 4월 조 "여름 4월에 혜성이 畢星과 卯昴星 사이에 나타났다. 당나라 허경종이 혜성이 동북방에 나타났으니 고구려가 멸망할 징조라고 말했다." 필성은 백호 7숙 중 다섯 번째 별이다. 8개 별로 이루어져 있다. 묘묘성은 백호 7숙 중 제4숙, 육안으로 보이는 별은 7개이나 실재로 120개가량의 별로 이루어져 있다. 7자매성단으로 흔히 말하는 플레이아데스 성단이다. 『후한서』 천문지에서 "昴爲獄事" "畢爲邊兵" "昴爲邊兵" 등의 기록을 볼 수 있다.

3 『구당서』 권35, 천문 상 "總章元年四月, 彗見五車, …경종이 또 당 고종에게 말했다 : 혜성이

동북에 있어 황제의 군대가 죄를 묻는 것이니 고구려를 장차 멸망시킬 정벌이 될 것입니다. 황제가 말했다. : 나는 만국의 주인이 될것이니, 어찌 소번을 멸망시키지 못하리요! 22일 혜성이 사라졌다."

4 칼 세이건, 앤 드루얀 지음, 『혜성』, 김혜원 옮김, 해냄, 2003, 45쪽.

5 두산백과사전 EnCyber & EnCyber.com.

6 칼 세이건, 앤 드루얀, 위의 책, 46쪽.

7 『삼국사기』 권7, 문무왕 21년 7월 조.

8 『삼국사기』 권7, 문무왕 21년 7월 조.

9 "永隆二年九月一日, 是夜彗見西方天市中, 長五尺, 漸小, 向東行, 出天市, 至河鼓右旗, 十七日滅"

10 두산백과사전 EnCyber & EnCyber.com.

11 칼 세이건, 앤 드루얀, 위의 책, 44쪽.

12 李文基, 『新羅兵制史研究』 48쪽.

13 『구당서』 권5, 고종본기 하 영융 2년 9월과 개요 원년(681) 10월 조 "永隆二年九月丙申, 彗星見於天市, 長五尺. 冬十月丙寅朔, 日有蝕之. 乙酉, 改永隆二年爲開耀元年681. 曲赦定襄軍及緣征突厥官吏兵募等. 丙寅, 斬阿史那伏念及溫傅等五十四人於都市. 丁亥, 新羅王金法敏薨, 仍以其子政襲位."

14 칼 세이건, 앤 드루얀, 위의 책, 50~51쪽에서 재인용.

15 칼 세이건, 앤 드루얀, 위의 책, 60쪽에서 재인용.

16 『구당서』 권4, 고종본기 상 영징 원년 9월(650) "九月癸卯, 右驍衛郎将高侃執車鼻可汗詣闕, 獻於社廟及昭陵." 『구당서』 권67, 이적전 "經月餘, 克其城, 虜其王高藏及男建, 男産, 裂其諸城, 並爲州縣, 振旅而旋 令勣便道以高藏及男建獻於昭陵, 禮畢, 備軍容入京城, 獻太廟." 『삼국사기』 권22, 보장왕 27년(668) "李勣將還, 高宗先以王等獻于昭陵."

17 최현화, 『羅唐同盟의 性格 研究』, 동국대 석사논문, 1999. 40쪽 참조.

18 『삼국유사』 권1, 태종춘추공 조.

19 『삼국사기』 권10 애장왕 2년(801) "春二月 謁始祖廟 別立太宗大王 · 文武大王二廟 以始祖大王及高祖明德大王 · 曾祖元聖大王 · 皇祖惠忠大王 · 皇考昭聖大王爲五廟."

20 "諸聖朝의 廟號와 서로 저촉되어 칙령으로 이를 고치라 하니 제가 어찌 명령을 쫓지 않을 수 있겠는가? 그러나 선왕 춘추는 자못 어진 덕이 있었고…"

21 신형식은 675년에서 700년의 25년간 신라가 사신을 파견한 것은 675년, 686년, 699년의 3회뿐이며, 당이 신라에 사신을 파견한 것도 681년, 692년, 693년 3회라 지적하고 신문왕 · 효소왕대에 거의 대당 조공이 없었으므로 사실상 국교 단절 상태라 했다(申瀅植, 『韓國古代史의 新研究』, 일조각, 1984, 327쪽).

22 "이에 왕이 여러 신하들과 의논하여 대답하였다."

23 『삼국사기』권40, 직관지 무관 조.

24 『자치통감』권202, 당기 18 함형 4년 윤5월 조 "閏五月. 燕山道總管·右領軍大將軍李謹行大
破高麗叛者於瓠蘆河之西. 俘獲數千人. 餘衆皆奔新羅. 時謹行妻劉氏留伐奴城. 高麗引靺鞨攻
之. 劉氏擐甲帥衆守城. 久之. 虜退. 上嘉其功. 封燕國夫人."

25 양병룡, 「나당전쟁의 진행과정에 보이는 고구려유민의 대당전쟁」, 『사총』46, 고려대, 1997.
『삼국사기』권40, 職官下 武官 "九誓幢… 五日黃衿誓幢, 〈神文王〉三年, 以〈高句麗〉民爲幢, 衿色
黃赤; 六日黑衿誓幢, 〈神文王〉三年, 以〈靺鞨國〉民爲幢, 衿色黑赤…."

26 『일본서기』권27, 천지천황 10년(671) 정월 丁未 조 "高麗遣上部大相可婁等進調."
　　『일본서기』권28, 천무천황 원년(672) 5월 戊午조 "高麗遣前部富加抳等進調."
　　『일본서기』권29, 천무천황 2년(673) 8월 癸卯 조 "高麗遣上部位頭大兄邯子. 前部大兄碩干等
朝貢. 仍新羅遣韓奈末金利益送高麗使人于筑紫"
　　『일본서기』권29, 천무천황 5년(676) 11월 丁亥 조 "高麗遣大使後部主博阿于. 副使前部大兄德
富朝貢. 仍新羅遣大奈末金楊原送高麗使人於筑紫"
　　『일본서기』권29 천무천황 8년(679) 2월 壬子 朔 조 "高麗遣上部大相桓欠. 下部大相師需婁等
朝貢. 因以新羅遣奈末甘勿那 送桓欠等於筑紫"
　　『일본서기』권29 천무천황 9년(680) 5월 丁亥 조 "高麗遣南部大使卯問. 西部大兄俊德等朝貢.
仍新羅遣大奈末考那送高麗使人卯問等於筑紫"
　　『일본서기』권29 천무천황 11년(682) 6월 壬戌朔 조 "高麗王遣下部助有卦婁毛切. 大古昂加.
貢方物. 則新羅遣大那末金釋起. 送高麗使人於筑紫"

27 『삼국사기』권40, "職官下 武官 九誓幢…七日碧衿誓幢, 〈神文王〉六年, 以〈報德城〉民爲幢, 衿
色碧黃; 八日赤衿誓幢, 〈神文王〉六年, 又以〈報德城〉民爲幢, 衿色赤黑"

28 『삼국사기』권8, 신문왕 7년(681) 2월 조.

29 『삼국사기』권8, 신문왕 7년(681) 4월 조.

30 『삼국사기』권40, 職官下 武官 "九誓幢… 九日青衿誓幢, 〈神文王〉七年, +又以〈百濟〉殘民爲
幢, 衿色青白."

3장

1 김동욱, 『한국가요의 연구』, 을유문화사, 1976

2 윤영옥, 『신라시가의 연구』, 형설, 1980

3 박노준, 『신라가요의 연구』, 열화당, 1982

4 김승찬, 『신라향가연구』, 제일, 1987

5 『삼국유사』권5, 월명사 도솔가 조.

6 고영섭, 「신라불교와 월명」, 『월명의 삶과 예술』, 이임수 편, 경주문화축제위원회, 2004, 47쪽.

7 박노준, 『향가여요의 정서와 변용』, 태학사, 2001

8 임기중, 「도솔가와 미륵신앙」, 『법주사』, 1990

9 八百谷孝保, 「新羅社會と淨土敎」, 『史潮』 7-4, 1937

10 三品彰永, 『新羅花郞の硏究』, 1943, 260쪽.

11 최철, 『신라가요연구』, 개문사, 1979.

12 장영우, 「도솔가는 삼행시다」, 『월명의 삶과 예술』, 경주문화축제위원회, 2004, 178쪽.

13 李基白, 『新羅 政治社會史 硏究』, 일조각, 1975

14 고영섭, 「신라불교와 월명」, 『월명의 삶과 예술』, 2004, 46쪽.

15 박노준, 「월명의 향가문학세계」, 『월명의 삶과 예술』, 2004, 61쪽.

16 岡山善一郞, 「[兜率歌] と歷史記述」, 『朝鮮學報』 176・177, 2000, 151쪽.

17 김부식은 이 기록의 바로 옆에 "당나라 令狐澄의 新羅國記에 이르기를 '그 나라가 당나라를 위하여 이 절을 세웠던 까닭에 이름을 이렇게 지었다'고 하였다. 두 탑이 서로 마주보며 서 있고 높이는 13층인데, 갑자기 심하게 흔들리며 떨어졌다 붙었다 하며 곧 넘어질 듯하기를 며칠 동안 그러하였다. 이해에 안록산의 난이 일어났는바, 아마도 그 감응이 아니었을까?'라고 협주에 자신의 견해를 덧붙이고 있다.

18 岡山善一郞, 「[兜率歌] と歷史記述」, 『朝鮮學報』 176・177, 2000, 135쪽, 146~148쪽.

19 박노준, 앞의 논문, 61쪽.

20 "王聞玄宗在蜀 遣使入唐 浙江至成都 朝貢"

21 岸 俊男, 『藤原仲麻呂』, 吉川弘文館, 1969(이성시, 『동아시아의 왕권과 교역』, 김창석 옮김, 청년사, 1999, 106쪽에서 재인용).

22 사사명은 761년 3월 자신의 아들 사조의에게 죽임을 당한다. 이후 반란군은 사조의가 이끈다.

23 乾元三年(760년) 四月丁巳(경덕왕 19), 有彗星於東方, 在婁, 胃間, 色白, 長四尺, 東方疾行, 曆昻, 畢, 觜觿, 參, 東井, 輿鬼, 柳, 軒轅至右執法西, 凡五旬餘不見. 閏4月辛酉朔, 有彗星於西方, 長數丈, 至五月乃滅.

24 필자가 이러한 전제에 미련이 없는 것도 아니다. 760년 윤4월 1일에 핼리혜성은 태양에 가장 가까이 다가갔고 그 꼬리가 가장 길어졌기 때문이다. 『구당서』에서 윤4월 1일에 妖星이 보였다고 하는 것은 필시 이러한 현상을 반영하는 것으로 생각된다. 760년의 핼리혜성은 양력으로 5월 20일에 근일점을 통과했다(Mark Littmann, Donald K. Yeomans, 1985, COMET HALLEY-Once in a Lifetime, American Chemical Society, Washington, D.C., p. 143). 근일점을 통과한 양력 5월 20일을 음력으로 환산하면 윤4월 1일이 된다(韓甫植 編著, 『韓國年曆大典』, 嶺南大學校出版部, 1987, 760쪽).

25 Mark Littmann, Donald K. Yeomans, COMET HALLEY-Once in a Lifetime, p. 143.

26 韓甫植 編著, 『韓國年曆大典』, 760쪽.

27 羅逸星, 『핼리혜성』, 64쪽 참조.

28 안드레아스 포 레뮈, 『혜성의 신비』, 박병덕 · 배정희 옮김, 다섯수레, 1997, 127쪽.

29 필자는 이 기록을 오카야마 젠이치로의 앞의 논문 143~144쪽을 통해서 알게 되었다.

30 "兩傍에 慧가, 太史奏, 日有暈近臣亂, 諸侯有欲反者."

31 『고려사』 47권, 志 1 天文 1 "宣宗十一年正月丙子日冠左右珥. 壬辰日傍東西有彗白虹衝日戊戌亦如之"라고 하여 선종 11년 정월 병자에 해日 좌우에 햇무리를 관처럼 쓰고 있으며, 임진에 해 주위에 彗가 백홍의 빛을 발했다. 무술에도 역시 이와 같았다고 한다. 태양 주위에서 彗가 여러 날 빛을 내는 상황을 기록하고 있다.

32 안드레아스 포 레뮈, 『혜성의 신비』, 129쪽.

33 차근호 · 이원식, 「황사가 항공산업에 미치는 영향에 관한 연구」, 『한국항공경영학회지』, 1권 제1호, 2003, 40~43쪽 참조.

34 웨난 · 상청융 지음, 『법문사의 비밀』, 유소영 · 심규호 옮김, 일빛, 1999, 13쪽.

35 "경덕왕 19년(760) 4월 초하룻날朔 두 해가 나란히 나타나서 열흘 동안이나 사라지지 않았다."

36 "彗星見南方 屈僧一百口 設齋於楊梅宮"

37 李惠求, 「범패와 居士소리」, 『韓國史』, 국사편찬위원회, 1981, 360쪽에서 일본 범패의 존재에 대해 언급했다.

38 이동복, 「신라 음악과 월명」, 『월명의 삶과 예술』, 2004, 75쪽.

39 의례의 변화에 대해서는, 640년 당나라 조정에서 의례 문제를 검토하기 위해 소집된 전문위원회가 작성한 상주문을 참고할 수 있다(『전당문』 쏙文本 권150, 中華書局, 15쪽). "의례는 하늘로부터 내려온 것도 아니며, 땅으로부터 솟아난 것도 아니다. 그것은 단지 인간의 감정에 바탕한 것이다." 의례는 유연하고 융통성 있는 것이므로 인간의 감정과 태도를 변화시킬 수 있다. 629년 정월 선농제례 때 당 태종은 그가 택한 의례 장소가 "고대의 의례에 부합되지 않는다"고 한 조언자의 간언을 거절했다. 그는 "의례가 인간의 감정에서 나오는 것인데 어떻게 그것들이 영원할 수 있겠는가?"라고 지적하고 장소를 바꾸지 않았다(『구당서』 권24, 中華書局, 912쪽).

40 Tambiah, S. J., 1973, Form and Meaning in Magical Acts: a point of view, in Modes of Thought, Essays on Thinking in Western and non-Western Societies, ed. Horton, R. & Finnegan, R., London. Tambiah, S. J., 1981, A Performative Approach to Ritual, Radcliffe-Brown Lecture, The British Academy, 1979: Oxford Univ. Press, pp. 153~154.

41 Levi-Strauss, C., 1981 The Naked Man, Introduction to a Science of Mythology, vol. 4, translated by John and Doreen Weightman, Harper and Row, N.Y.,, p. 672 참조.

42 엔인의 『입당구법순례행기』 839년 11월 22일 조(신라산원의 1일 강의 의식)를 보자. "오전 8시경에 종을 친다. 긴 종소리가 나면 강사와 도강 2명이 법당으로 들어온다. 대중은 먼저 들어와 줄을 지어 앉아 있다. 강사와 讀師가 법당에 들어올 때면 대중들은 한목소리로 길게 찬불한다. 그러면 강사가 올라와 북좌에 앉고 도강이 남좌에 앉으면서 찬불을 멈춘다. 이때 아랫자리의 한

승려가 梵唄로 '이 불경을 어찌할 것인가' 하고 읊조린다. 범패가 끝나면 남좌에 앉은 독사가 오늘 강의할 經經의 제목을 발표하고 그 불경을 길게 읊는데, 그 음의 굴곡이 많다. 불경을 읊는 동안 대중들은 세 번 꽃을 뿌리는데, 꽃을 뿌릴 때마다 저마다 외는 것이 있다."

43 김광수, 「고대 인도와 한국에서 불교 逐邪 儀禮의 정치학」, 2002년 2월 25일 한국역사연구회 발표 요지, 6~7쪽.

44 김광수, 「고대 인도와 한국에서 불교 逐邪 儀禮의 정치학」, 2002년 2월 25일 한국역사연구회 발표 요지. 또한 김광수는 의례에서 '비단'의 중요성을 언급했다. 내용은 이러하다. 우리는 의례를 준비할 때 비단으로 깃발을 만들거나 제단과 사원을 장식하는 일이 매우 중요하게 취급되었음을 알 수 있다. 특히 비단은 불교 의례를 구성하는 가장 중요한 품목이었다. 비단은 한 이후 실크로드를 통한 무역에서 불교 사원이 주도적인 역할을 하여 확보한 사치품으로, 점차 종교가 복잡해지고 화려해지면서 그에 따라 종교의 신성력도 확보되었다.

45 『貞觀政要定本』 권7, 中華書局, 234쪽.

46 앞서 본문에서 인용한 『구당서』 권36, 천문지 하의 기록 일부를 다시 보자. "閏四月辛酉朔, 妖星見於南方, 長數丈. 是時自四月初大霧大雨, 至閏四月末方止. 是月, 逆賊史思明再陷東都, 米價踴貴, 鬥至八百文, 人相食, 殍屍蔽地."

47 의례는 정연한 행위의 연속성을 지니는 구조화된 이벤트이다. 비록 이러한 규칙을 주재자나 청중이 이해할 수 없다고 하더라도 의례에서 질서는 매우 중요하다. 조금이라도 가지런하지 못한 점이 있다면 의례 행사의 효과는 반감된다. Orin E. Klapp, *Ritual and Cult-A Sociological Interpretation-Washington D. C.,* 1956, pp.10~13.

48 의례는 그 내용을 생생하게 표현하기 위해 진행자들의 역할을 각색한다. 청중의 주의를 집중시키고 그들의 참여도를 높이기 위해 극적인 효과를 낼 수 있는 '무대 설정'을 하는 것이다 (Geertz, C. *Ritual and Social Change : A Javanese Example, in Interpretation of Culture,* N. Y, Basic Books, 1973. pp. 142~169).

4장

1 『삼국유사』 권2, 「기이」 하 혜공왕 조.

2 李基白, 「惠恭王代의 政治的 變革」 『新羅政治社會史研究』, 일조각, 1974, 231쪽.

3 위의 논문.

4 李永鎬, 『新羅 中代의 政治와 權力構造』, 경북대 박사논문, 1995, 54쪽.

5 「수서」 권20, 천문 중 妖星 조 "… 字星, 彗之屬也. 偏指曰彗, 芒氣四出曰字. 字者, 字然非常, 惡氣之所生也. 內不有大亂, 則外有大兵, 天下合謀, 暗蔽不明, 有所傷害. 晏子曰: "君若不改, 字星將出, 彗星何懼乎?" 由是言之, 災甚於彗."

6 앞의 주와 같음.

7 『삼국사기』 권9, 경덕왕 23년 조를 보면 "12월 11일에 크고 작은 유성이 나타났는데, 보는 사

람들이 그 수를 셀 수 없었다"고 한다.

8 28수의 하나로 동방에 위치한 별자리 가운데 하나이다.

9 직녀성인 여수女宿 위에 패과敗瓜라는 깨진 바가지란 뜻이 담긴 별이 있다. 직녀는 견우를 만나려고 그 깨진 바가지로 은하수 물을 퍼내려고 했으나 깨진 바가지로는 그 많은 은하수 물을 다 퍼낼 수가 없었다고 한다. 그래서 직녀는 점대라는 정자 모양의 별자리에 올라 견우를 그리워하면서 사랑의 정표를 자기가 짜고 있던 베틀 북을 견우에게 던졌는데 그것이 포과匏瓜라는 별자리가 되었다.

10 참고로 같은 해 9월에 장안에서 유주 방향으로 떨어진 거대한 화구가 있었다. 그것은 대낮이었는데도 너무나 밝게 보였다(『신당서』 권22, 천문지 "大曆二年767(혜공 3)九月乙醜, 晝有星如一鬥器, 色黃, 有尾長六丈餘, 出南方, 沒於東北. 東北於中國, 則幽州分也").

11 『삼국사기』 권9, 혜공왕 4년(768) 6월 조.

12 『삼국사기』 권9, 혜공왕 4년(768) 봄 조 ; 그러나 이 혜성은 중국의 기록에서 확인되지 않고 있어 필자를 곤혹스럽게 한다. 『구당서』 천문지를 보면 768년(대력 3, 당 태종 3년)에 천문 관측에 관한 기록이 비교적 상세히 남아 있다. 그렇다면 『삼국사기』의 이 혜성 기록은 잘못된 것으로 볼 수도 있다.

하지만 장안의 천문대라고 해서 관측에 항상 유리한 것은 아니었다. 날씨가 흐린 상태가 지속되는 장마나 황사가 심하게 밀려오는 봄에는 관측이 어려웠다. 오르도스 사막과 타클라마칸 사막에서 불어오는 황사는 봄마다 장안의 하늘을 덮고 있다(차근호·이원식, 「황사가 항공산업에 미치는 영향에 관한 연구」, 한국항공경영학회지 1권 제1호, 2003, 40~43쪽 참조).

장안지역의 황사는 우리가 경험한 황사보다 훨씬 강하다. 그렇다면 혜공왕 4년의 이 혜성은 규모가 작으며, 잠시 왔다가 사라진 천체일 가능성을 완전히 배제할 수는 없다. 물론 혜성의 규모가 크고 그것이 하늘에 수개월 동안 떠 있다면 관측이 될 가능성이 매우 높다. 장마 때라고 해도 날씨가 개일 때도 있고 황사가 몰려온다고 하더라도 항상 심한 것은 아니기 때문이다.

13 웨난·상청용 , 『법문사의 비밀』.

14 필자는 이와 관련하여 논고를 준비하고 있다. 『삼국유사』 월명사 도솔가 조를 보면 760년 4월에 해가 두 개가 나타났다고 기록하고 있다. 이는 핼리혜성이 분명하다. 초대형급 혜성은 낮에도 보일 만큼 밝다.

15 안드레아스 폰 레퇴, 『혜성의 신비』, 박병덕·배정희 옮김, 다섯수레, 1997, 54쪽.

16 李基白, 「惠恭王代의 政治的 變革」, 『新羅政治社會史研究』.

5장

1 『신당서』 권32, 천문지에 의하면 이 기간에 초대형 혜성 2개와 중형 혜성 1개, 소형 혜성 4개가 출현했다.

2 박노준, 『신라가요의 연구』, 열화당, 1982, 94쪽.

3 경룡 원년(707, 성덕 6) 十月壬午, 有彗星於西方, 十一月甲寅不見.

경룡 2년(708, 성덕 7) 七月丁酉, 有星孛於胃′昂間. 胡分也.

경룡 3년(709, 성덕 8) 八月壬辰, 有星孛於紫宮.

연화 원년(712, 성덕 11) 六月, 有彗星自軒轅入太微, 至大角滅.

개원 18년(730, 성덕 29) 六月甲子, 有彗星於五車. 癸酉, 有星孛於畢, 昴.

4 虞世南(558-638), 자 백시伯施. 여요餘姚, 浙江省 출신. 6조의 진陳나라 때부터 서와 학재로 알려지기 시작하여 수隋나라의 양제煬帝를 받들었으나 그리 중용되지는 않았다. 그러나 당 태종의 신임을 받아 홍문관 학사·비서감을 거쳐 638년에는 은청광록대부銀靑光祿大夫가 되었다. 왕희지의 서법을 익혀 구양 순歐陽詢·저수량氏遂良과 함께 당나라 초의 3대가로 일컬어지며, 특히 해서楷書의 1인자로 알려져 있다. 태종은 우세남에게 서書를 배웠으며, "세남에게 5절絶이 있는데, 그 첫째는 덕행德行, 둘째는 충직忠直, 셋째는 박학博學, 넷째는 문사文詞, 다섯째는 서한書翰이다"라고 절찬하였다고 한다. '공자묘당비孔子廟堂碑'가 유명하며, 행서로는 '여남공주묘지고汝南公主墓誌稿'가 있다. 시에서도 당시 궁정 시단의 중심을 이루었으며, 시문집 『우비감집』, 편저 『북당서초』 등이 있다.

5 『정관정요』 권10, 298~299쪽. 『구당서』 권37, 1249쪽.

6 二十八宿의 하나로 북방에 있다. 危玄武之 虛危之星(『좌전』). 虛도 28숙의 하나임(『시경』).

7 여숙女宿의 별칭임. 여수는 이십팔수의 하나로서 玄武七宿의 셋째 성숙星宿으로서 4개 별로 구성되어 있다.

8 이십팔수의 하나, 청룡칠숙靑龍七宿의 셋째 성숙으로 별 넷으로 구성되어 있다.

9 방성房星 이십팔수의 하나. 창룡칠숙의 넷째 성숙으로 네 개의 별로 구성되어 있음.

10 "開成二年二月丙午, 有彗星於危, 長七尺餘, 西指南鬥; 戊申在危西南, 芒耀愈盛; 癸醜在虛; 辛酉, 長丈餘, 西行稍南指; 壬戌, 在婁女, 長二丈餘, 廣三尺; 癸亥, 愈長且闊; 三月甲子, 在南鬥; 乙醜, 長五丈, 其末兩岐, 一指氐, 一掩房; 丙寅, 長六丈, 無岐, 北指, 在亢七度; 丁卯, 西北行, 東指; 己巳, 長八丈餘, 在張; 癸未, 長三尺, 在軒轅右不見."

11 여숙의 별칭임. 여수는 이십팔수의 하나로서 현무칠숙玄武七宿의 셋째 성숙으로서 4개 별로 구성되어 있다.

12 안드레아스 폰 레튀, 『혜성의 신비』, 박병덕·배정희 옮김, 다섯수레, 1997, 43쪽.

13 『입당국법순례행기』, 신복룡 옮김, 정신세계사, 1991, 45쪽. 서기 837년은 핼리혜성이 나타난 해이다.

14 『삼국사기』 권10, 희강왕 "4월에 (…) 아찬 우징은 부친 균정이 살해를 당하였으므로 원한 있는 말을 하다가 김명과 이홍 등이 이를 불평하므로 5월에 우징은 화가 미칠까 두려워 처자와 함께 황산진구로 달아나서 배를 타고 청해진대사 궁복에게로 가서 의지하였다."

15 李基東, 「新羅 下代의 王位繼承과 政治過程」, 『新羅骨品制社會와 花郎徒』, 162쪽.

16 "冬 東慧孛見西方 芒角指東 衆賀日 此除舊布新 報冤雪恥祥也 陽號爲平東將軍 十二月 再

出…"

17 70년에 이르러 드디어 로마는 이 반란을 진압하게 되었지만, 칼 같은 이 혜성은 다름 아닌 핼리혜성이었던 것이 후세에 밝혀졌다.

18 『입당구법순례행기』, 45~46쪽 주 120을 보면 "안사의 반란 이후 환관의 발호가 심하자 서기 835년 문종 태화 9년에 왕애王涯·이순李順·정주鄭注 등이"라고 한다. 환관을 거세하려다가 구사량仇士良 등의 무리에 발각되어 왕애 등 11문족이 주살된 사건을 말한다"고 한다. 사건의 발생 연도가 21년이나 차이가 난다. 그러나 혜성과 그 사건이 관련이 있다고 한 심변沈弁의 말은 아래의 『구당서』 천문지 16 하의 기록을 보면 거의 틀리지 않는다는 것을 알 수 있다. 먼저 원화元和와 태화太和 연호가 비슷하다. 오히려 필사하는 과정에서 문제가 발생한 것이 아닌가 한다(『구당서』 천문지 16 하 태화 8년(834) 이월 삭, 日有蝕之. 六月辛巳五更, 有六流星, 赤色, 有尾跡, 光明照地, 珠子散落, 出河鼓北流, 近天棓滅, 有聲如雷. 七月己巳夜, 流星出紫微西北, 長二丈, 至北門第一星滅. 是夜五更, 月犯昴. 九月辛亥夜五更, 太微宮近郎位有彗星, 長丈餘, 西指, 西北行, 凡九夜, 越郎位星西北五尺滅. 癸醜, 月入南門. 庚申, 右軍中尉王守澄, 宣召鄭注對於浴殿門. 是夜, 彗星出東方, 長三尺, 芒耀甚猛, 十二月丙戌夜, 月掩昴. 九年三月乙卯, 京師地震. 四月辛卯, 大風震雷, 拔殿前古樹. 六月庚寅夜, 月掩歲星. 丁酉夜一更至四更, 流星縱橫旁午, 約二十餘處, 多近天漢. 其年十一月, 李訓謀殺內官, 事敗, 中尉仇士良殺王涯, 鄭注, 李訓等十七家, 朝臣多有貶逐).

19 『삼국사기』 권44, 김흔전, "838년 윤 정월에 대장군이 되어 군사 10만 명을 거느리고 대구에서 청해진 군사의 침입을 막다가 패전하였다."

20 838년의 혜성은 10월에 나타났다가 12월에 사라졌고, 또다른 혜성이 그 이듬해인 839년 정월에 나타나 2월에 사라진 것으로 해석할 수도 있다. 하지만 이 혜성은 결코 두 개가 아니다. 보통 혜성은 목성의 궤도를 지나 지구 가까이로 접근하면서 그 모습을 한 번 보이고 태양에 다가가 근일점 부근에 있을 때는 사라진다. 태양의 밝기가 너무 강하기 때문이다. 하지만 근일점을 지나 태양에서 멀어지면 다시 지구에서 관측이 가능해진다. 혜성은 일반적으로 한 번 사라졌다가 다시 나타난다. 기록은 정직하게 혜성이 두 개 나타나는 것처럼 묘사할 뿐이다.

21 앞서 엔인은 839년 10월에 출현한 혜성을 22일에는 1심8척 정도였다고 하고 있다. 하지만 엔인은 다음 날인 23일에 10장丈으로 기록하고 있다. 이 두 기록에서 혜성의 규모는 10배 이상의 차이가 난다. 한편 위의 『신당서』 기록에는 2장으로 나와 있다. 혜성의 규모에 대해 기록마다 편차가 발생한다. 이는 날씨의 차이에서 기인했을 가능성이 있다. 아무리 대형급 혜성이 출현했다고 해도 장마가 계속되면 관측 자체가 어렵다. 엔인이 22일에 혜성을 관측할 당시 하늘에 구름이 끼어 있었고, 다음 날은 날씨가 아주 좋았다.

22 岡田正之, 「慈覺大師の入唐紀行に就て」東洋學報 13-1, 1924, 27쪽.

今西龍, 「慈覺大師入唐求法巡禮行記を讀みて」, 新羅史硏究, 1933, 321쪽.

23 『삼국사기』 권44, 김양전.

24 『삼국사기』에 의하면 845년(문성왕 7) 3월.

25 물고기자리(PsA)는 물병자리의 남쪽에 위치한다. 대략의 위치는 적경 22h 0m, 적위 −32°이다. 1.2등성의 α(포말하우트)는 가을철의 대표적인 별로 약간 붉은색을 띠는 것처럼 보이나, 이는 지평선에 가까운 대기를 통해서 보기 때문이며 실제로는 분광형 A3의 고온 백색별이다. 그리스 신화에서는 성스러운 물병에서 흘러나온 물이 남쪽 물고기의 입에 해당하는 포말하우트 Fomalhaut로 들어간다고 한다. 예로부터 한국과 중국에서는 북락사문北落師門이라 일컬었다.

26 자미원紫微垣 큰곰자리를 중심으로 170개의 별로 이루어진 별자리. 태미원太微垣・천시원天市垣과 더불어 삼원三垣이라고 부르며, 별자리를 천자天子의 자리에 비유한다. 자궁紫宮이란 표현은 이렇게 나왔다.

보론

1 혹시 결혼 당일 날 부인 책봉은 국왕의 작위를 받은 관인이 된다는 것을 의미할 수도 있다. 관인만이 궁궐을 출입할 자격이 되기 때문인지도 모른다.

2 『삼국유사』 권2 성덕왕 조.

3 李基東, 「新羅 興德王代의 政治와 社會」 신라사회사연구, 1997, 149~151쪽.

4 『삼국유사』 권1, 王曆 제40대 애장왕 "신묘년(801)에 왕위에 올라 10년 동안 나라를 다스리다가 원화 4년(809) 기축 7월 19일에 왕의 숙부인 헌덕, 흥덕 두 이간에게 살해되어 죽었다."

5 『삼국사기』 권10 신라본기를 보면 흥덕왕은 형인 헌덕왕이 826년 10월에 사망하자 왕위에 올랐고, 장화부인은 남편인 흥덕왕이 즉위한 후 2개월 만에(그해 12월) 사망했다.

6 閔永珪, 「新羅興德王陵斷石記」, 歷史學報 17・18, 1962, 626쪽.

7 『삼국사기』 권10, 흥덕왕 2년 정월 조 "봄 정월에 왕이 몸소 신궁에 제사 지냈다."

8 『삼국사기』 권10에 "조정에서 왕의 유언에 따라 장화왕비의 능에 합장合葬하였다"라고 기록하고 있다.

9 결혼식은 할아버지인 원성왕(785~798)의 집전 아래 왕실의 조상신을 모신 사당 안에서 거행되었던 것으로 추측된다. 785년에 즉위한 원성왕은 그해에 성덕대왕과 개성대왕의 사당을 헐고 시조대왕, 태종대왕, 문무대왕 및 할아버지 흥평대왕과 아버지 명덕대왕을 모시는 오묘五廟를 만든 바 있다.

10 徐榮敎, 「新羅下代 憲貞系의 王位繼承」 동국대 석사학위논문 1993, 3~6쪽.

11 766년에 입당하여 유학한 순응이 정확히 언제 귀국했는지 알 수는 없으나, 성목태후 생전에 귀국하여 신라 왕실과 관련을 맺었을 가능성은 매우 높다(崔源植, 「新羅 下代의 海印寺와 華嚴宗」, 한국사연구 49, 1985. 6~7쪽). 804년에 만들어진 양양선림원종명襄陽禪林院鐘銘에 순응의 이름이 나와 있는 것으로 보아 그는 그때까지 생존해 있었던 것이 확인된다.

12 閔泳珪, 「新羅興德王陵碑斷石記」, 歷史學報, 1962, 625~628쪽.

13 李基東, 「新羅 興德王代 정치와 사회」, 新羅社會史研究, 일조각, 1997, 161쪽.

14 『삼국유사』 「왕역」편에 의하면, 애장왕은 동왕 10년(809) 7월 19일에 시해되었으며, 이 반란에는 후에 흥덕왕이 된 수종이 참여했다고 한다.

15 흥덕왕 김수종의 초명初名일 가능성이 있다(李基東, 「新羅下代 王位繼承과 政治過程」, 『新羅骨品制社會와 花郎徒』, 155쪽).

16 『삼국사기』 권10, 흥덕왕 10년 2월 조 "대아찬 김명을 시중으로 삼았다."

17 『속일본후기』 권5, 仁明天皇 승화 원년 정월 기이 조.

18 『속일본후기』 권5, 仁明天皇 승화 3년 7월 임우 조.

19 『속일본후기』 권5, 仁明天皇 승화 3년 윤5월 신이 조.

20 「집사성첩」의 원문은 다음과 같다

新羅國執事省 牒日本國太政宮

紀三津詐稱朝聘兼有贄貨及撿公牒假僞非實者

牒 得三津等狀稱 奉本王命 專來通好 及開函覽牒 但云修聘巨唐 脫有使船漂着彼界 則扶之送過 無俾滯遏者 主司再發星使 設問丁寧 口与牒乖 虛實莫辨 旣非交隣之使 必匪由吏之賂 事無擔實 豈合虛受 且太政官印 篆跡分明 小野篁船帆飛已遠 未必重遣三津聘于唐國 不知嶋嶼之人 東西窺利 偸學官印 假造公牒 用備斥候之難 自遑白水之遊 然兩國相通 必無詭詐 使非專對 不足爲憑 所司再三請以正形章用阻姦類 主司務存大體 舍過責功 恕小人荒迫之罪 申大國寬弘之理 方今時屬大和 海不揚波 若求尋舊好 彼此何妨 況貞觀中 高表仁到彼之後 惟我是賴 唇齒相湏 其來久矣 事湏牒太政官 並牒菁州 量事支給過海程粮 放遷本國 請處分者 奉判 准狀 牒太政官 請垂詳悉者

21 本을 承의 잘못으로 볼 수 있지만(노명호 외, 2000, 앞의 책, 437쪽), 本國 즉 國의 누락으로 볼 여지도 없지 않다(崔根泳 외, 1994, 앞의 책, 329쪽).

22 윤선태, 「신라의 문서행정과 목간」, 강좌 한국고대사 5, 가락국사적개발연구원, 2003, 참조.

23 윤선태, 「신라의 문서행정과 목간」.

24 윤선태, 「신라의 문서행정과 목간」 주 24.

25 『속일본후기』 권12, 환무천황 연력 23년 9월 기축.

26 『삼국사기』 권10, 애장왕 조.

27 김충공은 왕자가 없었던 흥덕왕대에 차대의 후계자로 예정되어 있었다. 그는 헌덕왕 14년(822) 1월에 상대등이던 형 김수종(흥덕왕)이 부군副君이 되어 월지궁月池宮에 들어가자, 그 뒤를 이어 상대등에 취임하였다. 그는 형 흥덕왕의 즉위 후에도 계속 상대등 직에 재임하면서 실권을 장악한 듯하다(李基東, 「新羅 下代의 王位繼承과 政治過程」, 『新羅骨品制社會와 花郎徒』, 162쪽).

핼리혜성과 신라의 왕위쟁탈전

ⓒ 서영교 2010

초판인쇄 2010년 4월 6일
초판발행 2010년 4월 16일

지은이 서영교
펴낸이 강성민
기획부장 최연희
편집장 이은혜
마케팅 신정민
온라인 마케팅 이상혁 한민아

펴낸곳 (주)글항아리 | 출판등록 2009년 1월 19일 제406-2009-000002호

주소 413-756 경기도 파주시 교하읍 문발리 파주출판도시 513-8
전자우편 bookpot@hanmail.net
전화번호 031-955-8891(마케팅) 031-955-8898(편집부)
팩스 031-955-2557

ISBN 978-89-93905-22-9 03900

글항아리는 (주)문학동네의 계열사입니다.

이 도서의 국립중앙도서관 출판시도서목록(CIP)은 e-CIP 홈페이지(http://www.nl.go.kr/ecip)에서
이용하실 수 있습니다.(CIP제어번호: CIP2010000965)